中·华·经·典·史·评

宋论

（清）王夫之 著　王嘉川 译注

中华书局
ZHONGHUA BOOK COMPANY

图书在版编目(CIP)数据

宋论 /（清）王夫之著；王嘉川译注. —北京：中华书局，2008 . 9（2011 . 6 重印）
（中华经典史评）
ISBN 978 - 7 - 101 - 06232 - 8

Ⅰ. 宋… Ⅱ. ①王…②王… Ⅲ. 史评—中国—宋代 Ⅳ. K244.07

中国版本图书馆 CIP数据核字（2008）第 110026 号

书　　名	宋　论	
著　　者	〔清〕王夫之	
译 注 者	王嘉川	
丛 书 名	中华经典史评	
责任编辑	王守青	
出版发行	中华书局	
	（北京市丰台区太平桥西里 38 号　100073）	
	http://www.zhbc.com.cn	
	E-mail:zhbc@zhbc.com.cn	
印　　刷	北京天来印务有限公司	
版　　次	2008 年 9 月北京第 1 版	
	2011 年 6 月北京第 2 次印刷	
规　　格	开本 /700×1000 毫米　1/16	
	印张 15¾　插页 2　字数 200 千字	
印　　数	8001-12000 册	
国际书号	ISBN 978 - 7 - 101 - 06232 - 8	
定　　价	28.00 元	

前　言

一、王夫之与《宋论》

　　王夫之(1619—1692)，字而农，号姜斋，明末清初湖南衡州府(今湖南衡阳)人，著名思想家和史学家。因晚年隐居于石船山，故后人称为"船山先生"。出生于书香门第，四岁入私塾，七岁读完"十三经"，十岁从父亲学习"经义"，十四岁举秀才，二十四岁中举。原拟赴京会试，但因路途被农民起义军阻断而未能成行。

　　次年，王夫之拒绝了张献忠农民军的邀请，避居山中。清军南下，他与好友组织反清复明的武装起义，失败后投奔南明政权，但看到的只是一片腐败堕落的景象，他本人也被排挤倾轧。几经周折，决心退隐山林。之后，为躲避清军的缉捕和迫害，曾变更姓名，改易服装，扮成瑶族人。最后定居于衡阳石船山，一生中的大部分著述都是在此完成，共有著述百余种，在哲学、史学、文学等许多学术领域做出了超越前人的贡献，思想体系博大精深，达到了中国古代朴素唯物主义和辩证法发展的顶峰，代表了中国古代理论思维的最高水平。

　　与同时代的史家相比，王夫之可谓是独树一帜的史评大师。其代表作就是《读通鉴论》和《宋论》，分别是根据《资治通鉴》、《宋史》所载史实，进行历史评论。《读通鉴论》三十卷，撰于他六十九岁时，四年后写成，《宋论》十五卷，也于同年定稿，因此两书的写作形式是一样的，都是按照帝王庙号来分卷，每卷之下少则一篇、多则几篇文章，每篇一个主题，首尾完整、内容独立，但都没有具体篇名。《读通鉴论》中有四篇《叙论》，是作者说明自己评论历史的原则和方法等问题，《宋论》因是直接接续而来，原则与它相同，故没有这类《叙论》文章。在王夫之所有传世著述中，这两部史论著作流传最广,而在中国古代历史评论著作中,也以这两部最有价值。身处明亡清兴之际、关心现实并曾积极从事政治活动的王夫之,有他自己一贯的精神,加上他一生研究哲学,始终进行理论思考,思想深邃,因而在他晚年写作的这两部史论中,立论往往与流俗迥异,有他自己独到的看法和认识。

王夫之的史论有两个基本点,第一就是特别强调民族利益高于一切。因身经明清易代的变局,王夫之特别强调"华夷之辨",强调中原民族与周边少数民族的对立与区别,明确提出:"天下之大防二:华夏、夷狄也,君子、小人也。"(《读通鉴论》卷14《哀帝》第三条,中华书局1975年版)认为这是天经地义、绝不能含糊的两个最重要的原则。因此他对历史上的各种民族投降主义的论调和行为都痛加贬斥,如五代时期割让燕云十六州给契丹的石敬瑭,为石敬瑭出谋划策的桑维翰,都被他斥为"祸及万世"的"万世之罪人"(《读通鉴论》卷29《五代中》第十六条)。而他将宋朝贬为"陋宋",就是因为在他看来,宋朝统治者以武将发动兵变、篡位开国,只想着如何维护自己一家一姓的统治,想尽办法压制武将,结果削弱了国家武力,最后造成北宋、南宋均被少数民族政权所灭的后果。但是宋朝的灭亡,"岂徒宋之存亡哉?无穷之祸,自此贻之矣"(《宋论》卷7《哲宗》第四条,中华书局1964年版)。"宋亡,则举黄帝、尧、舜以来道法相传之天下而亡之也。"(《宋论》卷15《恭宗、端宗、祥兴帝》第二条)因而他对包括宋朝皇帝在内的猜忌防范武将、破坏国防的各种人物,都进行了批判和谴责,而对岳飞北伐给予了大力肯定,并直言不讳地指出:如果岳飞能够北伐成功,打败金朝,就算回过头来把南宋灭掉,自己做皇帝,也未尝不可,因为这样"犹贤于戴(异类)以为(中国)主"(《读通鉴论》卷13《成帝》第十四条),总比灭亡于少数民族要好,也就是他在《黄书·原极》中所说的:"可禅、可继、可革,而不可使异类间之。"这在满族贵族为统治者的时代,当然是一个极为大胆的议论。

那么,如何处理和周边少数民族的关系呢?王夫之在《读通鉴论》中曾把少数民族鄙为"非人"之"禽兽",更说过非常绝对的话:"夷狄者,歼之不为不仁,夺之不为不义,诱之不为不信。何也?信义者,人与人相于之道,非以施之非人者也。"(《读通鉴论》卷4《汉昭帝》第三条)这样说来,是不是就可以借口为本民族发展,肆无忌惮地对少数民族进行武力征伐呢?实际上,王夫之是反对任何形式的民族侵略的,因此他在同书中也明确指出:"王者之于戎狄,暴则惩之,顺则远之,各安其所,我不尔侵,而后尔不我虐。"(《读通鉴论》卷7《安帝》第四条)"王者"当政,应该与少数民族保持互不侵略、相安无事的关系。而在此后的《宋论》中,他更为详尽地表示:"沙漠而北,河、洮而西,日南而南,辽海而东,天有殊气,地有殊理,人有殊质,物有殊产,各生其所生,养其所养,君长其君长,部落其部落,彼无我侵,我无彼虞,各安其纪而不相渎耳。"(《宋论》卷6《神宗》第八条)提出了和平共处、共同发展的民族关系的新认识。

王夫之史论的第二个基本点,就是强调"君子、小人之辨"。提出:"君子、小人殊以其类,防之不可不严。"而在他看来,所谓华夏夷狄、君子小人,归根结底就是一个"义利之分"的问题(《读通鉴论》卷14《哀帝》第三条)。于是"君子、小人之辨",也就是"义利之辨"。本着"君子喻于义,小人喻于利"的原则,他把发展经济、改变国贫形势的王安石及其变法派全都斥为"小人",对王安石变法给予了明确的否定态度。这样处理历史问题,当然是心存偏见而简单化了。可贵的是,王夫之能够具体分析,没有完全被自己的偏见所围。如北宋灭亡,南宋以来就把王安石定为罪魁祸首,王夫之也持这一论调,但他也明确指出:以宋朝的国势,"安石用而宋敝,安石不用而宋亦敝"(《宋论》卷6《神宗》第三条),并肯定了新法中的某些措施。变法派的章惇,元朝修《宋史》时就已被列入《奸臣传》,但王夫之却一分为二,认为:"若以大义论之","其功溥,其德正,其仁大"。对于全盘否定章惇的人,不免发出质问:"其功又岂可没乎……胡为乐称人之恶,而曾不反思邪?"(《宋论》卷6《神宗》第八条)相反,自南宋到明朝,反对王安石变法的元祐"君子"和"元祐更化"一直得到普遍颂扬,王夫之也肯定元祐旧党皆为"君子",但却对他们进行了相当尖锐、严厉的批判,对"元祐更化"近乎全盘否定(《宋论》卷7《哲宗》第四条)。这些具体分析,不因人废言,实事求是,就使他的"君子小人之辨"的偏颇得到了一定程度的纠正。

王夫之论史,特别强调联系实际,经世致用。他倡言:"所贵乎史者,述往以为来者师也。为史者,记载徒繁,而经世之大略不著,后人欲得其得失之枢机以效法之无由也,则恶用史为?"(《读通鉴论》卷6《光武》第十条)"资治者,非知治知乱而已也,所以为力行求治之资也。"(《读通鉴论》卷末《叙论四》)通过揭示"经世之大略"、"求治之资",直接为现实提供借鉴。明末党争误国,因而王夫之对历史上的党争皆持批评态度,对宋代党争进行了追本溯源的讨论,认为宋代党争虽盛于神宗、交争于哲宗,而祸烈于徽宗之世,但却是起自宋仁宗时,"皆仁宗君相所侧席以求,螯成其毛羽者也","于是而宋兴以来敦庞笃厚之风,荡然不足以存",最后"下逮于蔡京父子,而后覆败之局终焉"。既然党争误国,当然就要避免,于是他从理论和现实两个层面入手,提出解决之策(《宋论》卷4《仁宗》第六条),以为后世"求治之资"。

明朝亡于农民起义,王夫之也因此断送了自己一生中唯一的一次会试机会,但他也看到了农民起义军在灭亡明朝和抗击清军过程中的伟大力量,因而对历史上的农民起义,在蔑称其为"盗贼"的同时,也仔细剖白,"以为来者师"。如对南宋初期的抗金义军和民兵组织,他专门写了一篇长文,认为当时"诸大帅所用之兵,皆群盗之降者",也正因为他们的存在,南宋"乃以复振",不然,仅靠南宋政府军队,是根本不足以抵挡金军的进攻的。但他写此文的目的,并不是要表彰这些抗金义军和民兵组织,而是讲如何制服他们,为我所用。全文一千三百余字,可谓委曲周到,反复详明,纤毫不漏(《宋论》卷10《高宗》第七条)。

自宋朝官方推行纸币之后,金、元、明各朝都发行纸币。但明朝政府发行纸币,唯一目的就是要搜刮民财,因而只管发行,却尽可能拒不回收,以致纸币发行仅六十年,就如同废纸一般,没人愿意接受。有鉴于此,王夫之对历史上的纸币情况,也是详为辨析。《宋论》内容以政治为主,经济、文化部分所占分量极少,但他却以较长篇幅,专门讨论宋仁宗以官方形式推行纸币之事。认为:"仁宗有大德于天下,垂及今而民受其赐;抑有大弊政以病民者二百年,其余波之害,延于今而未已。"这"大弊政",就是以政府形式推行纸币。认为所有纸币"其实皆散纸而已","其害治亦非小",希望有"明王"出现,将纸币彻底废除(《宋论》卷4《仁宗》第三条)。王夫之的这一认识,当然不符合社会经济发展的要求,他对纸币贬值的原因的探讨也是皮毛之见，但他的苦心孤诣，确实也是在为现实提供借鉴，提供"经世之大略"和"求治之资"。

明代史论著作极多，但大多是故作翻案文章，貌似惊世骇俗，其实不过是哗众取宠。与之相比，王夫之则有自己的独到看法。他反对标准不一、褒贬不当、用心不良的庸俗诡异之论，明确提出：评论历史必须遵循"求安于心、求顺于理、求适于用"的原则（《读通鉴论》卷末《叙论三》），要求主观动机要心术公正，客观标准要符合事理，史论目的要对历史和现实有用。强调"因其时，度其势，察其心，穷其效"（《读通鉴论》卷末《叙论二》），知人论世，将主观动机与客观效果结合起来，实事求是地予以分析评价。例如，他大力肯定岳飞北伐，批判各种对岳飞北伐的污蔑言论，但对岳飞北伐能否成功的问题，则并不因自己肯定岳飞北伐的举动而对其结果轻下结论，而是从敌我双方力量对比及战略形势方面，予以详细的比较分析（《宋论》卷10《高宗》第十一条）。李纲是南宋初期名相，是当时抗战派的领军人物，在执政时也曾措置得宜，击退金军。其奏疏义正词严，为历来论史者所称颂。但王夫之认为，李纲所论，只是一种"纲宗之言"，论道理"其言皆无可非"，但在当时金军大举进攻的情况下，只讲大道理并不能解决实际问题（《宋论》卷10《高宗》第三条）。王夫之的认识与结论当然可以讨论，但他坚持实事求是、知人论世的史评原则与方法，则是正确的，从而避免了随意褒贬、用心不良的庸俗诡异之论。

王夫之的史论精密深入，能够层层展开、探本求源，"推其所以然之由，辨其不尽然之实"（《读通鉴论》卷末《叙论二》）。如对宋辽澶州之战中宋方得胜的原因，有论者说，宋是以镇静取胜，王夫之却指出，此乃不明白当时战事形势的皮相之论，在当时极其紧张的情况下，光靠镇静是不行的。他从宋辽双方的具体情况逐层论述，原原本本地予以分析和揭示，使人明白，宋朝只要坚持抗战，就会"必胜"的道理（《宋论》卷3《真宗》第四条）。北宋因靖康之祸而灭亡，他同意归咎于童贯的一般说法，但又进一步深入指出，此"非徒童贯误之"，因为自"澶渊之盟"后的百余年间，宋朝统治危机逐步加深但未能得到解决，于是"宋之亡，无往而不亡矣"（《宋论》卷8《徽宗》第三条）！这些分析，都追本求源，有理有据，不为表象所迷惑，其深入准当,绝非肤浅庸俗之论所可望项背。

王夫之史论精密深入的再一表现,是充分运用比较方法。有比较才有鉴别,才能更深刻地透过现象,揭示历史的本质。《宋论》中有不少篇章都是用这种方法写成。如他专门论述秦桧的奸恶之后,又写专篇,将其与后来专权擅政的韩侂胄、史弥远、贾似道相比较,从而论定秦桧是"大憝元凶,不可以是非概论者"(《宋论》卷13《宁宗》第六条)。南宋联合蒙古灭亡金朝,其形势与北宋联合金朝灭亡辽朝不同,本着"时异而势异,势异而理亦异"(《宋论》卷15《恭宗、端宗、祥兴帝》第一条)的原则,王夫之对二者进行比较后,提出不同的应变策略(《宋论》卷14《理宗》第三条)。他论南宋初期的抗金局势,用东晋初年的形势作比较,以便更好地说明问题(《宋论》卷10《高宗》第二条)。他论"隆兴和议"以后的宋金政局,也是以双方各自的内部形势作比较,从而得出结论:自此以后,宋金双方都只能是坐等灭亡了(《宋论》卷11《孝宗》第四条)。这些议论,都从史实出发,在比较中揭示问题的本质所在,因而也就使其历史评论更加精细、缜密和深刻。

二、本书编写原则

本书以舒士彦先生点校整理的《宋论》为底本,凡文字有"校勘记"处,依"校勘记"直接改正;标点也以此为主,仅个别地方有所改动。篇目的选择,遵循本套丛书的统一要求,尽可能入选原书中论述有见地和体现作者主要观点,同时又富有趣味性的篇章,每篇内容也尽可能保持完整。因原书每篇都不立题目,舒士彦先生在点校整理过程中,在每卷之下为之添加了篇目顺序号。为阅读方便,笔者在舒先生篇目顺序号的基础上,又尝试着拟加了篇名。

本书在编写过程中,得到王曾瑜、乔治忠、李华瑞和游彪等前辈学者师友的指导和帮助,在此向他们表示感谢和敬意!

目　录

目 录

目　录

卷一　太祖①

论宋太祖微服私访

　　本篇为《宋论》卷一《太祖》第六条。宋太祖在称帝前，就曾微服私访贤才。夺得天下后，为暗中访查群情向背，常常微服出巡。虽时有大臣劝阻，但他不仅不听，而且出去得更加频繁，并时常出其不意地到功臣之家夜访。在本篇中，王夫之从总体上分析了封建帝王微服私访的种种情况，特别详细地论述了以微服私访作为重要统治策略的错误做法，认为微服私访并不符合帝王的治道，对宋太祖的微服私访行为给予了明确批评。认为，帝王治理天下，应该拣选公忠体国的主要大臣，以相表率；使下情一级级地上达于中央，依靠众人，遗小利，惩大害，灵活变通。

太祖数微行,或以不虞为戒,而曰:"有天命者,任自为之。"英雄欺人,为大言耳。其微行也,以己之幸获,虞人之相效,察群情以思豫制,私利之褊衷,猜防之小智,宋德之所以衰也。野史②载其乘辇以出,流矢忽中辇板,上见之,乃大言曰:"射死我,未便到汝。"流矢者,即其使人为之也。则微行之顷,左右密护之术,必已周矣。而谏者曰"万一不虞",徒贻之笑而已。

注释:

① 太祖:即宋朝的创建者赵匡胤(927—976)。世为涿郡(今河北涿州)人。五代后汉时应募投郭威帐下从军。后周时,积功至殿前都点检。世宗显德七年(960)正月初四日,在陈桥驿发动兵变,夺取后周政权,建立宋朝。此后,平定李筠、李重进叛乱;以杯酒释兵权的方式,解除石守信等重要禁军将领的兵权;平定荆南、后蜀、南汉、南唐等割据政权,还曾亲征北汉;加强中央集权。在位十七年(960—976)。

② 野史:私人撰写的史书,相对官方所修的史书而言。

译文:

宋太祖多次微服私访,有人以恐有不测相劝诫,太祖却说:"得天命的人,可以任由自己的意思来做事。"实际上,太祖此言不过是欺骗外人而说的大话罢了。他微服私访,是想以自己的侥幸所得,欺骗他人为自己效力,通过考察民情,以便事先做好预防措施。其实这是自私自利、气量狭小的心理表现,是猜疑防范他人的粗鄙智谋,是宋朝统治者的道德声望之所以衰落的原因。据野史记载,太祖有一次乘车出行,忽然有不知从哪里飞来的乱箭射中车板,左右的人都很惊慌,太祖见此情景,大声说:"就是射死我,也不会伤到你们。"其实这些无端飞来的乱箭,就是太祖预先派人安排好的。由此可知,他在微服私访之时,派人在左右秘密保护的策略,一定是早已安排得极为周密了。那些还以"万一不测"来谏阻他不要微服私访出行的人,不过是白白给他做了笑柄而已。

凡人主之好微行也有三,此其一也。其下,则狂荡嬉游,如刘子业①诸君耳。其次,则苛察以为能,而或称其念在国民,以伺官箴之污洁、民生之苦乐、国事之废举者也。若此者,其求治弥亟,其近道弥似,其自信弥坚;而小则以乱,大则以亡。迄乎乱与亡而不悔其失,亦愚矣哉!何也?两足之所至,两目之所觇,两耳之所闻,斤斤之明,詹詹之智,以与天下斗捷,未有能胜者也。

注释:

①刘子业(449—465):南朝宋前废帝,小字法师,孝武帝长子。因荒淫无道,凶残暴虐,滥杀无辜,即位一年即被大臣杀死。

译文:

　　大凡人君喜好微服私访,一般有三种情况,上述宋太祖情况是其中之一。其最差者,是像刘子业等皇帝一样,到处浪荡游玩。其次者,则以苛刻烦琐来显示自己的精明,但其中有的还要自称是为国为民着想,说什么通过微服私访,来探察官吏们的污浊清廉、百姓生活的苦乐哀痛、国家事务的废止振兴等等。像这种情况,人君求治愈急,他也就更像接近治道,他的自信也更加坚定,但其结果却是,小则国家因之而动乱,大则国家因之而灭亡。到了动乱与灭亡的地步,还不悔改其失误,真是愚蠢啊!为什么会这样呢?因为,仅凭自己两脚所能到达之地、两眼所能看见之物、两耳所能听闻之事,得到的不过是非常琐碎细小的一点见识,用它来和整个天下相斗,是不可能胜出的。

　　且夫人主而微行,自以为密,而岂果能密邪?趾未离乎禁闱,期已泄于近幸;形一涉乎通逵,影已彻乎穷巷;此之伺彼也有涯,而彼之伺此也无朕。于是怀私挟佞者,饰慧为朴,行诐以戆①,丑正而相许,党奸而相奖,面受其欺,背贻其笑,激怒沽恩,而国是不可复诘矣。即令其免乎此也,一事之得,不足以盖小人;一行之疵,不足以贬君子;一人之恩怨,不足以定仁暴;一方之利病,不足以概海隅。而偶得之小民者,无稽弗询,溢美溢恶,遂信为无心之词,自矜其察微之睿,以定黜陟,以衡兴革,以用刑赏,以权取与,而群臣莫敢争焉。此尤不待奸人之诡道相要,而坐受其蠹。小之以乱,大之以亡,振古如斯,而自用者不察,良足悲已!

注释：

①戆(zhuàng)：愚直。

译文：

　　况且人君要微服出访，虽然自以为很保密，但真能保密吗？脚还没离开皇宫，出行日期就已经被宠幸们泄漏出去了；身形刚到四通八达的大路上，影子就已经到了僻陋的小巷。你侦查他们是有限度的，他们侦查你却是没有任何迹象的。于是那些怀有私心的巧言谄媚之徒，把自己的狡慧掩饰为朴拙，用伪装出来的愚直做谄媚之事，以丑为正而互相推许，偏袒奸人而互相辅助。人君不仅当面被他们欺骗，背后也受到他们的耻笑，更有甚者，被他们激怒而胡乱赏罚，则国家大事也就不可再问了。即使能避免此弊，但处理一事之所得，并不足以压制住所有小人；君子有一件事情做得不好，也不值得加以贬斥；一人的恩怨是非，不足以判定仁义残暴；一个地方的利弊得失，不足以涵盖整个天下。那些偶有所得的平民百姓，对于不确定的事情也不询问，说起话来总是溢美溢恶，人君却竟相信他们是无成心之言，并以此为洞察细微而自夸其能，以此来决定赏罚升降、衡量兴废取予，而大臣们却不能与之相争。到了这种情况，更不用等奸佞之人以欺诈手段来骗取，国家就已经大受其害了。小则动乱，大则败亡，自古以来都是如此，而刚愎自用的君主们却对此并不仔细考察，真是太可悲啊！

　　夫欲成天下之务，必详其理；欲通天下之志，必达其情。然而人主之所用其聪明者，固有方也。以求俊乂，冢宰①公而侧陋举矣；以察官邪，宪臣②廉而贪墨屏矣；以平狱讼，廷尉③慎而诬罔消矣；以处危疑，相臣忠而国本固矣。故人主之所用智以辨臧否者，不出三数人，而天下皆服其容光之照。自朝廷而之藩牧④，自藩牧而之郡邑⑤，自郡邑而之乡保⑥。听乡保之情者，邑令也；听邑令之治者，郡守也；听郡守之政者，藩牧也。因是而达之廷臣，以周知天下之故。遗其小利，惩其大害，通其所穷，疏其所壅。于是而匹夫匹妇私语之情，天子垂旒纩⑦而坐照之以无遗。天下之足，皆吾足也；天下之目，皆吾目也；天下之耳，皆吾耳也。能欺其独知，而不能掩其众著，明主之术，恃此而已矣。愚氓一往之情辞，不屑听也，而况宵人之投隙以售奸者哉！

注释：

①冢宰：太宰的别称，周代官名，为六卿之首，总管全国大事。后也称吏部尚书为冢宰。

②宪臣：指御史。

③廷尉：秦汉至北齐主管司法的最高长官，为九卿之一，职掌天下刑狱。从北齐至明、清都称之为大理寺卿，负责审判或复核京师及地方重要案件。

④藩牧：藩，封建王朝的侯国或属国、唐代的节度使和明清时期的布政使都称藩。牧，指国君或州郡长官。据下文，此处"藩牧"应代指州郡长官。

⑤郡邑：府县。

⑥乡保：唐宋以来县级以下的基层行政单位。《宋史·袁燮传》："合保为都，合都为乡，合乡为县。"

⑦旒纩：旒(liú)，古代帝王礼帽上前后悬垂的玉串。纩(kuàng)，丝棉絮。

译文：

一般来说，要实现治理天下的大务，必须明白其中的道理；要通晓天下人民的志向，必须通达民情。不过，人君如何使用其聪明才智，也是有一定方法的。寻求才智出众的人，只要吏部尚书公平，则有才德而居于卑微地位的人就会被推举出来；考察官吏违法失职，只要御史廉洁，则贪财好贿之人就会被斥退；评议诉讼之事，只要廷尉谨慎，则以不实之词欺骗他人的事情就会被消除；处理危急惑乱之事，只要宰相忠诚，则立国的根本就可以得到巩固。因此，人君用其才智来分辨得失，只需涉及到少数几个人，整个天下就都能享受到他的恩泽。在国家行政体制中，中央朝廷之下是州，州之下是府县，府县之下是乡里。听取并治理乡里民情的是县令，听取县令治政的是郡守，听取郡守治政的是州牧。由此，民情一级一级地上达于中央官员，从而人君也就全部了解了天下的情况。不计小利，惩戒大害，灵活变通，于是平民百姓私下密谈的情况，人君就是戴着礼帽坐在朝廷上，也能全部知悉而无遗漏。这是因为，全天下之足，都成了我的双足；全天下之目，都成了我的双目；全天下之耳，都成了我的双耳。个人的才智或许可以被欺骗，但民众的智慧是不会被蒙蔽的，贤明君主的统治策略，只能靠此。无知百姓的片面言辞,尚且不屑一听,更何况小人的投机取巧以行邪恶之言呢!

古之圣王,询刍荛①、问工瞽②、建鞀鼓③,以达臣民之隐者,为己救过也,非以察人也。微行者反是,察愈密,听愈惑,自贻败亡而不悟。故曰良足悲已! 故微行者有三,而皆君道之所恶。若宋祖者,即不微行,亦岂有攘臂相仍以夺其所夺于人者④乎? 则亦均之乎愚而已矣。

注释:

① 刍荛:割草叫刍,打柴叫荛(yáo)。刍荛,指割草打柴的人,引申为草野之人。
② 工瞽(gǔ):乐人,掌管音乐的官。
③ 鞀(táo)鼓:一种有柄的小摇鼓。古代帝王在选拔贤才和征询民意时使用。
④ 攘臂相仍以夺其所夺于人者:宋太祖从后周七岁的小皇帝手中夺取了皇位,但不料他的弟弟赵光义为夺取皇位而将他害死。故王夫之称为"攘臂相仍以夺其所夺于人者"。攘臂,捋起衣服,露出手臂,表示振奋。仍,沿袭。

译文:

古代的圣明帝王,向草野之人咨询,向乐人问询,陈设鞀鼓,以便了解臣民的隐情,为自己补救过失,而不是用来探查别人。微服私访正与此相反,但探查他人越是严密,自己的判断就会越加昏惑,最终自己招致败亡还不知醒悟。所以说这是太可悲了! 因此,微服私访的三种情况,都是人君治道所应加以杜绝的。像宋太祖,如果他不微服私访,哪里还会有他弟弟攘夺之祸的再度发生,从他自己手里夺取了他从别人手里夺来的皇位呢? 由此而言,宋太祖也同样可称得上是愚蠢了。

■■知识链接　　　　　　太祖雪夜访赵普

宋太祖时常出其不意地到功臣之家夜访,其中最著名的事件,就是雪夜访赵普。赵普曾辅佐太祖夺取天下,足智多谋,太祖常到他家里商谈国事,以致赵普每次退朝回家后,都不敢脱下朝服。建隆元年(960)十一月,一个大雪纷飞的夜晚,赵普以为太祖不会再来,谁知夜半时还是听到了太祖的叩门声。一会儿,太祖弟弟赵光义也如约到来。三人围着火炉,烧炭烤肉,赵普妻子则为

宋太祖雪夜访赵普

他们斟酒。赵普从容发问："天冷夜深，陛下为何还要出来呢？"太祖答曰："我睡不着啊！现在除了我自己睡觉的一席之地外，其余都是别人的地方。所以我来见你。"赵普一笑："陛下是认为天下太小了吗？现在南征北战，正当其时。您有什么考虑好的打算吗？"太祖答曰："欲灭北汉，收太原。"赵普沉默良久，才缓缓说道："此非臣所了解之事。"太祖再三追问，赵普才答："北汉乃我和契丹的缓冲地带，一旦攻下北汉，则我必与契丹直接对垒。倒不如先扫平南方割据政权，然后再挥师北伐。北汉一个小小的弹丸之地，到时还能逃吗？"太祖笑曰："我意与你正同，刚才不过是试试你罢了。"于是，北宋"先南后北"统一全国的策略就这样确定下来。

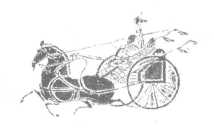

论宋太祖传位策略之失

　　本篇为《宋论》卷一《太祖》第十四条。宋太祖在称帝的第十七年(976年)十月二十日,在毫无防备、也没有传位遗诏的情况下,被其亲弟弟赵光义以阴谋手段害死,次日,赵光义即皇帝位,是为太宗。为巩固帝位,宋太宗在迫害死侄子和弟弟的同时,又为掩盖事实真相,改变自己窃国篡权的名声和形象,五年后,与赵普联合编造了"金匮誓约",声称自己即位是太祖和他母亲早就定好的誓约,自己即位完全是合法的。从此,一直到晚清的近千年间,很少有人怀疑"金匮誓约"的真实性。王夫之对"金匮誓约"也是深信不疑,本篇就是他以此"誓约"为切入点,对宋太祖的传位安排进行评论。认为宋太祖在传位问题上杂有个人私心,历史借鉴不明,最终酿成兄弟相残、子弟不保的既愚且悲的后果。王夫之所提出的问题,在中国政治思想史上是有其理论意义的,但在古代"家天下"的时代,他的"天下为公"的理念是不可能实现的。

将欲公天下而不私其子乎？则亦惟己之无私，而他非所谋也。将欲立长君、托贤者，以保其国祚^①乎？则亦惟己之知所授，而固不能为后之更授何人者谋也。故尧^②以天下授舜^③，不谋舜之授禹^④也；舜以天下授禹，不谋禹之授启^⑤也。授禹，而与贤之德不衰；授启，而与子之法永定。舜、禹自因其时、行其志，而上协帝心，下顺民志，尧、舜岂能豫必之哉？

注释：

①国祚：国运，国家的气运。

②尧：又称唐尧。传说为上古帝王。帝喾之子，祁姓，名放勋，原封于唐，故称陶唐氏。代挚登帝位，都平阳（今山西临汾西南）。设官分职，命羲仲、羲叔、和仲、和叔分居东、南、西、北四方，观察天象，制定历法，以授民时，名为"四岳"。晚年，"四岳"荐舜，遂禅位于舜。

③舜：相传为上古帝王。姚姓，名重华，号有虞氏，又称虞舜。生于姚汭(guǐ ruì)（今山西永济），二十岁时即以孝闻名。尧年老后，以"四岳"荐举，代尧摄政。尧死后登帝位，都于蒲坂（今山西永济南）。年老，荐举治水有功的禹继位。

④禹：又称崇禹、戎禹、伯禹、大禹。名文命，号高密，姒(sì)姓，鲧之子。奉舜之命继鲧治理洪水，精勤职事，三过家门而不入，最终取得成功。因功大，继舜位，成为夏朝第一代王。

⑤启：夏王。禹之子。相传禹曾定皋陶为继位人，皋陶先死，又定伯益。禹死，益避让启，启因此继位为王。一说他与益争位，杀益为王。

译文：

将要以天下为公而不私爱自己的儿子吗？那么也只有自己无私，而其他都不是所应当谋划的。将要扶立年长、托付贤能的人来保持国家的气运吗？那么也只有传给自己所了解的应该传授的人，而根本不能为后来再传授给什么人去谋划。所以尧将天下传授给舜时，不去谋划舜把天下传授给禹；舜将天下传授给禹时，不去谋划禹将把天下传授给启。舜传授给禹，因而传授给贤人的美德永不衰减；禹传授给启，因而传授给儿子的制度永远固定。舜、禹各自顺应当时的时势、实现自己的心意，因而在上符合君王的心意，在下顺应民众的意志，尧、舜怎么能预先知道必然是这样呢？

吴①寿梦②为四世之谋，而僚③死于光④；宋穆公⑤为三世之谋，而与夷⑥死于冯⑦。杂公私以行其意欲，及乱之生，慝⑧作于骨肉⑨而不可止。宋太祖惩柴氏⑩之托神器⑪于冲人⑫而传之太宗⑬，可也。乃欲使再传廷美⑭，三传德昭⑮，卒使相戕，而大伦⑯灭裂，岂不愚乎！我以授之太宗，我所知也。太宗之授廷美，廷美之授德昭，非我所能知也。臣民之不输心于太宗之子，而奉廷美、德昭，非我所能知也。尧、舜不能必之于舜、禹，而己欲恃赵普⑰之一人，以必之于再传之后乎？

注释：

①吴：先秦国名。姬姓。据载，周太王之子太伯、仲雍为使其弟季历能继承王位，南奔而建吴国，又称句吴、工吴。初都蕃离（一作梅里，今江苏无锡东南），后都于吴（今江苏苏州）。

②寿梦：或称吴子寿梦（？—前561），名乘，相传为仲雍十九代孙，去齐之子。春秋时吴国国君。吴国自他才开始称王。他曾至楚观看诸侯礼乐，开始与中原诸侯国交往。临终前，嘱其子诸樊、余祭、余眜、季札四子，死后传位于季札。

③僚：即吴王僚（？—前515），一名州于，春秋时吴国国君，吴王余眜（一作夷末）之子。吴王僚十二年（前515），乘楚丧派公子盖余和公子烛庸率军围潜（今安徽霍山东北），楚左尹却宛等绝其后，被困不能退。公子光乘机用伍子胥之计，派人将其刺死。

④光：即吴王阖闾（？—前496），一作阖庐，名光，吴王诸樊之子（一说夷末之子）。春秋末吴国国君。得伍子胥之助，派勇士专诸刺杀吴王僚后自立为王。继位后，以伍子胥为行人，以齐人孙武为将军，以楚人伯嚭为大夫，改革内政，遂使国力富强。

⑤宋穆公（？—前720）：名和，宋武公之子，宋宣公之弟，春秋时宋国君主。宣公临死之前，以"父死子继，兄终弟及，天下通义"为理由，将其立为国君。他临死之际，宣布立宣公之子与夷为国君，而将自己的儿子公子冯出居郑国。

⑥与夷：即宋殇公（？—前710），宋宣公之子，名与夷，春秋时宋国国君。继叔父穆公之后立为国君。与鲁结盟和好，联合卫、陈、蔡，同郑争衡，向外发展。在位十年，对外十一战。后被太宰华父督以"十年十一战，民不堪命"为借口杀死。

⑦冯：即宋庄公（？—前692），宋穆公之子，名冯，春秋时宋国国君。被其父出居郑国，后太宰华父督弑宋殇公之后，迎其即位，以示亲郑。郑庄公死后，郑大夫祭仲

立太子忽(昭公),他劫持祭仲,迫立宋雍氏女所生之子突而驱逐忽,祭仲许,遂立突,是为郑厉公。

⑧慝(tè):祸患,灾害。

⑨骨肉:比喻至亲,指父母、兄弟、子女等亲人。

⑩柴氏:指后周世宗柴荣(921—959),邢州龙冈(今河北邢台)人。五代后周太祖郭威养子。郭威死后即位。在位期间进行改革,使国力强盛。先后出兵征伐蜀、南唐、契丹。

⑪神器:代表国家政权的实物,如玉玺、宝鼎之类。借指帝位、政权。

⑫冲人:年幼的人。这里指后周恭帝柴宗训(953—968),后周世宗柴荣子,七岁即位,殿前都点检赵匡胤发动陈桥兵变,夺取后周政权,他遂退位,封郑王,后周灭亡。

⑬太宗:即宋太宗赵炅(939—997)。北宋第二位皇帝,宋太祖赵匡胤三弟。初名赵匡义,后以避太祖讳改名为光义。宋太祖死后即位,改名赵炅。太平兴国四年(979),将太祖长子赵德昭逼迫自杀。两年后又将太祖次子赵德芳害死。雍熙元年(984)正月,使弟赵廷美遭打击迫害忧郁而死。

⑭廷美:即赵廷美(947—984)。字文化,宋太祖、太宗同母弟,本名匡美,后以避太祖讳改名光美,宋太宗即位后改名廷美。太祖在位时,历任嘉州防御使、山南西道节度使、永兴军节度使。宋太宗即位,为开封尹,封齐王、秦王。太平兴国七年(982),被诬告谋反,出为西京留守,后降为涪陵县公。雍熙元年(984)正月,因迫害忧悸而死,追封涪王。

⑮德昭:即赵德昭(951—979)。字日新,宋太祖长子。太祖在位时,任贵州防御使、山南西道节度使。宋太宗即位后,封为武功郡王。太平兴国四年(979)从太宗攻辽归来,遭太宗怒斥而被迫自杀,追封魏王。

⑯大伦:指封建社会的基本伦理道德,包括君臣、父子等伦理关系。

⑰赵普(922—992):幽州蓟县(今北京西南)人,字则平。为人足智多谋。五代后周时,为赵匡胤僚幕,参与策划陈桥兵变,助其代周。入宋,以佐命功,历任右谏议大夫、兵部侍郎、枢密使、检校太保、宰相等要职。曾参与北宋初年重大政策方针的谋划与制定。太宗时,两次入相。后因病辞官,封魏国公。死后追封真定王、韩王。

赵普

吴王寿梦进行了传位四代的谋划，然而吴王僚死在公子光的手上；宋穆公进行了传位三代的谋划，然而公子与夷死在公子冯的手上。处理公事杂有私心来实现自己的欲望，等到祸乱发生，残害发生在骨肉至亲身上而不能停止。宋太祖有鉴于柴荣传帝位给幼子的教训而将帝位传太宗，是可以的。但他竟想让太宗接着传位给廷美，廷美再传位给德昭，最后导致自相残杀，而且伦理道德丧失败坏，难道不是太愚蠢了吗！太祖将帝位传给太宗，是太祖所能知道的。太宗是否将帝位传给廷美，廷美是否将帝位传给德昭，这不是太祖所能知道的。臣下和民众是否不真心拥戴太宗的儿子，而拥戴廷美、德昭，也不是太祖所能知道的。尧、舜不能让舜、禹一定做到的事，然而太祖想要依靠赵普一人的力量，一定能做到皇位再传给后代吗？

变不可知者，天之数也；各有所怀而不可以强者，人之情也。以人而取必于天，以一人而取必于无定之臣民，则天人无权，而惟己之意欲；圣人之不为此也，所以奉天而顺人也。且使太宗而能舍其子以传之弟与从子也，不待吾之郑重也。如其不能，则骨已朽，言已寒，与闻顾命①之赵普且笑我为误，而况拜爵衔恩于太宗之廷者乎？以己意期人，虽公而私；观之不达，虽智而愚；乃以不保其子弟，不亦悲乎！

①顾命：谓临终遗命，多用以称帝王遗诏。语出《尚书·顾命》。

变化中不可预知的，是上天的意旨；各怀心思而不可强求的，是人之常情。以人的力量而让变化莫测的上天一定做到，以一人的力量而让变化不定的臣民一定做到，那么上天和民众就会没有权力，而只剩下太祖自己的欲望了；圣人之所以不会这样做，是为了奉行天命而顺应民心。况且如果太宗能够放弃自己的儿子而传位给弟弟和侄子，那是不需要太祖的认真谋划的。如果太宗不能这样做，那么太祖骸骨已经腐朽，言语已经寒冷，参与此事谋划并得知临终遗命的赵普尚且取笑太祖的失误，更何况在

中华经典史评 宋论

太宗的朝堂上封授官爵、接受恩惠的人呢？太祖用自己的意愿来期望别人，虽然为公却有私心；观看历史记载但不明白，虽有智慧却很愚蠢；最终竟然不能保全自己的儿子和弟弟，不是太悲哀了吗！

■知识链接 **"金匮誓约"**

　　"金匮誓约"又称"金匮之盟"，因其编造者宋太宗没有将它全文公布，因而留传下来的只有大概意思：在宋朝建立的第二年(961)，宋太祖母亲杜太后病死前曾问太祖："你知道你为什么能取得天下吗？"太祖答说：皆父母积德所致。太后说不然，这是周世宗让一小孩为天下之主才导致的。假如后周有年长之君，天下岂能为你所得？因此，你以后应该传位给你的三弟光义，然后由光义再传位给老四光美，最后再由光美传位给你的儿子德昭，这样就能保证国家有年长之君。太祖顿首泣曰："敢不如教！"太后当即命赵普记下太祖之后传位于太宗的誓约，并签上"臣普书"三字，以为见证。然后藏于金匮之中，命谨密宫人掌之。这就是"金匮誓约"。不过，当时对"金匮誓约"的内容有两种说法，除了上述"三传约"(太祖传位给太宗，太宗传给廷美，廷美传给德昭)外，还有一种"独传约"，意即誓约上只说要太祖把皇位传给太宗。

宋太祖

宋太宗

卷二　太宗①

论宋朝衰弱之因

　　本篇为《宋论》卷二《太宗》第四条。宋太祖总结历代统治经验,特别是鉴于许多王朝都是被人民暴动所推翻,而单凭军事镇压又无法遏制人民的反抗,因而在军事制度上继承唐末五代以来的募兵制度,士兵不再由一定年龄的百姓以服役的方式来充当,而是采取招募应征、自由报名的形式,一旦入伍,则服役至老,甚至终生为兵。在他看来,这种募兵养兵制度是唯一可以为利百代的最好办法,因而大量招募百姓入伍,同时还把一些罪犯也尽量编入军队中,并特别规定,每遇灾荒年景,更要把大批无以为生的饥民招募为兵,由国家养起来,从而把原来敌对的反抗力量,转化为镇压反抗的支持力量。这一制度被后继者们作为"立国家法"传承下来,使宋朝军队的数量与日俱增,太祖末年时有军队37.8万人,到太宗末年达66.6万,真宗时91.2万,仁宗时达140万,以致全国财政的十分之六七都用于军费开支。但这些军费主要用于"养兵",用于维护士兵及其家属的生活,并不是用来提高军队战斗力,因而其对外战争总是屡屡失利,败多胜少。王夫之认为,宋朝之所以衰弱,就是因为宋军战斗力太差,并从练兵不得其法、将领无可用之人两个方面进行了分析批判。

不教之兵，可使战乎？曰："不可。"日教其兵，可使战乎？曰："固不可也。"世所谓教战者：张其旗帜，奏其钲鼓，喧其呼噪，进之、止之、回之、旋之，击之、刺之，避之、就之；而无一生一死、相薄相逼之情形，警其耳目，震其心神。则教之者，戏之也。日教之者，日戏之也。教之精者，精于戏者也。勍敌在前，目荧魄荡，而尽忘之矣。即不忘之，而抑无所用之。是故日教其兵者，不可使战也。

译文：

没有经过训练的士兵，能让他们去打仗吗？答曰：不能。每天都在进行训练的士兵，能让他们去打仗吗？答曰：更不能。因为，通常所说的军事训练，无非是摆开旗帜，擂鼓击钲，大声呼喊，前进、后退、回来、旋转，攻击、刺杀、躲避、冲锋而已，并没有你死我活、生死相逼的情形，使其全身警惕、心神震动。如此，则训练士兵，就等于是在戏弄他们。每天训练，也就等于是每天都在戏弄他们。精通于训练，也就是精通于戏弄。一旦面对强敌，目眩魂飞，平日所教所学全都忘了。即使没有忘记，也还是毫无实际用处。因此，每天都在训练的士兵，是不能让他们去打仗的。

虽然，抑岂可使不教之兵以战哉？夫教战之道无他，以战教之而已矣。古之教战也，教之于四时之田。禽，如其敌也；获禽，如其杀敌也；驱逆，如其挑战也；获而献禽，如其计功以受赏也。趋利而唯恐失，洞中贯脑而唯恐毙之不速，众争追逐而唯恐其后于人，操必杀之心而如不两立。以此而教，行乎战之事矣。然而古之用兵者，邻国友邦之争，怒尽而止，非夷狄盗贼之致死于我而不可与之俱生，以禽视敌，而足以战矣。夫人与人同类，则不容视其死如戮禽而不动其心。敌与我争命，则不如人可杀禽，而禽不能制人之死命。以此为教，施之后世，犹之乎其有戏之心；但习其驰射进止之节，而不能鼓临事之勇，于战固未有当也。况舍此而言教战，黩武也；黩之以戏而已矣。

译文：

但即便如此，又怎么能让没有经过训练的士兵去打仗呢？其实，练兵之法没有什么特殊要求，只要以打仗来训练士兵就可以了。古代的军事训练，是在一年四季的打猎中进行。禽兽等猎物，就像是自己的敌人；捕捉禽兽，就像是在杀敌；迎头驱逐，就像是在与敌人挑战；猎得后献出猎物，就像是在计功受赏。追逐利益而唯恐失去，射透敌人的头颅而唯恐杀之不速，大家争着追逐敌人而唯恐落后于他人，怀着一定要杀死敌人的心理，就像是势不两立一般，这样练兵，将来才可以用来打仗。但古代用兵之人，对邻国友邦之间的争战，发泄完怒气就停止，并非是像对待夷狄和盗贼那样，一定要让他们死在我手里，而不能与他们同生共存。以禽兽比拟敌人，就足以进行军事训练了。我是人，敌人也是人，人和人是同类，不能把他们的死亡看成是和杀禽兽一样而无动于衷。一旦他们和我决一死战，那就不像人能杀禽兽而禽兽不能致人于死地那样了。以此原则来进行军事训练，流传到后世，尚且好像还有戏弄之意；仅仅训练骑马、射箭、前进、后退等动作节律，而到了真正遇事时却不能鼓起勇气，这对于战争本来就没什么用处。何况舍弃这一原则来进行军事训练，只能说是滥用武力，是亵渎而又戏弄武力罢了。

夫营垒有制，部队有法，开合有势，伏见有机，为将者务知之，而气不属焉，则娴习以熟，而生死成败之介乎前，且心目交荧而尽失其素。况乎三军之士，鼓之左而左，鼓之右而右，唯将是听，而恶用知兵法之宜然哉！所恃以可生可死而不可败者，气而已矣。气者，非可教而使振者也。是故教战者，唯数试之战，而后气以不骇而昌。日习之，日教之，狎而玩之，则其败愈速。是故不得百战之士而用之，则莫若用其新。昔者汉之击匈奴②也，其去高帝③之时未及百年，凡与高帝百战以定天下者虽已略尽，而子孙以功世彻侯④，皆以兵为世业，习非不夙，而酎金之令⑤，削夺无余。武帝⑥所遣度绝幕、斩名王、横驰塞北者，卫青⑦、霍去病⑧、李广⑨、程不识⑩、苏建⑪、公孙敖⑫之流，皆拔起寒微，目未睹孙、吴⑬之书，耳未闻金鼓之节，乃以用其方新之气，而威行乎朔漠。其材官健儿⑭以及数十万之众，天子未闻亲临大阅，将吏未暇日教止齐，令颁于临戎之日，驰突于危险之地，即此以教之而已足于用。故教战者，舍以战教，而教不如其无教，教者，戏而已矣。

注释:

①太宗:即北宋第二位皇帝赵光义(939—997),宋太祖之三弟。原名匡义。参与陈桥兵变,赵匡胤称帝后以避讳改名光义,曾任泰宁军节度使、开封尹,封晋王。后杀兄即帝位,改名为炅。继续执行太祖对割据政权各个击破的策略,结束了五代十国的割据局面。在他统治时期,宋朝逐渐形成了"积贫积弱"的局面,给宋代社会的发展带来了不利影响。在位二十二年(976—997)。

②匈奴:中国古代北方少数民族之一,也称"胡"。先后叫鬼方、混夷、猃狁、山戎,秦时称匈奴。散居在大漠南北,过游牧生活,善骑射。

③高帝:即汉高祖刘邦(前256—前195),秦末沛县(今属江苏)人,字季。初为泗水亭长。秦二世元年(前209),陈涉、吴广发动反秦起义后,他起兵于沛,号为沛公。后与项羽分兵攻秦,他先入秦都咸阳,与咸阳父老约法三章,尽除秦苛法。项羽分封诸侯时,被封为汉王。后平定三秦,与项羽争战四年,终败项羽,即帝位,国号汉,在位八年(前202—前195)。

④彻侯:秦汉时的爵位名。秦实行二十等爵制,立爵自一级公士起,至二十级彻侯止。彻,爵位上通于皇帝,位最尊。汉因之,金印紫绶。后避武帝讳,改曰通侯或列侯。

⑤酎(chóu)金之令:汉代皇帝举行宗庙祭祀时,诸侯王需献出一定数量的黄金帮助祭祀,称为酎金。汉武帝元鼎五年(前112),以诸侯王所献酎金成色不好和斤两不足为借口,下令夺去百余诸侯的爵位与封地,占当时列侯的半数。

⑥武帝:即汉武帝刘彻(前156—前87),汉景帝之子。承"文景之治",对内实行政治、经济改革,对外用兵,开拓疆土。尊儒术,倡仁义,罢黜百家,建太学,置五经博士。在位五十四年,为西汉一代军事、政治、经济、文化的极盛时期。但迷信神仙,大兴土木,急征敛,重刑诛。连年用兵,使海内虚耗,人口减半。

⑦卫青(? —前106):西汉河东平阳(今山西临汾西南)人,字仲卿。本姓郑,因同母姐姐得幸武帝为皇后,遂冒姓卫。历官至大将军,曾前后七次出击匈奴,屡立战功,收河南地,置朔方郡。封长平侯。

⑧霍去病(前140—前117):西汉河东平阳(今山西临汾西南)人,卫青姊子。为人少言不泄,果断任气。十八岁为侍中,善骑射。曾六次出击匈奴,涉沙漠,远至狼居胥山。封冠军侯,为骠骑将军。汉武帝欲为之建造府第,辞谢曰:"匈奴未灭,无以家为也。"

⑨李广(? —前119):西汉陇西成纪(今甘肃秦安北)人。善骑射,文帝时击匈奴有功,为武骑常侍。武帝时多次任边郡太守,居右北平时,匈奴不敢犯境,号之曰"飞将军"。治军宽缓不苛,与士卒共饮食,家无余财。与匈奴前后七十余战,然

未得封侯。后与大将军卫青北击匈奴，迷失道路，受责处，悲愤自杀。

⑩程不识：西汉名将。文帝时为边郡太守。与李广同击匈奴。李广治军简易，程不识治军严明，二人皆为当时名将。

⑪苏建：西汉杜陵(今陕西西安东南)人。以校尉随卫青抗击匈奴有功，封平陵侯。又以将军筑朔方城。后为代郡太守。有三子，次子苏武最有名。

⑫公孙敖(? —前91)：西汉义渠(今甘肃宁县西北)人。景帝时为郎。武帝时为骑将军，从大将军卫青出击匈奴有功，封侯。太初元年(前104)，以因杆将军筑塞外受降城。曾奉命率兵深入匈奴迎李陵，无功而还。后因其妻为巫蛊，坐罪腰斩。

⑬孙、吴：即春秋战国时期军事家孙武、吴起。孙武字长卿，春秋时期齐国人。以《兵法》十三篇见吴王阖闾，受任为将。战无不胜，曾与伍子胥率吴军破楚，攻入楚国郢都。北威齐、晋，南服越人，显名诸侯。所著《孙子兵法》是中国最早的军事理论著作，被誉为"兵学圣典"，并被译为英、法、德、日等多国文字，成为国际间最著名的兵学典范之书。吴起(? —前381)，战国时卫国左氏(今山东曹县北)人。曾参学生，又曾受业于子夏。初在鲁国为将，继至魏，受命率军击秦，攻占五城，被任为西河郡守，以防御秦、韩的进攻。后因谗言，逃奔楚国。南平百越，北却韩、赵、魏，西伐秦，得楚悼王重用，辅佐悼王变法，使楚国迅速强盛。悼王死后，被贵族发动叛乱所杀。在中国古代军事史上，历来是孙、吴并称于后世。

⑭材官健儿：材官，勇武之卒。健儿，军中勇士。

译文：

行军打仗，营垒有一定的制度，部队有一定的法令，散开和集合讲究一定的阵势，潜伏和现身讲究一定的时机，作将领的，必须明白这些道理。但如果没有勇气，即使将这些原则练习得相当精熟，一旦到了生死成败的关头，也会心神迷乱而将平日所习全部忘记。何况士兵们，让他们向左就向左，让他们向右就向右，全都听从将领的指挥，哪管什么兵法上所讲的应该与不应该呢？因此，值得依赖而可以使人生存、可以使人牺牲但不能使人失败的，只有勇气。但勇气并非可以通过日常训练就能使之振作起来的。所以，进行军事训练，必须多次尝试着去打仗，而后士兵的勇气才会逐渐因不害怕而振作起来。每天练习，每天训练，一点也不严肃地戏弄士兵，则其失败得就会更快。因此，如果没有身经百战的士兵可以使用，那还不如使用新招来的士兵。从前汉朝攻打匈奴的时候，距汉高祖时不到百年，凡是和汉高祖一起身经百战而平定天下的人虽都已死去，但其子孙也因他们的功劳世袭了列侯的爵位,都以武为世代家业,可以说是早就熟悉军事。但汉武帝一发布酎金之令,就把他们全都削去了爵位。武帝所派遣的横跨沙漠、斩杀匈奴首领、在塞北纵横驰骋的将领,如卫青、霍去病、李广、程不识、苏建、公孙敖等人,都是选拔自地位低下之家,既没有读过孙武、吴起的兵书,也没有听过战鼓的声音,但就是凭借着他们刚刚兴起之时的锐气,将汉朝的国威显扬于大漠。而汉军中的材官、健儿以及数十万的士兵,天子也未曾亲自去检阅,将领们也未曾有空闲时间去天天训练他们停止、集合等打仗的步骤,他们的出征令就颁发于从军之时,并很快在危险的战场上疾驰冲锋,但就是这样来训练他们,就已足够了。因此,进行军事训练,不用打仗来训练士兵,这样的训练还不如不练,这样的训练,只是戏弄他们罢了。

虽然,抑有说焉。有数战而不可使战者,屡试之弱敌,幸而克捷,遂欲用之于勍敌也;则宋之用曹彬①、潘美②以争幽州③是已。此数将者,皆为宋削平割据以统一天下者也,然而其效可睹矣。刘铢④之虐也,孟昶⑤之荒也,李煜⑥之靡也,狃于苟安,而尽弛其备,兵一临之,而如春冰之顿释;河东⑦差可自固,而太祖顿于坚城⑧之下,太宗复亲御六军⑨,躬冒矢石,而仅克之;则诸将之能,概可知已。幸人之弱,成其平国之功,整行长驱,卧鼓偃旗,而敌已溃;未尝有飞矢流于目睫,白刃接于肘腋,凶危不测之忧也。方且以仁厚清廉、雍容退让,释天子之猜疑,消相臣之倾妒。迨雍熙⑩之世而益老矣,畏以勋名见忌,而思保富贵于暮年之情益笃矣。乃使贸首⑪于积强之契丹⑫,岐沟之死伤过半⑬;岂旌旄不耀云日,部伍不缀星辰,以致敌之薄人于无法哉?怙其胜小敌者以敌大敌,突骑一冲,为生平所未见,而所习者不与之相应,不熸何待焉。张齐贤⑭曰:"择卒不如择将。"诸将之不足以一战也,夫人而知之矣。

注释:

①曹彬(931—999):真定灵寿(今属河北)人。字国华。初仕五代时后汉、后周政权。宋太祖时,历任左神武将军兼枢密承旨、宣徽南院使、义成军节度使、枢密使、检校太尉、忠武军节度使等职,以行军不滥杀掠,受到太祖褒奖,曾两次从征

北汉。太宗即位后，加同平章事，辅佐太宗决策灭北汉。后以率军攻辽失败，降为右骁卫上将军。又起为侍中、武宁军节度使。真宗即位后，复检校太师、同平章事，寻拜枢密使。

②潘美(925—991)：大名(治今河北大名东)人。字仲询。初仕五代时后周政权，以功迁西上阁门副使。宋太祖时，历任防御使、贺州路行营诸军都部署、宣徽北院使等职，率军灭南汉、南唐等割据政权。太宗时，曾从征北汉、辽朝。雍熙三年(986)，宋三路北伐辽朝，任云、应、朔等州行营都部署，杨业副之，率西路军出雁门。后在受诏撤军过程中，不纳杨业建策，并强令其出战，又违约不予接应，致使杨业陷敌身亡，被削秩三等，降为检校太保。

③幽州：今北京。

④刘鋹(942或943—980)：五代时南汉后主。昏庸愚昧，认为群臣都有家室，不能尽忠，欲用者皆阉之，余皆排斥。委政宦官龚澄枢、陈延寿、李托以及女巫樊胡子。生活荒淫，奢侈无度，赋敛苛重，为政残暴。宋太祖派军攻打，他杀名将、焚府库宫殿，潜逃入海未遂，被执，封恩赦侯，南汉亡。

⑤孟昶(919—965)：五代时后蜀后主。邢州龙岗(今河北邢台)人，初名仁赞，字保元。即位初年，励精图治，兴修水利，注重农桑，实行与民休息的政策，国势强盛。后期沉湎酒色，不思国政。宋太祖派兵入蜀，他兵败投降，被封为检校太师兼中书令、秦国公，次年被宋太宗毒死。

⑥李煜(937—978)：五代时南唐后主，故又称李后主。字重光，初名从嘉。少聪慧。在位十五年，外则奉承北宋，苟延求存，内则大崇佛教，不恤政事，国势江河日下。后宋军南攻，被俘，南唐亡。善诗文，工书画，尤以词名。

⑦河东：黄河流经山西省境，自北而南，故称山西省境内黄河以东的地区为河东。

⑧太祖顿于坚城之下：开宝二年(969)春，宋太祖亲征北汉，击退辽援兵，修筑长堤，引汾水灌晋阳城(今太原南郊古城营一带)。北汉坚守危城，设障堵住水口。当时天热多雨，宋军住在草地里，多患腹泻病，契丹又增兵来援北汉，宋太祖只得下令退兵，丢弃粮饷茶绢无数。顿，困顿。

⑨太宗复亲御六军：指太平兴国四年(979)，宋太宗亲自率军攻灭北汉之事。六军，周朝制度，军队有士卒一万二千五百人为一军；诸侯国大者设三军，其次二军，小者仅置一军，周天子则设有六军。后以"六军"作为军队的统称。

⑩雍熙：宋太宗的第二个年号，共四年(984—987)。

⑪贸首：指积仇太深，不共戴天，互欲取其首。

⑫契丹：我国古代民族名。为东胡族的一支，居今辽河上游西拉木伦河一带，以游牧为生。北魏时自号契丹，分属八部。唐时在此设置松漠都督府，以契丹首领为都

督。唐末,耶律阿保机统一各部,于916年建契丹国,自称皇帝。后改国号为"辽"。

⑬ 岐沟之死伤过半:雍熙三年(986),宋太宗分兵三路攻辽,其中兵力最多的东路军由曹彬等率领,自雄州(治今河北雄县)向涿州(今属河北)进发。起初取得一些胜利,后因粮尽退军。此时,其他两路宋军也取得一些胜利,曹彬部下得知后贪功心切,纷纷要求继续北伐。曹彬不能阻止,遂冒险进攻,在得知辽方援军到达后,曹彬主动退军,辽军反攻,双方在岐沟关(今河北涞水东)展开激战,宋军惨败,死伤数万,其他两路宋军也不得不被迫退兵。

⑭ 张齐贤(943—1014):曹州冤句(今山东曹县西北)人,徙居洛阳。字师亮。宋太祖至洛阳,以布衣条陈十事。太宗时进士,历任大理评事、通判衡州、给事中、知代州、枢密副使、参知政事、吏部侍郎、同中书门下平章事等职。在宋辽战争中,抵御辽军甚力。后罢相,为尚书左丞知河南府,徙知永兴军,又徙知襄州。宋真宗即位后,召拜兵部尚书、同中书门下平章事,坐朝会被酒失仪免相。后起为兵部尚书,知青州,寻改为吏部尚书,拜右仆射,以司空致仕。

译文:

此外,还有其他一些情况。例如,有屡经战阵而不可使其去打仗者。多次和弱小的敌人打仗,侥幸取胜,于是就想用这样的军队去和强敌对垒,这也是不行的。但宋太宗任用曹彬、潘美为将领去夺取幽州就是这种情况。这几位将领,虽都曾参加宋朝消灭割据政权而统一天下的战争,但其功绩也是有限的。南汉后主刘铱残忍暴虐,后蜀后主孟昶荒淫无道,南唐后主李煜奢侈糜烂,他们沉溺于短暂的安定,完全放松了武备,宋军一到,他们的统治就如同春天的冰块一样顿时消解;河东的北汉政权稍微有点自我固守的能力,宋太祖即不能击败之,宋军反在太原城下被拖得疲弊不堪,后来宋太宗又率大军亲征,并亲自指挥攻城,才将北汉灭掉。由此观之,这些宋军将领的才能,其大致情况也就可以了解到了。幸亏是对方弱小,才成就了他们扫平割据政权的功绩。他们率领军队,整齐地长驱直入,旗鼓还没有树立起来,敌人就已经溃败了,根本不用担心流箭乱飞于眼前、锋利的刀刃逼近于身躯等凶险,而且当时还正以仁爱厚道、清廉自守、举止大方、谦退辞让的形象,来消除皇帝的猜防怀疑和宰相的倾轧嫉妒。到了太宗雍熙年间,这些人的年龄更加老化,害怕因功勋而受人猜忌,想要保持富贵于晚年的心理更加深重。这个时候,竟指望他们去和一直强大的契丹打仗,结果岐沟关一战，宋军死伤过半。难道宋军的失败是因为自己人数太多，以致使敌人的攻击不讲章法所致吗？当然不是。依仗着曾经战胜弱小的敌人，就去和强大的敌人相对垒，结果敌人精锐骑兵一冲，这种阵势为自己生平所未见，平日所习根本不能与敌相搏，不全军溃败又能如何呢？张齐贤说："挑选士兵，不如挑选优秀的将领。"可见，宋朝将领不善于打仗，是当时人就知道的。

夫宋岂无果毅跅弛之材，大可分阃①而小堪奋击者乎？疑忌深而士不敢以才自见，恂恂秩秩，苟免弹射之风气已成，舍此一二宿将而固无人矣。岐沟一蹶，终宋不振，吾未知其教之与否，藉其教之，亦士戏于伍，将戏于幕，主戏于国，相率以嬉而已。呜呼！斯其所以为弱宋也钦！

注释：

①阃(kǔn)：指国门、郭门，引申为统兵在外的将帅。

译文：

　　但宋朝难道真的没有果敢坚毅、放纵不羁，大可为统兵在外的将帅，小也能与敌作战的将领吗？不是的。是宋朝皇帝们疑忌太深，人们不敢以才能自我表现，恐惧担心、墨守成规、想方设法躲避被弹劾还来不及的风气已经形成，所以，除了这些老将外，就再没有别的什么能人了。自岐沟关一战失利，直到宋朝灭亡，宋军再也没有振作起来，我不知道他们后来是否举行过军事训练，但即使训练过，也是士兵玩耍于队伍之中，将领玩耍于帅帐之中，皇帝玩耍于朝廷之中，相互嬉戏罢了。唉！这就是宋朝之所以衰弱的原因吧！

■■知识链接　　　　**毫无自由的宋代武将**

　　唐末五代时期，武将气焰熏天、跋扈难制，宋太祖本人也以武将兵变而夺取政权，因而建国后，对武将和军队进行多角度、全方位的严密防范，其中最重要的，是实行兵将分离政策，使"兵无常帅，帅无常师"，"兵不识将，将不识兵"，

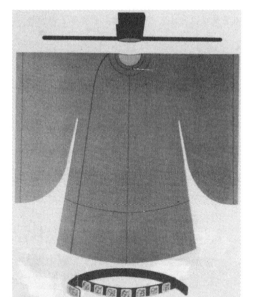

宋代文官服

以防止兵将结合而对抗中央。宋太宗继位后，对武将的防范更是变本加厉、无孔不入，甚至连武将的一举手、一投足都有法令约束。其中最主要的，是实行"将从中御"，剥夺了武将在战场上独立自主、灵活应变的前敌军事指挥权，由他自己在皇宫中"颁赐阵图"，遥控千里之外、瞬息万变的战场形势，这就把将帅们的手脚全都捆绑起来，以致造成战场上的一再失利。其他如，严格控制将帅对部属的节制、处分权，从而使军队散漫无纪；因惧怕将领尾大不掉，绝不许将帅设置亲兵；又派宦官监军或出任主帅，对武将进行监视；对文武官员的选拔及一些边州将帅的任命，也是重文臣而轻武将。在这样的"立国家法"下，虽然唐末五代早已成为历史，但宋代皇帝们却一直以压制武将为己任，防范"如敌国"，使武将们都以建功立业为祸、以免遭猜忌为福，实现了对武将的绝对控制，但在对外战争中却始终处于被动挨打的局面，北宋如此，继之而起并一直在生死存亡中挣扎的南宋也同样如此。

卷三 真宗①

论宋辽澶州之战

　　本篇为《宋论》卷三《真宗》第四条。宋太祖时,对辽朝采取防御政策,虽双方也间有战争,但关系较为和睦。宋太宗夺取皇位后,妄图通过建立盖世功业为自己树威立望,于是对辽积极进攻,不料二十余年间接连惨败,只好对辽采取守势。但辽朝却对宋开始展开攻势,不时发兵南下。真宗景德元年(1004)闰九月,辽军又大举南下,避开城市争夺战,直趋澶州,对宋都城开封构成严重威胁。面对来敌,宋朝内部意见不一,王钦若等主张避敌逃跑,只有新任宰相寇准等少数人力请真宗亲临前线督战,在权衡了寇准对战事利害的分析之后,真宗采纳了他的建议,使前线宋军士气大增。辽军此次南下,原是以掠夺财物和政治讹诈为目的,但入宋境后遭到宋军顽强抵抗,屡受挫败,于是表示愿意与宋讲和。这对宋真宗是正中下怀,于是双方订立"澶渊之盟",迅速结束了战争。但回到朝廷后,王钦若却在宋真宗面前拨弄是非,攻击寇准把真宗当作"孤注"一掷,订立"城下之盟"是大耻辱等等。宋真宗恼羞成怒,把寇准罢相外放。王夫之在本篇中,就以王钦若"孤注一掷"的谗言为切入点,对宋辽澶州之战中,宋方所以得胜的原因,从内外两方面因素进行了分析评论。

澶州②之役,寇平仲③折陈尧叟④、王钦若⑤避寇之策,力劝真宗渡河决战,而日与杨大年⑥饮博歌呼于帐中。故王钦若之谮之曰:"准以陛下为孤注。"⑦其言亦非无因之诬也。王从珂⑧自将以御契丹于怀州⑨,大败以归而自焚;石重贵⑩自将以追契丹于相州⑪,诸将争叛而见俘于虏,皆孤注也。而真宗之渡河类之。且契丹之兵势方张,而饮谑自如,曾无戒惧,则其保天子之南归,而一兵不损,寸土不失,似有天幸焉,非孤注者之快于一掷乎?则钦若之谮,宜其行矣。

注释:

①真宗:北宋第三位皇帝赵恒(968—1022),太宗子。即位前曾被封为韩王、襄王和寿王,立为太子后,判开封府事。在位前期,勤于政事,分全国为十五路,各路转运使轮流返京,询以政事,减免五代以来欠税。景德元年(1004),辽军南下,在宰相寇准等人促使下亲征,与辽订立澶渊之盟。为掩盖和议之辱,与王钦若等伪造"天书"下降,东封泰山,西祀汾阴,粉饰太平,耗费大量国财民力。在位二十六年(997—1022)。

②澶州:今河南濮阳。

③寇平仲:即寇准(961—1023),华州下邽人(今陕西渭南北),字平仲。宋太宗时进士,历任大理评事、知归州巴东县、三司度支推官、盐铁判官、左谏议大夫、枢密副使、同知枢密院事、参知政事等职,后罢知邓州。宋真宗即位后,曾权知开封府,迁兵部侍郎,为三司使。景德元年(1004),授同中书门下平章事,集贤殿大学士。澶州之战中,力排众议,请真宗亲征,与辽和议而回。不久,被王钦若所谮,罢相,为刑部尚书,知陕州。后虽又再相,但很快又罢相,封莱国公。此后,一再被贬,死于贬所。

④陈尧叟(961—1017):阆州阆中(今属四川)人,字唐夫。宋太宗时进士,授光禄寺丞、直史馆。迁广西转运使,多有惠政。后充度支判官。真宗时,曾任知枢密院事、加检校太尉、同平章事、枢密使等职,后以病辞官,拜右仆射,知河阳。他留意马政,才智过人,久典机密,能悉记军马之籍。

⑤王钦若(962—1025):临江军新喻(今江西新余)人,字定国。宋太宗时进士。宋真宗时,为参知政事。景德元年(1004),辽军大举南下,他密请真宗迁都,为寇准所阻。因与寇准不协,去职。领修《册府元龟》,功揽于己而咎归于人。他指责澶渊之盟为城下之盟,使寇准罢相。为人奸邪险伪,与丁谓、林特、陈彭年及内侍刘承规交结,被时人目为"五鬼"。

⑥杨大年：即杨亿（974—1020），建州浦城（今属福建）人。宋太宗时，赐进士及第，直集贤院。真宗即位，拜左正言，预修《太宗实录》，又与王钦若同修《册府元龟》。官至翰林学士、户部侍郎。为人刚介耿直，工文章，娴习典章制度，喜奖掖后进。诗学李商隐，词藻华丽，号"西昆体"。

⑦孤注：倾其所有以为赌注。

⑧王从珂：即五代时后唐末帝李从珂（885—936），也称废帝。生于平山（今属河北），本姓王，小字二十三。明宗李嗣源养子，赐名从珂。曾任太尉、凤翔节度使，封潞王。后废闵帝自立。时内忧外患加剧，府藏空虚，赋敛加紧，契丹入扰，水旱民饥，形势紧张。河东节度使石敬瑭勾结契丹，称帝于太原，并率兵南下攻入洛阳，他举族自焚于洛阳玄武楼。

⑨怀州：今河南沁阳县。

⑩石重贵（914—964）：五代后晋出帝，亦作少帝，为高祖石敬瑭从子。生于太原（今属山西）。在位期间，河南、河北、关西诸州蝗虫为灾，草木皆尽，逃户激增，饿殍遍地。曾用景延广之谋，对契丹称孙不称臣，并击退契丹军两度进攻。从此，以为天下无事，骄奢荒淫。契丹兵攻入开封，他被虏去，死于建州（治今辽宁朝阳西南）。

⑪相州：唐代州名，治安阳（今属河南）。

译文：

在澶州之战中，寇准驳斥了陈尧叟、王钦若提出的躲避契丹敌寇的逃跑策略，力劝宋真宗北渡澶渊，与敌决战。但他每晚与杨亿一起，在军帐中饮酒嬉戏、高歌喧哗，因此王钦若向真宗诬陷他说："寇准是以陛下您作为和敌人搏斗的孤注。"应该说，这话也并非无来由之诬陷。五代时，后唐末帝王从珂亲自率军在怀州与契丹决战，结果大败而回，自焚而死；后晋出帝石重贵亲自率军在相州追击契丹，结果部下众将争相叛变，他自己也被契丹俘虏，这些人都是孤注。宋真宗北渡澶渊的情形与他们类似。而且当时契丹军力正盛，寇准饮酒取乐，旁若无人，一点也不警戒害怕，而他最后能保护真宗安全返回朝廷，也没有损失一兵一卒和一寸土地，真像是有天助一般，这不是很像那些投孤注之人的痛快一掷的行为吗？可见，王钦若的诬陷，也是与寇准的行为相符合的。

呜呼！盈宋之庭，铮铮自命者充于班序，曾无一人能知准之所恃，而惊魂丧魄,始挠其谋,终妒其功,高琼①、杨亿以外,皆巾帼耳。后之论者曰:"准以静镇之也。"生死存亡决于俄顷,天子临不测之渊,而徒以静镇处之乎? 则论者亦冯拯②、王钦若之流匹,特见事成而不容已于赞美,岂知准者哉? 无所见而徒矜静镇,则景延广③十万横磨之骄语,且以速败,而效之者误人家国,必此言矣。

注释:

①高琼(935—1006):亳州蒙城(今安徽蒙城县)人,字宝臣。勇鸷无赖,为盗,将磔于市,乘隙而逃。宋太宗为开封府尹时,召置帐下。太宗即位,擢御龙直指挥使,累官保大军节度使。真宗时历官至殿前指挥使。景德元年(1004)从征澶渊,力劝真宗亲征,以督其成。后以疾求解兵权,授检校太尉、忠武节度使。曾屡立战功,不识字而晓达军政。

②冯拯(958—1023):孟州河阳(今河南孟县南)人,字道济。宋太宗时进士,历官大理评事、通判峡州、三司度支判官等,后贬岭外。真宗即位,进比部员外郎,迁枢密直学士、权判吏部流内铨、同知枢密院事。景德元年(1004),改签书枢密院事。次年,除参知政事。后拜同平章事。仁宗时罢相。论事多迎合帝意,曾以私忿劾寇准。

③景延广(892—947):五代时陕州(今河南陕县)人,字航川。事后晋高祖石敬瑭,累官马步军都指挥使,加同平章事。石敬瑭在契丹帮助下建国称帝,对契丹称臣,并自称"儿皇帝",死后,景延广承顾命,辅佐其子晋出帝即位,主张对契丹称孙不称臣。契丹派使者来责问,他答曰:"高祖为你们所立,今天子中国自册,故可以为孙,而不可为臣。且晋有横磨剑十万口,翁要战则来,他日不禁孙子,取笑天下。"由此与契丹立敌,干戈日寻。后为契丹所俘,自杀而死。横磨剑,比喻精锐善战的士卒。

译文:

　　唉! 在宋朝廷之上,以声名自命者充斥于文武两班,但没有一人能了解寇准所依赖的是什么,相反却是被敌寇吓得惊魂落魄,以致起初阻挠寇准的谋划,最后又妒嫉寇准的功劳。可以说,除高琼、杨亿两人外,其他人简直都成了女人一般。后来有人评论说:"寇准是以镇静取胜的。"但是,就在生死存亡决定于顷刻之间,连皇帝也来到了极其危险之地的情况下,能仅仅靠镇静来处理紧急的军情战事吗? 可见,说这话的人,也是冯拯、王钦若之流,不过是见到事情成功而不得不赞美罢了,哪里是真了解寇准呢?没什么识见,只是一味矜夸镇静,但后晋大将景延广也说过晋有十万大军静以待战之类的骄傲之语,结果还不是加速了他的败亡。效仿他而耽误国家大事的,一定是这话。

夫静镇者,必有所以镇而后能静也。谢安①围棋赌墅,而挫苻坚于淝水②,非但恃谢玄③北府之兵④也。慕容垂⑤、朱序⑥、张天锡⑦之抒情实久矣。夫平仲所恃者奚在哉?按事之始终,以察势之虚实,则洞若观火矣。愚者自不察耳。

注释:

①谢安(320—385):东晋陈郡阳夏(今河南太康)人,字安石。少有重名,善行书。初无处世意,累辟不就,与王羲之、许询、僧支遁等放情丘壑。年四十余始出仕。晋孝武帝时,进中书监,录尚书事。在淝水之战中,任征讨大都督,派弟弟谢石与侄儿谢玄加强防御,指挥作战,大胜。封建昌县公。又派谢石北征,收复洛阳和青、兖等州,进都督扬、江、荆等十五州军事。后被权臣排挤,出镇广陵,不久病死。

②苻坚(338—385):十六国时前秦国君。略阳临渭(今甘肃秦安东南)人,氐族,一名文玉,字永固。先后攻灭前燕、前凉等国,威服诸邻国,统一北方大部。后南攻东晋,在淝水之战中大败,所统各族首领乘机叛而自立,他被后秦姚苌擒杀,前秦由是瓦解。

③谢玄(343—388):字幼度,谢安侄。有经国才略。前秦数入寇,拒之,拜建武将军。淝水之战中,统兵大破前秦军队。又率军收复兖、青、豫等州,封康乐县公。后被权臣排挤,还镇淮阴,改会稽内史。

④北府之兵:指东晋谢玄镇守广陵(今江苏扬州市)时,招募徐、兖州骁勇所组成的军队。这支军队骁勇善战,在抗击前秦苻坚军时,百战百胜,号为"北府兵"。淝水之战中,谢玄即以此军为主力。

⑤慕容垂(326—396):十六国时后燕国君,鲜卑族,昌黎棘城(今辽宁义县西)人。初名霸,字道业,后改今名,字道明。前燕时封吴王。曾大败东晋军,声名大震,被人所忌,惧祸投奔前秦苻坚。淝水之战,苻坚为东晋所败,他乘机复燕政权,自称皇帝,建立后燕。灭西燕,但在征北魏时损失惨重。

⑥朱序(?—393):东晋义阳平氏(今河南桐柏西北)人,字次伦。世为名将。晋孝

武帝时,任梁州刺史,镇守襄阳。前秦苻坚派将来攻,城陷被俘,被苻坚用为尚书。淝水之战前夕,被苻坚派去劝降谢石,但他反劝谢石速战速决。谢石渡水迎战,他高声大喊苻坚大败,前秦军溃不成军。他得以回归东晋,拜为龙骧将军,豫州刺史,官至青、兖二州刺史。

⑦张天锡(346—406):十六国时前凉国君。字纯嘏,小字独活。在位期间,骄恣淫昏,不恤政事。前秦苻坚来攻,他投降,前凉灭亡。淝水之战后,投降于东晋,被任命为庐江太守。桓玄称帝后,为凉州刺史,寻卒。

译文:

　　以镇静处事,一定有能镇之处,然后才能静。东晋谢安在别墅里下棋嬉戏,就能在淝水前线挫败苻坚大军,所靠的不仅是谢玄指挥的北府兵,实际上,慕容垂、朱序、张天锡等人表示归顺之意已经有很长时间了。那么,寇准所靠的又是什么呢?只要我们根据事物的始末过程,来考察事态的实际情况,就会把事物观察得非常明白透彻。只是愚笨的人自己不会观察罢了。

　　观其形势,固非小有所得而遽弭耳以退也。乃增卅万之赂①,遂无一矢之加,历之数十年,而无南牧之马。岂萧挞览②之偶中流矢,曹利用③之口给辩言,遂足戢其戎心哉?兵甫一动,而议和之使先至,利用甫归,而议和之使复来,则其且前且却、徜徉无斗志者,概可知也。契丹之灭王从珂也,石敬瑭④为之内主;其灭石重贵也,杜威⑤、赵延寿⑥为之内主;契丹不能无内应而残中国,其来旧矣。此内之可恃者也。

注释:

①卅万之赂:澶州之战后,宋辽签订和议,规定:宋每年给辽岁币银十万两、绢二十万匹。

②萧挞览(? —1004):即萧达凛。辽后族,字驼宁。辽景宗时为宿直官。辽圣宗时,为诸军副部署,随耶律斜轸擒宋将杨业。历官南院都监、右监门卫上将军、检校太师、兼侍中,封兰陵郡王。后为南京(今北京)统军使,屡败宋军,擒宋将王继忠,后在澶州之战中被宋军伏弩射死。

③曹利用(971—1029):赵州宁晋(今属河北)人,字用之。宋真宗时,在澶州之战中,奉命出使契丹军,拒绝割地要求,与辽订立澶渊之盟而还。此后历任枢密副

使、知枢密院事、枢密使、同平章事等。仁宗即位,加左仆射兼侍中。恃功骄肆,中人、贵戚多与之结怨。适其侄犯罪,遂被牵连,谪知随州。又被诬贬房州安置,途中被宦官逼死。

④ 石敬瑭(892—942):即五代时后晋高祖。沙陀部人,一说西夷人。善射。在契丹主帮助下攻灭后唐,自立为帝,史称后晋。从此,对契丹割地献帛,自称"儿皇帝"。曾命文臣纂集《大晋政统》,司天监造《调元历》。停明经、童子、宏词、拔萃、明算、道举、百篇等科。称帝七年(936—942),兵乱不断。

⑤ 杜威:后晋叛将。后晋高祖石敬瑭死后,出帝即位,他以恒州顺国军节度使加检校太师,又加兼中书令,为延州留后。此后历官幽州道行营招讨副使、北面行营都招讨使、天雄军节度使、鄴都留守等。后为北面行营都招讨使,北征契丹,接连失利,率诸军降。契丹军遂很快攻入都城汴京,将出帝等掳掠北去,后晋灭亡。

⑥ 赵延寿(?—948):五代常山(今河北正定)人。后唐时,任宣徽使、枢密使。后降契丹,拜卢龙节度使,封燕王。契丹主耶律德光答应灭晋后立其为帝,故引契丹兵南下。但后晋灭亡之后,契丹北返,并没有立他为帝,仅以大丞相、中京留守驻汴。

译文:

　　考察当时的形势,契丹绝非稍有所获就会轻易满足而撤军的。但澶渊之盟后,只增加三十万的岁币,契丹就不再挑起战争,几十年间,也没有南侵。难道是澶州之战中,契丹军统帅萧挞览偶然被宋军伏箭射死,宋方使臣曹利用口齿敏捷、能言善辩,就足以使他们的军事侵略之心收敛吗?当然不是。契丹军队刚一出发,他们派出的议和使臣就先期到了宋朝,曹利用刚一返宋,契丹的议和使臣就再次来到了宋朝。由此可知,契丹的这次南侵,是且前且退、前后徘徊而没有坚定的斗志的。过去,契丹能灭掉王从珂,那是有石敬瑭为他们作内应;能灭掉石重贵,是有杜威、赵延寿为他们作内应。可见,契丹一贯是不能离开内应的帮助而挫败中原王朝的。但是,澶州之战时,契丹没有这样的内应帮助。这是寇准可以依赖的宋朝内部因素。

　　且今之契丹,非昔之契丹矣。隆绪①席十六州②之安,而内淫于华俗;国人得志于衣锦食粱,而共习于恬嬉。至是而习战之将如休哥③辈者,亦已骨朽。其入寇也,闻李继迁④以蕞尔之小丑,陷朔方⑤,胁朝廷,而羁縻弗绝;及其身死子弱,国如浮梗,而尚无能致讨,且不惜锦绮以饵之使安。

宋之君臣,可以虚声恐喝而坐致其金缯,姑以是胁之,而无俟于战也。则挟一索赂之心以来,能如其愿而固将引去,虏主之情,将士之志,三军之气,胥此焉耳矣。故其攻也不力,其战也不怒,关南⑥之土,亦可得则得,不得则已之本情;兵一动而使频来,和之也易,而攻之也抑无难。平仲知之深,持之定,特兵谋尚密,不欲昌言于众以启哓哓之辩论耳。使乘其不欲战之情而亟攻之,因其利我之和而反制之,宁我薄人,必胜之道也。平仲曰:"可保百年无事。"非虚语也。此外之可恃者也。

注释:

① 隆绪(971—1031):即辽圣宗耶律隆绪。契丹名文殊奴,辽景宗长子。即位时年仅十二,由承天太后执政。太后死,始亲政。修订法律,释免奴隶,设置二十四部。南败宋兵,订立澶渊之盟。西败辖戛,使甘州及西州回鹘来贡。东侵高丽,许和。前后在位四十九年,是辽全盛时期。

② 十六州:即幽州(即后来的燕京,辽称南京,今北京)、蓟州(今天津蓟县)、瀛州(今河北河间)、莫州(今河北任丘北)、涿州(今河北涿州)、檀州(今北京密云)、顺州(今北京顺义)、新州(今河北涿鹿)、妫州(今河北怀来东南)、儒州(今北京延庆)、

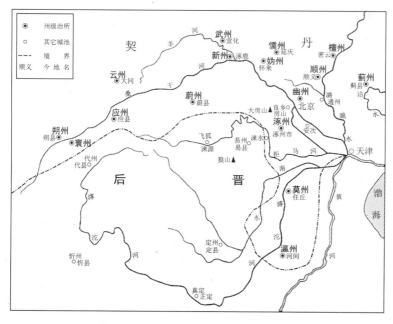

燕云十六州形势图

武州(今河北宣化)、云州(今山西大同)、应州(今山西应县)、寰州(今山西朔州东北)、朔州(今山西朔州)、蔚州(今河北蔚县西南)。

③休哥:即辽将耶律休哥(? —998),辽皇族,字逊宁。辽穆宗时,任惕隐,掌皇族政教。景宗时,曾西伐党项,屡败宋军,擢北院大王,拜于越。圣宗时,迁南京留守,总南面军务,被特许伺机处事。均戍兵,立更休法,劝农桑,修武备,边境大治。多次大败宋军,并助耶律斜轸,擒宋将杨业,进封宋国王。后为宋军所败,伤臂。此后谨守边防,与宋相峙。卒后,圣宗辍朝五日,诏立祠南京。

④李继迁(963—1004):西夏王朝奠基者。银州(今陕西榆林南)人,勇悍有谋。党项族,先祖本姓拓跋氏,唐太宗时归唐,赐姓李。宋太祖时,任定难军管内都知蕃落使。宋太宗时,族兄定难军留后李继捧献地朝宋,他与亲信外逃,联结党项豪族,抗宋自立,不断攻掠宋朝边地。诱杀宋将,袭据银州,自称定难军留后。向辽称臣,被册封为夏国王。后又附宋,被授银州观察使,赐姓名赵保吉。此后又附辽归宋,反复无常,并联结辽军,多次袭击宋朝西北边境。曾挫败宋军五路进攻。宋真宗时,攻破灵州,改名西平府,定为都城。后在攻吐蕃时遇袭,中箭逃归,不久死。子德明继立,尊为光孝皇帝。孙元昊建国后追谥神武,庙号太祖。

⑤朔方:指朔方郡,汉武帝元朔二年(前127)设置,在今内蒙古自治区境内。

⑥关南:宋时关南一般是指与辽边界的三关之南。三关为瓦桥关(今河北雄县西南)、益津关(故址在今河北霸州)、淤口关(今河北霸县东)。

译文:

再者,澶州之战时的契丹,已非昔日的契丹了。其皇帝耶律隆绪已经习惯于幽云十六州的安定生活,又被汉人习俗所侵染同化;其人民也在锦衣玉食中得其所欲,已经习惯于文恬武嬉的安逸生活。到这时,像耶律休哥等能征惯战的将领也早已死去。契丹这次之所以南侵,是因为听说西夏的李继迁以极小的势力,攻陷了宋朝的朔方地区,直接威胁到宋朝利益,但宋朝竟接连不断地对他们进行物资笼络;李继迁死后,其子力量弱小得就如浮在水面上的植物茎枝一样,但宋朝仍不能加以武力讨伐,而且还不惜送给他们上好的丝织品,以满足他们的欲望,使他们安定下来。契丹由此认识到,可以用虚张声势的讹诈手段,从宋朝君臣那里得到金帛物资。于是就暂且以军事进攻的方式威胁宋朝,但实际上并不指望于战争。他们怀着勒索财物的心理前来,能实现愿望肯定就要退兵,他们主上的心愿、将士的志愿、军队的战斗士气,全都在此。因此他们的进攻劲头不足，打仗的士气也不振作。对关南的大片土地，他们也是能得就得，得不到也没关系，因为他们本来就没想过一定要得到。他们军队一出发，即派来了议和的使者，则与他们讲和就很容易，就是打败他们也没什么难处。寇准很明白这种情况，意志也非常坚定，只是军事谋划必须保密，不便公之于众，否则内部就会出现喋喋不休的争辩。如果趁着契丹不想打仗的心理而迅速发动攻击，趁着他们想与我方讲和的时机而反过来制服他们，安定自己，攻击对方，就一定会胜利。寇准说："此战胜利，能保我国百年不会再有战事。"这不是空话啊。这是寇准可以依赖的外部有利因素。

可恃之情形，如彼其昭著，六军之士，欢呼震野，皆已灼见无疑。唯钦若、尧叟、冯拯之流，闻边情而不警于耳，阅奏报而不留于目；挟雕虫之技^①，傲将吏而不使尽言；修鹄立之容，迨退食而安于醉梦；羽书沓至，惊于迅雷；金鼓乍闻，茫如黑雾；则明白显易之机，在指掌之间，而莫之能喻。已而虏兵忽退，和议无猜，且不知当日之何以得此于契丹。则其云孤注者，虽倾妒之口，抑心所未喻，而亿其必然也。

注释：

①雕虫之技：西汉学童学习秦书八体，虫书为其中一体，纤巧难工。故用以指作词赋之雕章琢句，也比喻小技、末道。

译文：

可以依赖的内外因素是如此的明白，军队的士兵们又因皇帝亲临前线而欢呼震天，士气大振，这些都已经是灼然可见、毫无疑问的了。但王钦若、陈尧叟、冯拯这些人，听到边疆军情也不加警惕，看到奏疏报告也视而不见；仗着自己是文官，轻视武将，不让他们把军情全部上报；在朝堂之上，装出一幅对国事恳切的样子，等到退朝之后，则过着醉生梦死的生活；军情紧急的文书接二连三地到来后，又一下子被事态的急速发展而吓倒；刚一听到战鼓之声，就被吓得像掉入黑雾中一样，茫然不知所措。于是，非常清楚明显、容易理解的事情，就摆在他们眼前，他们也不能理解。到后来敌兵退去，和议成功，还不明白当时是如何与敌人达成这一结果的。由此可知,他们所说的"孤注"的话,虽是出于倾陷嫉妒,也是他们心里不明白,而猜测应该是这样。

故体国之大臣,临边疆之多故,有密用焉,而后可以静镇。密者缜也,非徒其藏而不泄也。得将吏之心,而熟审其奏报;储侦谍之使,而曲证其初终;详于往事,而知成败之由;察其合离,而知强弱之数。故蹲伏匿于遐荒,而防其驰突;飞镝交于左右,而视若蚊蠓;无须臾之去于心者,无俄顷之眩于目。其密也,斯以暇也;其暇也,斯以奋起而无所惴也。谢安石^①之称《诗》^②曰:"訏谟定命,远犹辰告。"命定于夙而时以告,猷斯远矣。夫岂易言静镇哉!

注释:

①谢安石:即谢安,详见上文注释。

②《诗》:中国最早的诗歌总集。本名《诗》,汉尊为经典,始称《诗经》。原有四家,后《毛诗》独传,所以《诗经》也称《毛诗》。共三百零五篇,创作年代上起西周初年,下至春秋中期,编成年代当在春秋末年,相传曾经孔子删定。全书共分三部分,《风》是地方民歌,《雅》是宫廷和京畿一代所演唱乐歌,《颂》是宗庙祭祀时所演唱的乐歌。其表现手法分为赋、比、兴三种。

译文:

因此,治理国家的大臣,面对边疆多事,只有处事周密,然后才可以镇静处之。周密就是缜密的意思,不只是深藏不露。得到将士们的拥护,仔细审查他们的报告;设置侦察敌情的人员,多方设法考察事情的始末发展;详尽了解过去的事情,探知其成功失败的原由;考察事物的聚合分离,了解其强弱转变的情况。潜伏,就要潜伏于荒远之处,以防止对方突然袭击;而当流箭乱飞于身边之时,也要保持冷静,视之如蚊虫一般。一刻也不能掉以轻心,一刻也不能眼乱头昏。他们那里周密,我们这里才可闲暇;他们那里闲暇,我们就要奋起而无所畏惧。谢安引用《诗经》的话说:"治国要把宏图大略确定下来,把远大的政策按时传达。"谋略早早地定下来,并按时传达下去,谋划才可谓远大。"以镇静取胜",这话哪里是可以随便轻说的呢?

宋真宗景德元年(1004年)十一月二十二日,辽军进攻至澶州北城。在宰相寇准的极谏下,本不敢亲赴前线的真宗硬着头皮离开京城,但却用了七天时间,才小脚女人一般来到二百五十里地之外的澶州南城。这与宋辽对峙的前线澶州北城仅有一河之隔,但真宗实在不敢再去北城。将领高琼遂挺身而出,敦请真宗过河,却被冯拯呵责以无礼,高琼气愤地说:"你以文章成为宰执大臣,如今敌人已经打到这里,你还责备我无礼,那你为何不写首诗退敌!"真宗无奈,只好过河,但到浮桥上时,又停止不前,高琼当即捶打车夫后背:"还不快走! 已经到这里了,还疑虑什么!"真宗只好下令前进。但到北城后,真宗仍坐卧不宁,不断派人察看寇准在做些什么,直到得知寇准每晚与杨亿饮酒取乐后,才算安定下来。得到辽方议和信息后,真宗立即派曹利用去谈判,告诉他只要岁币在一百万以下即可议和。寇准私下拦住曹利用,警告他:"虽有圣旨,但你敢超过三十万,看我不斩你人头!"曹利用战战兢兢而去。回来后,真宗询问,见曹利用以三指加颊,大惊失声:"三百万? 太多了!"继而又说:"也可以!省得我再担惊害怕。"得知是三十万,不禁狂喜过甚,遂对他重赏重用,而寇准却很快被罢相贬出朝廷。

寇准

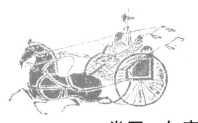

卷四　仁宗①

论宋仁宗推行纸币之失

　　本篇为《宋论》卷四《仁宗》第三条。北宋时期,随着商品经济的发展,钱币的需要量激增,但因种种原因,铜钱不能全部进入流通领域,需要铸造铁钱来加以弥补和调节。铁钱价贱而且笨重,使用起来极不方便。当时的四川地区恰是行用铁钱,这使四川人民不得不想方设法,寻找方便的流通手段。四川又是当时造纸和雕版印刷业的重要中心之一,这为纸币的出现提供了技术条件。宋真宗大中祥符四年(1011),四川地区的十几户富商私自发行了纸币"交子",以解决当地使用铁钱不便流通的问题。宋仁宗天圣元年(1023),政府在四川设置交子务,作为发行"交子"的机构,正式接收了这一世界上最早的纸币,并将其发行到四川周边地区。"交子"对当时商品经济的发展起到了很大的推动作用,但后来也产生了通货膨胀等经济问题。王夫之认为,宋仁宗残害百姓的大弊政,就是由政府推行纸币"交子"。在他看来,货币的出现是不可避免的,是历史进步的结果,但他只承认金属货币的存在价值,对纸币则视之为"敝纸而已"。他对历史上因实行纸币而导致的弊端进行了多方揭露,但对纸币的积极作用却避而不谈,认为纸币没有值得肯定的地方,完全否定了纸币的存在价值,不免失于偏颇。

仁宗有大德于天下，垂及今而民受其赐；抑有大弊政以病民者二百年，其余波之害，延于今而未已。盖其求治之心已亟，但知之而即为之，是故利无待而兴，害不择而起。

译文：

宋仁宗对天下百姓有过很大恩惠，直到今天，人们还能感受到他的好处；但他也实行过有很大害处的政治措施，使百姓受害达二百年，而且其影响所及，直到今天还没有结束。这是因为他寻求治道之心太急切，只要认为某事对治理天下有好处，便立即去做，因此，一遇有利措施便随时推行，而一些后来证明是有害的措施也未来得及剔除出去即被推行开来。

其有大德于天下者，航海买早稻万石于占城②，分授民种，是也。其种之也早，正与江南梅雨而相当，可以及时而毕树艺之功；其熟也早，与深秋霜燥而相违，可弗费水而避亢旱之害；其种之也，田不必腴而获不货，可以多种而无瘠芜之田；皆其施德之普也。昔者周有天下，既祀后稷③以配天，为一代之祖；又祀之于稷以配社，享万世之报。然则有明王起，饬正祀典以酬功德，奉仁宗以代周弃而享祀千秋，其宜也。惜乎无与表章者，史亦略记其事而不揄扬其美，则后王之过也。

注释：

①仁宗：北宋第四位皇帝赵祯(1010—1063)，真宗子。即位前被封寿春郡王、昇王。即位初，由刘太后垂帘听政，太后死，始亲政。在位四十二年(1022—1063)，是两宋时期在位时间最长的皇帝。期间，宋夏战起，宋军接连大败，以"岁赐"银、绢、茶等与夏订立和议，罢兵停战。辽朝也乘机对宋胁迫，也以增纳岁币求和。土地兼并及冗官、冗兵、冗费现象日益严重。虽起用范仲淹等进行改革，但在反对派攻击下，一年余即告失败。

②占城：古国名。故地在今越南的中南部。宋时，同中国往来密切。

③后稷：相传远古时人，名弃，为周族始祖，善于种植各种谷物。舜时封于邰，号曰后稷，别姓姬氏。

译文：

　　仁宗对百姓有过很大恩惠的，是派人航海从占城买来万石早稻，分给百姓耕种。这种占城稻播种时间较早，正好和江南地区的梅雨时节相合，可以及时完成耕种的劳作；它的成熟时间也较早，在深秋霜降干燥的时节之前即已完成，可以不用灌溉就避免了大旱的危害；而且种植这种水稻，土地不需肥沃，但产量极高，可以大面积种植，使不肥沃的荒芜田地都可得到开垦利用。这些都是仁宗施恩惠于百姓的方方面面。过去周朝统治时，既把后稷与天帝同等看待，一起祭祀；又把他作为谷神来祭祀，与土神并列，享受后代的报答。因此，一旦有英明君主出现，修正祭祀的典礼，酬劳有功德的人，则以宋仁宗代替后稷而永远享受后人的祭祀，正是应该的啊！可惜从来没有人表彰他，史书也只是略微记载了他的这个事情而没有赞扬他的功绩，这是他之后的那些帝王们的失误啊。

　　若其弊之病天下者，则听西川转运使^①薛田^②、张若谷^③之言，置交子务^④是也。交子变而为会子^⑤，会子变而为钞^⑥，其实皆敝纸而已矣。

注释：

①西川转运使：西川指西川路，北宋真宗至道三年（997）所设十五路之一，治益州（今四川成都），辖境包括今四川、陕西、甘肃的部分地区，后分为益州路和利州路。转运使为官职名称。宋初设随军转运使、水陆计度转运使，供办军需。宋太宗以后，转运使渐渐成为各路长官，经管一路全部或部分财赋，监察各州官吏，并把官吏违法、民生疾苦情况上报朝廷。

②薛田：河中河东（今山西永济西南）人，字希稷。第进士，历官丹州推官、知中江县、通判陕州、亳州，入为三司度支判官，改益州路转运使，知河南府。真宗时曾出使契丹，擢知开封府。仁宗时，历官知益州、知审刑院、右谏议大夫、知延州。后因病徙同州，又徙永兴军。性颇和厚，初以干敏屡为大臣所称，后屡更任使，所治无显赫名。

③张若谷：南剑州沙县（今福建沙县东）人，字德蹇。宋太宗时进士，任巴州、全州军事推官，大理寺丞兼蒙阳知县等职。真宗时，主广宁监，升处州知州，转任江湖、淮南、益州路转运使，江淮制置发运使，调任三司度支、盐铁副使，升左谏议大夫，

后外放并州太守。仁宗时，为枢密直学士、工部侍郎，知通进银台司、应天府，改龙图阁学士，徙杭州。累官至尚书左丞致仕。所到之处，均留下"循良"美名。

④交子务：交子，北宋时流通于四川、陕西、河东等地的纸币名。以铁钱为本位，是世界上最早的纸币。最初由商人私自发行。仁宗天圣元年（1023），政府在成都设交子务，专门办理交子发行事宜。

⑤会子：南宋纸币。因广泛行用于东南地区，通称东南会子或行在会子。初为民间发行，称便钱会子。宋高宗绍兴三十年（1160），改由户部发行。以铜钱作币值本位，面额初以一贯为一会，后增印二百文、三百文、五百文三种，以若干年为一界，随界造新换旧。南宋后期，发行过滥，严重贬值。共发行十八界。

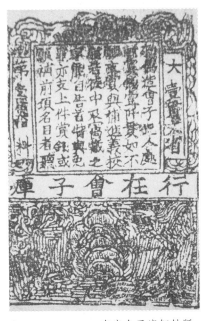

南宋会子库铜钞版

元朝中统元宝交钞"一贯文省"

⑥钞：最早由金发行的纸币。金海陵王完颜亮时，设置交钞库，发行交钞，分大小钞各五等。以七年为一界，期满后，以旧换新。五界以后，改为无限期流通，使纸币的地位愈加巩固。此后，元、明、清都曾发行此类货币。

译文：

　　至于仁宗有害于天下的弊政，则是听从西川转运使薛田、张若谷的进言，设置了交子务，由官府发行和管理纸币交子。后来由交子演变出会子，又由会子演变出钞，其实全是破纸罢了。

古之税于民也，米粟也，布缕也。天子之畿，相距止于五百里；莫大诸侯，无三百里之疆域；则粟米虽重，而输之也不劳。古之为市者，民用有涯，则所易者简；田宅有制，不容兼并，则所赍以易者轻。故粟米、布帛、械器相通有无，而授受亦易。至于后世，民用日繁，商贾奔利于数千里之外；而四海一王，输于国、饷于边者，亦数千里而遥；转挽之劳，无能胜也。而且粟米耗于升龠①，布帛裂于寸尺，作伪者湮湿以败可食之稻麦，靡薄以费可衣之丝枲。故民之所趋，国之所制，以金以钱为百物之母而权其子②。事虽异古，而圣王复起，不能易矣。乃其所以可为百物之母者，固有实也。金、银、铜、铅者，产于山，而山不尽有；成于炼，而炼无固获；造于铸，而铸非独力之所能成，薄赀之所能作者也。其得之也难，而用之也不敝；输之也轻，而藏之也不腐。盖是数物者，非宝也，而有可宝之道焉。故天下利用之，王者弗能违也。唯然，而可以经久行远者，亦止此而已矣。

注释：

①龠（yuè）：古代容量单位，为升的二十分之一。

②以金以钱为百物之母而权其子：以金属钱币作为各种物品的货币标准，与物品同时使用。"子母相权"是中国古代货币流通的一种措施。货币之重者、大者为母，轻者、小者为子。币轻物贵时，推行重币以市贵物，亦不废轻，称母权子；币重物轻，推行轻币以市贱物，亦不废重，称子权母。轻重并行，子母相权，使货币和商品维持一定的平衡。

译文：

古代向百姓征收的赋税，是粮食和布帛。天子直接统治的地区，方圆五百里；最大的诸侯，其统治区域不超过方圆三百里，因此粮食虽很笨重，但输送起来也并不算劳累。古代做买卖的人，因百姓生活简单，用来交换的东西很少；土地和房屋都有一定的制度，不许互相兼并，能带来交换的东西也很轻便。因而粮食、布帛、器械之类的互通有无，交换起来也简便易行。到了后代，百姓生活越来越繁杂，商人奔波谋利于数千里之外；国家统一，向国都和边境地区输送粮食也有几千里地之远。这样一来，运输的劳动，没人能承受得了。而且粮食在多次转手和改换容器称量过程中会有损耗，布帛也会在多次转手丈量过程中有所减少,造假者还在稻麦中搀水,将丝麻织品做得很薄。因此,百姓的愿望,国家的制度,是以金属钱币作为各种物品的货币标准,与物品同时使用。这事虽不同于古代,但即使是圣明君主出现,也不能改变这种办法。金属钱币之所以能作为各种物品的货币,也是有其实际的原因的。金、银、铜、铅这些东西,出产于山,但山不是哪里都有的;通过冶炼制成,但冶炼没有固定的收获;通过铸造成为钱币,但铸币并非个人的力量就能成功,也非家财不厚的人所能做的。得到它们很难,使用起来也不会轻易破损,运输又较轻便,收藏起来也不会腐烂。因此,这些东西虽然不是什么宝物,但却有可以作为宝物看待的好处。所以天下人都使用它们,帝王也不能禁止。不过,这些金属货币之所以能长期实行,也只是因为这一点罢了。

交子之制,何为也哉?有楮有墨,皆可造矣,造之皆可成矣;用之数,则速裂矣;藏之久,则改制矣。以方尺之纸,被以钱布之名,轻重唯其所命而无等,则官以之愚商,商以之愚民,交相愚于无实之虚名,而导天下以作伪。终宋之世迄于胡元①,延及洪、永②之初,笼百物以府利于上,或废或兴,或兑或改,千金之赀,一旦而均于粪土,以颠倒愚民于术中;君天下者而忍为此,亦不仁之甚矣!夫民不可以久欺也,故宣德③以来,不复能行于天下④。然而余害迄今而未已,则伤诏禄之典,而重刑辟之条,无明王作,而孰与更始?其害治亦非小矣。

注释:

①胡元:即元朝,因为是由蒙古族建立,所以王夫之称之为"胡元"。

②洪、永:即洪武、永乐,分别是明太祖朱元璋、明成祖朱棣在位时期的年号,时间分别为 1368—1399 年、1403—1425 年。

③宣德:明宣宗朱瞻基在位时期的年号,时间为 1426—1436 年。

④不复能行于天下:明朝建国后发行纸币"大明通行宝钞",不限定使用时间,不限定地区,不限定发行数额,也没有"钞本"(即发行准备金),从来不提兑现问题。对于使用时间较长、文字模糊昏烂的旧钞,政府允许以旧换新,但收税时只要新钞,不要旧钞。旧钞回收少,越积越多,造成事实上的贬值。特别是,明政府发行

纸币只是为了搜刮民财,因而始终是多投放、少回收,在支付官俸、军饷和向民间征收物资和金银财货时才使用纸币,而在征收赋税时却尽可能不收纸币,或者只要新钞。于是时间一长,流通领域中的纸币就越积越多,终于出现通货膨胀而贬值。从发行纸币开始,五十年间即膨胀了二十五倍。政府也力图采取措施来稳定纸币价格,但都无济于事。到明宣宗宣德年间,纸币已经如同废纸一般,没人愿意接受使用,普遍以金银、铜钱来计价支付。此后,明政府虽为保存祖制而仍发行纸币,但已毫无实际意义。

译文:

交子的情况是什么呢?只要有楮树皮和墨,就都可以制造,而且只要制造,就都会成功。但使用的次数多了,就会很快破裂,收藏的时间久了,钱币制度可能就改变了。一块方寸大小的纸片,被冠以钱币的名称,价值的大小全靠口说,没有什么标准,于是官府可以用它欺骗商人,商人可以用它欺骗百姓,互相欺骗于没有实际内容的虚名,导致天下互相欺骗。从它出现,直到宋朝灭亡,再到元朝,并一直延续到洪武和永乐初期,政府一直通过这些纸币独揽各种物品,把利润集中在朝廷手中。他们将纸币有时停止使用,有时又允许使用,有时兑换,有时改变,使千金的资财,一下子变得和粪土一样毫无价值,从而将无知百姓玩弄于诡诈之中。统治天下的人君,竟忍心做出这样的事情,真是太不仁道了!但百姓也不是可以长期欺骗得了的,因此从宣德以来,纸币就不能再发行于天下了。然而其遗留的祸害,至今也没有停止,损害了朝廷的俸禄制度,加重了刑罚的条律。没有圣明的君主出现,谁能来改变它呢?其有害治政,真是不小啊。

钞之始制也,号之曰"千钱",则千钱矣。已而民递轻之,而所值递减,乃至十余钱而尚不售,然而"千钱"之名固存也。俸有折钞以代米,乃至一石而所折者数钱;律有估物以定赃,乃至数金而科罪以满贯。俸日益薄,而吏毁其廉;赃日益重,而民极于死。仅一钞之名存,而害且积而不去,况实用以代金钱,其贼民如彼乎?益之以私造之易,殊死之刑日闻于司寇①,以诱民于阱而杀之,仁宗作俑②之愆,不能辞矣。

译文：

　　纸钞最初制造出来的时候，称为"千钱"，也就是纸钞一贯相当于一千文铜钱。后来百姓逐渐轻视它，其本身价值也逐渐减少，甚至到了只有十几个钱的价值，但仍不出售，而"千钱"的名称还依然存在。俸禄有折合成纸钞来代替粮食的情况，但有时一石粮食只折合成几个钱；法律上有估算实物来判定赃罪的情况，但有时竟出现只贪赃数金就定以罪恶满盈的事情。俸禄一天比一天少，官吏们放弃了他们往日的清廉；贪赃一天比一天多，百姓们都要到了死亡的边缘。只剩下一个纸钞的名称了，但危害却还在积累而没有停止，更何况实际用它来代替金属货币，将百姓残害得那样厉害呢？再加上私自制造纸币很容易，以致因此犯法而获斩首之刑的人，每天都能上报到刑部尚书那里，这就等于是引诱百姓自投陷阱而杀害他们。宋仁宗最先推行纸币的这个过失，他是无论如何不能推卸的啊。

　　是故君天下者，一举事而大利大害皆施及无穷，不可不审也。听言轻，则从善如流，而从恶亦如流。行法决，则善之所及者远，而恶之所被者亦长矣。以仁如彼，以不仁如此，仁宗两任之，图治者其何择焉？舜①之大智也，从善若决江、河，而戒禹②曰："无稽之言勿听。"以其大智，成其至仁，治道尽此矣。

注释：

①舜：相传为上古帝王，详见前文注释。

②禹：夏朝的建立者，详见前文注释。

译文：

因此，统治天下的人，一做事情，就会有很大的好处和害处流传无穷，不能不审慎处理。轻易听从别人的进言，能随时听到好的意见，但也会随时听到坏的意见。实行政策坚决，好的效果会影响深远，但坏的影响也会波及无穷。一个是那样的仁道，一个是这样的不仁道，宋仁宗竟将这两个方面全都承担了，那些想把国家治理好的人该如何选择呢？舜智慧极高，能像疏通江河一样，随时听取好的意见，但仍告诫禹说："千万不要听信不确实的言论。"舜正是凭借着他的高超智慧，成就了最好的仁道政治。可以说，所有的统治策略，都包含在这里了。

■■知识链接 "交子"

中华经典史评 宋论

北宋交子铜钞版

作为世界上最早的纸币，交子只是地区性货币，最初只通行于四川，后来行用到周边地区，但地域仍十分有限。起初大约是用木板印刷，后来改用铜板印刷。币面价值，最早限于 1 贯至 10 贯，在发放时临时填写；后来面值的种类有所减少，并改为定额印刷，奠定了近代纸币实行币面价值定额印刷的制度。当时，"交子"按界发行，因纸张和印刷质量较差，不便长期行用，每界"交子"两年就要回收，重新印制。在官营"交子"最初发行的大约五十年内，政府严格控制发行量，每界发行额为1256340贯，绝不滥印滥发，因而一直保持了币值的稳定。宋神宗时，将每界"交子"的发行期延长到四年，实行两界并用，这就等于将每界"交子"的发行额增加了一倍,于是"交子"开始贬值,但幅度还不算大,仅在10%以下。宋哲宗绍圣元年(1094),政府为弥补财政亏空,开始滥印滥发纸币。到徽宗大观元年(1107),社会上流行的纸币竟达到神宗以前的42倍,于是造成"交子"大幅度贬值。当年四月,徽宗下令,将"交子"改为"钱引",仍作为四川地区性的纸币,分界发行。此后一直沿用到南宋。

卷五　英宗①

论韩琦

　　本篇为《宋论》卷五《英宗》第一条。宋仁宗即位后,很长一段时间没有生育男孩,遂把四岁的侄儿、也就是后来继承皇位的宋英宗接到宫中抚养,后因得子,又将其遣送回家。但仁宗三子相继夭折,经韩琦等人反复劝说,晚年无子的宋仁宗终于立英宗为太子。在真心实意地推托了几十次后,英宗勉强接受任命,并在半年后即位。作为宋朝第一个以外藩宗子的身份被立为太子并继承大统的皇帝,英宗显然是幸运的,但不料即位的第四天晚上,英宗就大病一场,几天后病情加重,连仁宗丧礼都无法正常参加,更不要说主持政务,于是群臣就请仁宗曹太后垂帘听政。几个月后英宗病愈,但因本有矛盾的帝后关系越来越紧张,太后迟迟不肯还政于英宗。韩琦奔走于帝、后之间,不断调停,并明确要求太后一心拥戴英宗。在做了一些准备工作后,韩琦以宰相身份采取果断措施,以迅雷不及掩耳之势,逼迫太后撤帘,拥立英宗亲政。王夫之本文,就是极力表彰韩琦拥戴宋英宗亲政的扶危定倾之功。

集思广益,而功不必自己立,大臣之道也。而抑有不尽然者,非光大宅心而忠忱不渝者,其孰能知之?夫博访于前,以尽人之才;分功于后,以奖人之善;是道也,则亦唯其当而已矣。用人则采公论,而后断之以其真;其合者,则曰此众之所允惬者也。行政则访群议,而后析之以其理;其得者,则曰此众之所襄成者也。此其所当者也。若夫宗社之所以安,大臣之所以定,奸邪窥伺于旁,主心疑贰于上,事机决于俄顷,祸福分于毫厘,则疏远之臣民,既非其所深喻;即同朝共事,无敢立异而愿赞其成者,或才有余而志不定,或志可任而才不能胜。徒取其志,则清谨自矜之士,临之而难折群疑;抑取其才,则妄兴徼利之人,乘之而倒持魁柄。如是者,离人而任独,非为擅也。知之已明,审之已定,握之于幽微之存主;而其发也,如江河之决,不求助于细流。是道也,伊、周②之所以靖商、周,慎守其独知,而震行无眚,夫孰得而与之哉?三代以还,能此者,唯韩魏公③而已矣。

注释:

①英宗:北宋第五位皇帝赵曙(1032—1067),宋真宗之弟商王赵元份之孙、濮安懿王赵允让之子,原名宗实,被仁宗立为太子后赐名曙,封巨鹿郡公。即位初,因病由曹太后垂帘听政。治平元年(1064)五月病愈,在宰相韩琦等促使下,曹太后撤帘,始亲政。随后发起"大濮议"之争,追尊生父。西夏攻宋,经遣使诘问,宋夏复和。司马光进所撰《通志》八卷,他命置局设官继续编撰,后成《资治通鉴》二百九十四卷。在位五年(1063—1067)。

②伊、周:伊即伊尹,周即周公姬旦。伊尹为商初大臣。名伊,一说名挚;尹为官名。出仕前,曾在"有莘之野"躬耕务农。相传他为见商汤,使自己作为有莘氏女的陪嫁之臣,说汤而被用为"小臣"。后被汤重用,委以国政,助汤灭夏。汤死后,历佐卜丙、仲壬二王。仲壬死后,太甲即位,不遵汤规,横行无道,伊尹放之于桐宫,令其悔过和重新学习汤的法令。三年后,迎太甲复位。为商朝理政安民六十余年,治国有方,权倾一时,世称贤相。也有记载说,伊尹放逐太甲后,篡位自立,太甲潜回,将其杀死。周公姓姬名旦,亦称叔旦,周文王姬昌第四子。因封地在周,故称周公或周公旦。辅佐武王灭商,武王死后,又辅佐年幼的成王。东征三年,平定叛乱。在全国大行封建,营建东都,制礼作乐,后还政成王。是西周初期杰出的政治家、军事家和思想家,被尊为儒学奠基人,孔子一生最崇敬的古代圣人之一。伊尹和周公历来被看作是辅臣的典范,故常常伊、周并称。

③韩魏公：即韩琦(1008—1075)，相州安阳(今属河南)人，字雅圭，号赣叟。宋仁宗时进士。曾任右司谏，因一次劾罢宰执四人，被时论称颂。为体量安抚使时，实行惠民政策，使九十万饥民得以存活。后进枢密直学士、陕西经略安抚副使、知秦州、秦凤经略安抚招讨使、陕西四路经略安抚招讨使等职，与范仲淹等共事，指挥防御西夏战事，时称韩范。又同被召入朝，为枢密副使，赞成范仲淹、富弼等推行"庆历新政"。新政失败后，出知扬、定等州。嘉祐元年(1056)任枢密使，三年，为宰相。仁宗末年，力请立太子。英宗即位，促曹太后归政，进右仆射，封魏国公。英宗病危，又力请建储。神宗即位后，拜司空兼侍中。王安石变法时，以元老重臣身分，屡次上书反对变法。

译文：

集合众人的想法，采纳各种有利于国家的意见，但功绩却不一定由自己来建立，这是臣子立身行事的一般原则。但也不完全是这样，如果不是心地正直、忠贞不移的人，谁能明白这一点呢？做事之前，广泛征求他人意见，充分发挥每个人的才能；事成之后，论功行赏，奖励提出好的建议的人。但这个道理，也只有运用得当罢了。选用人才，必须先采纳公众的评论，然后对他的真才实能进行评定，两相符合，就可以说他是大家心中认可的贤才。处理政务，必须先咨询大家的意见，然后据事理进行分析，两相符合，就可以说是大家共同帮助成功的。这就是运用得当。至于国家之所以安定，大臣之所以安宁，奸诈邪恶之人在旁边暗中观望，人君心里猜疑不定，情势决定于顷刻之间，是福是祸迅即判然分明，这些情况，不亲近的大臣和百姓自然不能深入了解；就是那些一起共事、不敢提出反对意见而愿意赞成的人，有的才能很好但心志不坚定，有的志气可嘉但才能不堪胜任，只看重志气而任用，则那些以清廉谨慎自夸的人，遇事就会难以解决大家的疑虑，只看重才能而任用，则那些妄图求利的人，就会乘机窃取和把持政权。在这些情况下，即使脱离众人而独自承担大任，也不能称为专擅。已经清楚地了解了一切，已经确定了周密的计划，但却掌握在力量弱小的人君手中；等到开始做事时，就像江河决口一样独自行动，不向细小的溪流寻求帮助。这个道理，伊尹、周公曾用来安定商朝和周朝。谨慎地保持其超群出众的智慧，雷厉风行地做事而没有过失，有谁能配得上这个说法呢？夏、商、周

中华经典史评 史论

三代以来,能够做到这一点的,只有韩琦一人。

霍光①之敢于易位也,张安世②、田延年③之共成之也。所以然者,光于大臣之道未纯,而神志不足以充也。且其居功受赏之情,不忘于事后,则固断之以独而不可也。而韩公超然远矣。人主长矣,而母后之帘不撤;宵小持其长短,谤谮繁兴,以惑女主,而英宗之操纵,在其掌中。于斯时也,非独张昇④、曾公亮⑤、赵概⑥之不能分任其死生,即文⑦、富⑧二公直方刚大之气,至此而不充。故"决取何日"之言,如震雷之迅发,而叱殿司⑨以速撤;但以孤忠托先君之灵爽,而不假片言之赞助。其坐政事堂⑩,召任守忠⑪,斥其恶而速驱以就窜,必不以告赵概,而制之以勿敢异同。呜呼!以如此事,而咨谋于庶尹,会议于堂皇,腾书于章奏,求其事之不偾也,几何哉?

注释:

①霍光(? —前68):西汉河东平阳(今山西临汾西南)人,字子孟。霍去病异母弟。武帝时,历任奉车都尉、大司马、大将军等职。昭帝即位,与桑弘羊等同受武帝遗诏辅政,封博陆侯。后与上官桀、桑弘羊等争权,以结交燕王刘旦谋反的罪名,杀上官桀等人,独揽朝政。昭帝死,迎立昌邑王刘贺,不久因刘贺淫乱废之,迎立宣帝。前后秉政达二十年。

②张安世(? —前62):西汉京兆杜陵(今陕西西安东南)人,字子孺。酷吏张汤子。武帝时,擢为尚书令,迁光禄大夫。昭帝时,拜右将军光禄勋,封富平侯。昭帝死,与霍光共迎立昌邑王刘贺为帝,不久废之,参与定策立宣帝。霍光死后,任大司马、车骑将军、领尚书事。更为卫将军,两宫卫尉、城门、北军兵皆属之。职掌枢机,以周密谨慎著称。食邑万户。有"家僮"七百人从事手工业生产,富裕超过霍光。

③田延年(? —前72):西汉冯翊阳陵(今陕西咸阳东)人,字子宾。先世为战国时田齐的宗室。因才略给事大将军霍光幕府,迁长史。出为河东太守,镇压豪强,奸邪畏惧。入为大司农。霍光拥立昌邑王刘贺为帝,不久因刘贺淫乱,霍光欲废之,与公卿商议,无人敢发言。他按剑怒斥群臣,即日决议。宣帝立,因定策功被封为阳成侯。后因罪自杀。

④张昇(992—1077):韩城(今属陕西)人,字杲卿。宋真宗时进士。仁宗时官至参

知政事、枢密使。论事激直，无所畏避。英宗时以年老请辞，出判许州。

⑤曾公亮(999—1078)：泉州晋江(今福建泉州)人，字明仲。宋仁宗时进士。历知会稽县、知制诰、翰林学士、判三班院、参知政事、枢密使、同平章事等职。神宗即位，加尚书左仆射。曾推荐王安石，认为可以大用，后又暗助王安石变法。后罢相，判永兴军，不久以太傅致仕。曾和丁度编《武经总要》。

⑥赵概(996—1083)：应天府虞城(今属河南)人，字叔平。宋仁宗时进士。为开封府推官。出知洪州，修筑临江水堤，使水不为患。历知制诰、翰林学士，累官至枢密使、参知政事。以太子少师一职致仕。尝集古今谏争事为《谏林》。

文彦博手迹

⑦文：即文彦博(1006—1097)，汾州介休(今属山西)人，字宽夫。宋仁宗时进士。累迁殿中侍御史、枢密副使、参知政事，拜同中书门下平章事。曾两度为相。后出判河南等地，封潞国公。神宗时，反对王安石变法，出判大名、河南府。以太师一职致仕。哲宗元祐初，因司马光推荐，为平章军国重事。一生历仕四朝，任将相五十年。

⑧富：即富弼(1004—1083)，洛阳(今属河南)人，字彦国。宋仁宗时举茂才异等。任知制诰，迁枢密使，与范仲淹等推行"庆历新政"，后拜为中书门下平章事，务守成，号贤相。神宗时，与王安石政见不和，出判亳州，因抵制青苗法，被劾降官。以韩国公一职退居。

⑨殿司：宋军事机构名，是殿前都指挥使司的简称。北宋时掌管诸班直，并与马、步军司分掌全国禁军；南宋时仅掌管诸班直及殿前司军。统兵官为殿前都指挥使、殿前副都指挥使和殿前都虞候。据相关宋史资料，此处"殿司"应为"仪銮司"之误。仪銮司掌供应皇帝朝会、祭祀、巡幸、宴享及宫殿内所需要的幕帘、帷帐等事。

⑩政事堂：唐宋时宰相处理政务的处所。宋时又称都堂。

⑪任守忠(约990—约1068)：字稷臣。宦官。宋仁宗即位初期，因刘太后垂帘听政，备受宠信。仁宗亲政，出为黄州都监。宋夏战争时，为秦凤、泾原路驻泊都监。后为宣政使、入内都知。英宗即位，离间英宗与曹太后，被司马光弹劾，贬为保信军节度副使，后起用为武卫将军。

译文:

　　汉代霍光敢于改换皇位继承人,是因为有张安世、田延年在共同帮助他。之所以需要他人帮助,是因为霍光于为臣之道还不够纯正,其精神志向也不足以担此重任,而且他心里也没有忘记事后要居功领赏,因此根本不能将他评定为能独自担当。但韩琦则远远不同。皇帝英宗已经长大,但曹太后垂帘不撤;宦官任守忠不断地说长道短、诽谤诬陷,以迷惑曹太后,而英宗也被控制在他们手中。在这个时候,不仅张昇、曾公亮、赵概未能将生死置之度外而分担重任,就是文彦博、富弼二人,其素有的正直、坚强、大无畏的勇气,这时也未能振作起来。因此,韩琦的那句"太后决定哪天撤帘"的话,就如同震雷突然爆发一般,喝斥仪鸾司迅即撤帘,他凭借的只是自己的一片忠心,依赖先帝的神明,而没有借用别人只言片语的帮助。他端坐政事堂,将任守忠召来,斥责其罪恶,迅速将其贬官,驱逐出宫。他没有事先告诉赵概,但断定他不敢反对。唉! 如果把这样的事情,和百官咨询谋划,大张旗鼓地开会讨论,再公然写在奏章之上,还想要此事不失败,可能吗?

　　刘瑾①一导淫之小竖耳,非有荧惑宫闱、动摇神器之危机也。韩文②倡之,李梦阳③成之,九卿随声而和之,刘④、谢⑤居中而应之;李东阳⑥、王鏊⑦俯仰其间,亦非素结瑾以徼荣者;而参差互持,竟以空朝廷而长宵人之气。况守忠所挟者,垂帘之母后,所欲动摇者,入继之嗣君。则天位危,而顾命大臣之窜死,在俄顷间;此何如事,而呼将伯之助,以召不测之忧哉? 韩公之独任于己也,其志之贞,盟于梦寐;其道之正,积于生平;其情之定,忘乎生死;其力之大,发以精神。功何必不自己成,名何必不自己立? 而初无居功立名之心,可揭日月以告之天下。《易》⑧曰:"或从王事,知光大也。"知光大者之独行而无所恤,乃可以从王事,臣道之极致也。文、富诸君子,且不难推而置之局外,而况他有所倚哉? 赵汝愚⑨之未能此也,非韩侂胄⑩不足以立功,而事权失矣,虽有朱子⑪,不能善其后也。

注释:

①刘瑾(1451—1510):明陕西兴平(今属陕西)人,本姓谈。幼时自宫,依刘姓太监

进宫,遂冒用其姓。武宗即位后,掌钟鼓司,与马永成、谷大用等八人号"八虎"。每天把鹰犬、歌舞等游戏引进宫中,诱惑武宗沉迷游乐。不久,掌司礼监。在东厂、西厂外,加设内行厂,以镇压异己,斥逐廷臣。后都御使杨一清以其图谋反叛上奏,被斩。

②韩文(1441—1526):明山西洪洞(今属山西)人,字贯道,号质庵。明宪宗时进士,除工科给事中。孝宗时,累迁户部尚书。武宗即位,因与同官弹劾刘瑾,被降职回家,刘瑾被杀之后,才以恢复原职致仕。

③李梦阳(1473—1530):明陕西庆阳(今属甘肃)人,徙居开封,字献吉,自号空同子。明孝宗时进士,授户部主事。武宗时,因为尚书韩文起草奏疏,弹劾宦官刘瑾,下狱免归,刘瑾被杀后,起用为江西提学副使。

④刘:即刘健(1433—1526),明河南洛阳(今属河南)人,字希贤,号晦庵。明英宗时进士,授编修。宪宗时,修《英宗实录》,进升修撰。累迁少詹事。孝宗时,擢礼部尚书兼文渊阁大学士,进太子太傅,代徐溥为首辅。武宗初年,因连续奏请杀宦官刘瑾,而刘瑾反被信用,遂退居故里,被刘瑾列为"奸党之首",削籍为民。刘瑾被杀后,恢复原职。

⑤谢:即谢迁(1449—1531),明浙江余姚(今属浙江)人,字于乔,号木斋。明宪宗时进士,授修撰。累迁左庶子。孝宗时,入内阁参预机务,累官太子太保、兵部尚书兼东阁大学士,与刘健、李东阳一起辅佐政事,有"李公谋、刘公断、谢公侃侃"之称。武宗即位,因奏请诛杀刘瑾,退居回家,不久被诬陷夺官。刘瑾被杀后,官复原职,退居在家。世宗时,再起入阁,但仅数月,以老病辞归。

⑥李东阳(1447—1516):明湖广茶陵(今属湖南)人,字宾之,号西雅。明英宗时进士。授编修,累迁侍讲学士,充任东宫讲官。孝宗时,以礼部侍郎兼文渊阁大学士,直内阁,预机务,与谢迁同日登用。武宗即位,参与辅政。刘瑾入掌司礼监,他不得志,但常设法保全善类。后以老病辞官。

⑦王鏊(1450—1524):明苏州府吴县(今江苏苏州)人,字济之。明宪宗时进士,授编修。闭门读书,远避权势。孝宗时,历任侍讲学士,充讲官,擢吏部右侍郎。武宗初年,进户部尚书,文渊阁大学士。时刘瑾擅权,专横跋扈,祸流缙绅,他无能为力,辞官而去。

⑧《易》:即《周易》,也称《易经》。本是周代卜筮之书,后被儒家列为经典之一。"易"有简易、变易、不易等义,相传为周人所作,故名《周易》。一说"周"有周密、周遍、周流等义。全书分《经》、《传》两部分。《经》也名《易经》,主要是六十四卦和三百八十四爻的内容。《传》也名《易传》,是对《经》的解释,共十篇,旧称"十翼"。全书以八卦象征天、地、雷、风、水、火、山、泽等自然现象,推测自然和社会

中华经典史评 宋论

变化，认为阴阳两种势力的相互作用形成万事万物。包含有朴素的辩证观点。本篇中引文"或从王事，知光大也"，见此书《坤》卦。

⑨赵汝愚(1140—1196)：饶州余干(今江西余干西北)人，字子直。宋宗室。宋孝宗时进士。历任吏部侍郎兼太子侍讲、制置四川兼知成都府等职。宋光宗时，召为吏部尚书，迁知枢密院事。后与外戚韩侂胄策立宁宗，拜为右丞相。不久，与韩侂胄不和，被罢相，出知福州。后又谪放永州，途中暴死。

⑩韩侂胄(1152—1207)：相州安阳(今属河南)人，字节夫。韩琦曾孙。因策立宁宗有功，累迁少师，封平原郡王，除平章军国事。其间，排斥赵汝愚，贬逐朱熹、彭龟年等，斥理学为伪学。力图开边自固，恢复中原，于宁宗开禧二年(1206)，兴兵攻金，初战略胜。但因用人不当，最终北伐失利。后被吏部侍郎史弥远与杨皇后密谋杀害，首级被送金乞和。

⑪朱子：即朱熹(1130—1200)，徽州婺源(今属江西)人，生于南剑州尤溪(今属福建)，后徙居建阳(今属福建)考亭。字元晦，一字仲晦，号晦庵，又号晦翁，别称紫阳。宋高宗时进士，任泉州同安县主簿。孝宗时，知南康军，改提举浙东茶盐公事。光宗时，历知漳州、秘阁修撰等。宁宗初，为焕章阁待制，不久，提举南京鸿庆宫。后退职居家。早期主张抗金，中年以后，转持消极防守。受业于李侗，得程颢、程颐之传，兼采周敦颐、张载等人学说，集北宋以来理学之大成，是中国封建社会后期影响最大的思想家。其学派被称为"闽学"，或考亭学派、程朱学派，曾被韩侂胄视为"伪学"，加以禁止。

朱熹

译文：

明代的刘瑾，不过是一个引诱皇帝放纵游玩的小宦官，并没有造成迷惑后宫、威胁皇位的危机。户部尚书韩文首倡诛杀刘瑾等宦官，李梦阳表示赞成，九卿官员随之附和，刘健、谢迁等内阁官员也纷纷响应；李东阳、王鏊周旋于其间，也不是平日结交刘瑾以求荣耀之人；但他们所持意见不一，最后竟被逐出朝廷而助长了宦官的气焰。相比之下，任守忠所挟制的，是垂帘听政的太后，所要威胁的，是将要继位的皇帝，一旦得逞,帝位将遭到危险,顾命大臣们也将在顷刻之间即被贬官放逐。这是何等大事,还要找人帮助,从而招致极其危险的祸害呢? 韩琦独自承担重任,其心志之忠贞,时刻都在立誓;其坚守臣道之纯正,一生都在积累;其态度之坚定,忘记了生死;其力量之大,发源于精神。功绩为什么不能自己成就,名誉为什么不能自己树立? 但他起初却没有想过事后要居功立名的事情,这是可以明白地告诉全天下人的。《周易》上说:"如果为君王做事,不居功就会有好的结果,这正是智慧的光明远大。"智慧光明远大之人,志节高尚,无所忧虑,这才可以为君王做事,这是为臣之道的最高境界。文彦博、富弼等君子,都被拒绝而弃置于一旁,对其他人还会有什么依赖吗? 后来赵汝愚没能做到这一点,没有韩侂胄的帮助,他是不能建立功绩的,正因如此,他也就失掉了做事的权宜,以致虽有朱熹,仍不能妥善处理好他遗留的问题。

夫韩公之坦然无惧而以为己任,非一日也。其请皇嗣也,仁宗曰:"朕有此意久矣! 谁可者?"斯言也,在仁宗为偶然之语,而使顾瞻愿谨者闻之,必震栗失守而不敢争。公且急请其名,以宣示中外,视神器之所归,如献酬之爵,唯所应得者而揖让以将之。此岂文、富诸公所能任? 而内无可援引之后妃,下无可居间之宦寺,则即有奸邪,亦不能挟以为名而相忮害。为仁由己,岂袭义者之所可与于斯乎? 无乐取人善之虚衷,不足以经庶务;无独行其志之定识,不足以任大谋。刚愎自用者,及其临事而待命于人。斗筲①之器,所受尽而资于瓶盎②,必然之势也。

注释:

①斗筲:容量单位。十升为一斗。筲(shāo),一种竹器,容量三升。后常用"斗筲"形容才识短浅。

②盎(àng):一种腹大口小的容器。

译文:

韩琦内心坦诚、无所畏惧地以国事作为自己的责任,并非一朝一夕之事。他恳请仁宗确立太子,仁宗说:"我有这个想法已经很长时间了,你认为立谁合适?"仁宗此言不过是偶然一说,如果让瞻前顾后、谨小慎

中华经典史评 宋论

微的人听到,一定会吓得震惊失态而不敢说话,但韩琦却赶紧询问其名字,请求将其名字宣告天下,把帝位所归看成是和饮酒相劝一样,只对应该得到的人行礼相送。这哪是文彦博、富弼等人所能胜任的呢? 韩琦既没有可以依附的后妃,也没有可以作为中介的宦官,因此即使有奸诈邪恶之人,也不能借此名义来陷害他。主动施行仁义,哪是遮盖仁义的人所能相提并论的呢? 没有乐于吸取别人长处的谦虚心态,就不能处理好国家的各种政务;没有独自实行其志向的坚定原则,就不能承担远大的谋划。傲慢固执、自以为是的人,等到遇到事情时,往往要受别人的指挥。就像斗筲这些小容器,所能承担的部分用完之后,就要求助于瓶盎,这是必然的趋势啊。

■知识链接 **曹太后被逼还政**

宋英宗即位之初就身染重病,于是由曹太后垂帘听政。但英宗病愈后,曹太后仍拒不还政于英宗。为此,宰相韩琦作了许多调节和舆论准备工作。最后在一日退朝时单独留下,请求辞去宰相之职,到地方为官。太后先是一惊,很快明白过来,便搪塞说:"你怎么可以求退呢? 该退的是我,你还是等我先退吧。"不料韩琦立即接过话头,历数前代垂帘听政的害处,赞扬太后圣明,远超前人。太后听得心烦,起身就要离开,韩琦却上前追问:"大臣们也有奏章,请您还政,不知您决定哪天撤帘?"太后不答,气冲冲地转身就走。韩琦当即喝叱仪鸾司撤去帏帘。太后见大势已去,当天便答应还政于英宗。显然,这是典型的被逼还政。

卷六　神宗①

论宋神宗急贫之误

　　本篇为《宋论》卷五《神宗》第三条。宋辽"澶渊之盟"
后，宋真宗越来越昏聩无道，使宋太宗以来的军事、财政危
机终于积重难返。宋仁宗即位后，变法改革成为朝野士大
夫的共识，一些有识之士更是积极投身于变法实践，范仲淹
领导的"庆历新政"就是其突出代表，但一年后即告失败，这
使变法革新的必要性更加突出。继位的宋英宗志在有为，
可惜因病早逝，但其革除积弊的遗志则全部传给了儿子神
宗。神宗十几岁时，就曾身披全副盔甲去见祖母曹太后，表
示了重振国威的决心。即位之初，因国家财政危机已相当
严重，他在广泛征求意见的同时，开始着手财政改革，节省
开支，量入为出。一年多后，他与王安石在富国强兵的总目
标上取得一致，遂任用王安石主持变法，使国家财政有了根
本好转，军队战斗力也明显提高。王安石第二次罢相后，神
宗亲自主持变法，并把变法引导到单纯增加财政收入和强
化专制统治的道路上来。王夫之认为，神宗奋起有为是应
该的、正确的，但他以解决财政危机为首要任务的做法则是
错误的，因为宋朝积弱的根本原因"不在贫"而在"无人"，因
此他虽否定王安石变法，但也明确指出，以宋朝自身的抑武
国策，无论是否任用王安石，宋朝都必然要衰败下去，"无
他，无人而已矣"！

神宗有不能畅言之隐,当国大臣无能达其意而善谋之者,于是而王安石②乘之以进。帝初莅政,谓文彦博③曰:"养兵备边,府库不可不丰。"此非安石导之也,其志定久矣。

注释:

①神宗:即北宋第六位皇帝赵顼(1048—1085),英宗子。即位前曾被封为淮阳郡王、颍王,有振兴国家之志。即位后,即向元老重臣富弼征询富国强兵之道,但遭到拒绝,遂将革新重任寄托于王安石。熙宁二年(1069),任王安石为参知政事,开始变法。但在变法中动摇不定,使王安石被迫两次罢相,变法也最终失败。在位十九年(1067—1085)。

②王安石(1021—1086):抚州临川(今江西抚州)人,子介甫,号半山,世称临川先生。因封荆国公,世人又称王荆公。宋仁宗时进士,多次在地方任职,政绩卓著。曾向仁宗上万言书,主张培养人才,变法革新,但未被采纳。英宗时,迁知制诰,以母丧去职。神宗即位,起知江宁府,旋召为翰林学士,上书言事,阐述改革必要性,与神宗意合。熙宁二年(1069)拜参知政事,主持变法,史称"王安石变法"。因保守派强烈反对,两度任相,又两度罢相,出判江宁府。后拜尚书左仆射、观文殿大学士,封荆国公。在经学、文学方面都有造诣,为"唐宋八大家"之一。

王安石

③文彦博:北宋中期文臣,详见前文注释。

译文:

宋神宗有不能公开说出来的隐衷,执政的大臣中又没有能明白他的心意而很好地与他一起谋划的人,因此王安石才能趁此机会得以进见。神宗刚即位时,曾对文彦博说:"国家供养军队,防备边患,国库不能不丰足。"这些话不是在王安石的引导下才说出来的,而是神宗自己的认识和志向早就确定了的。

国家之事,相仍者之必相变也,势也。大张之余,必仍之以弛;大弛之余,必仍之以张。善治者,酌之于未变之前,不极其数;持之于必变之日,不溢其度。不善治者反此,而大张大弛,相乘以胜,则国乃速敝。夫神宗固承大弛而势且求张之日也。仁宗在位四十一年,解散天下而休息之。休息之是也,解散以休息之,则极乎弛之数,而承其后者难矣。岁输五十万于契丹①,而俯首自名曰"纳";以友邦之礼礼元昊②父子,而输缯帛以乞苟安③;仁宗弗念也。宰执④大臣、侍从台谏⑤,胥在廷在野,宾宾喷喷以争辩一典之是非,置西北之狄焉若天建地设而不可犯;国既以是弱矣。抑幸无耶律德光⑥、李继迁⑦鸷悍之力,而暂可以赂免。非然,则刘六符⑧虚声恐喝而魄已丧,使疾起而卷河朔⑨以向汴、洛⑩,其不为石重贵⑪者,何恃哉?于是而神宗若处榁棘之台,盚然不容已于伤心,奋起而思有以张之;固仁宗大弛之反,授之以决裂之资。然而弗能昌言于众,以启劲敌之心,但曰"养兵备边",待廷臣之默喻。宰执大臣恶容不与其焦劳,而思所以善处之者乎?

注释:

①岁输五十万于契丹:宋真宗景德元年(1004),宋辽签订"澶渊之盟",宋每年给辽岁币银十万两、绢二十万匹。宋仁宗时,宋夏开战,辽朝利用宋军接连惨败之际,向宋提出割取土地的要求,并以武力相威胁。为免两面受敌,庆历二年(1042),宋派富弼等人两次出使辽朝,修订和议,每年给辽银、绢各增加十万两、匹,并改称岁币为纳币,以换取双方的和平。由此,宋每年给辽的岁币达到五十万两、匹。

②元昊(1003—1048):即夏景宗李元昊,夏国王李德明之子。精通兵法、佛学、法律、汉文。因功被立为皇太子,先后嗣国王位、即皇帝位,国号大夏,定都兴庆府(今宁夏银川)。在对宋、辽的战争中,连连获胜,形成了宋、辽、夏鼎立的局势。后在争夺权力的斗争中,被其子宁令哥刺杀。

③输缯帛以乞苟安:宋仁宗时,宋与西夏交战,宋方接连惨败,西夏也损失较重,双方都愿意停战。庆历四年(1044)双方达成和议,宋册元昊为国主,每年赐绢十三万匹、银五万两、茶二万斤,再加上其他岁时赏赐,共计二十五万五千两、匹、斤。

④宰执:宋朝宰相与执政的统称。宋前后以同中书门下平章事、同平章事、上书左右仆射、左右丞相、侍中为宰相,以参知政事、门下侍郎、中书侍郎、尚书左右丞、枢密使、枢密副使、知枢密院事、同知枢密院事、签书枢密院事等为执政。

⑤侍从台谏：侍从，宋称殿阁学士、直学士、待制与翰林学士、给事中、六部尚书、侍郎为侍从。中书舍人、起居郎、起居舍人以下为小侍从。外官带诸阁学士、待制者为在外侍从。台谏，即御史台、谏院的官员。御史台为监察机关，掌纠察官僚、肃政纲纪、大事廷辩、小事奏弹。谏院，掌规谏朝政缺失的中央官署。宋代谏官并不专任谏职，也掌弹劾大臣，而御史台的御史，也并非专察官僚，言事御史（殿中侍御史）即主要是向皇帝进言，其职责类同谏官。宋代常以"台谏"并称。

⑥耶律德光（902—947）：即辽太宗，字德谨，契丹名尧骨。辽太祖耶律阿保机次子。曾任天下兵马大元帅。辽太祖死后，由太述律皇后立为帝。太原军阀石敬瑭为后唐所攻，遣使乞援，他亲率辽军入援，败后唐军，册石敬瑭为后晋皇帝，得燕云十六州。后晋出帝即位后，双方关系恶化，连年领兵攻打后晋，攻下后晋都城汴京。曾改官制，订赋税，又改国号契丹为大辽。

⑦李继迁：西夏王朝奠基者，详见前文注释。

⑧刘六符（？ —1055）：辽河间（今属河北）人。曾任翰林学士、参知政事、汉人行宫副部署。先后两次出使宋朝，向宋议岁币、索关南十县地。后被人弹劾收受宋朝贿赂，贬为长宁军节度使。奉诏为三司使。道宗即位，谏言在中京行大册礼。

⑨河朔：泛指黄河以北地区。

⑩汴、洛：即汴京、洛阳，分别为今天的河南开封、洛阳。

⑪石重贵：五代后晋出帝，详见前文注释。

译文：

治理国家的策略，后继者一定会有一些不同于前人的变化，这是事物发展的必然趋势。太紧张之后，一定会继之以松弛；太松弛之后，一定会继之以紧张。善于治理国家的人，在事物没有变化之前就已开始考虑对策，不能等到它发展到极点；在事物已经发生变化的时候，要能够把持住它，不能让它突破极限。不善于治国的人，所作所为与此正相反，于是一会儿太紧张，一会儿太松弛，两者交替出现，国家很快就破败下去了。宋神宗继承的本是太松弛之后而逐渐趋于紧张的局势。宋仁宗在位的四十一年里，国内安定，武备松弛，人民得以休养生息。让人民休养生息是对的，但以松弛武备来使人民休养生息，则是松弛到了极点，对于其后继者来说，治国就困难了。每年送给契丹五十万岁币，却心安理得地自称为"交纳"；以友好国家的礼节对待西夏元昊父子，却要送给他们丝织品以求苟且偷安，对此，宋仁宗一点也不顾念。宰执大臣、侍从官员、御史台及谏院官员等人，无论是在朝为官还是退职在家，都只顾七嘴八舌地争论礼节的是非对错，而把西北狡诈的契丹和西夏政权看成是自然形成的、合理存在的一般，不去管它，以致国家因此而衰弱。幸亏此时的契丹没有当初耶律德光、西夏没有当初李继迁那样强悍的武力，宋朝才暂时可以通过给予岁币财赂的办法免除战争。不然的话，被契丹使臣刘六符虚张声势的威胁就吓得魂飞魄散的宋朝，一旦契丹、西夏真的迅速发兵南侵，席卷河朔，直扑汴京、洛阳，宋朝能避免像后晋皇帝石重贵那样被人俘虏的下场吗？有鉴于此，宋神宗就像生活在棘木搭成的台子上一样，悲伤痛惜，伤心不止，于是他振奋精神，想要改变国家现状，有所作为，这本身就是对宋仁宗太松弛的反作用，是仁宗太松弛激励了他决心改革现状。然而这是不能公开对大家说的，否则就会招来一些人的强硬反对，所以神宗只是说"供养军队、防备边患"，以便等待朝中大臣自己能够心里明白过来。宰执大臣哪能不与他一样着急忧虑，思考该怎样很好地处理国事呢？

夫神宗之误，在急以贫为虑，而不知患不在贫，故以召安石聚敛之谋，而敝天下。然而无容怪也，凡流俗之说，言强国者，皆不出于聚财之计。太祖①亦尝为此言矣。饱不宿，则军易溃；赏不重，则功不兴；器仗、甲胄、牛马、舟车、糗糒、刍橐、椎牛酾酒，不庀不腆，则进不速而守不固。夫孰谓其不然者？要岂有国者之忧哉？汉高②起于亭长，无儋石之储，秦③据六国④之资，敛九州⑤之赋于关中⑥，而不能与争一战之生死，且以为兴亡之大数，置勿论也。刘裕⑦承桓玄⑧播乱、卢循⑨内讧之余，以三吴⑩一隅之物力，俘姚泓⑪，缚慕容超⑫，拓拔氏⑬束手视其去来，而莫之敢较。唐积长安⑭之金帛米粟，安禄山⑮拥之，而肃宗⑯以朔方⑰斥卤之乡，崛起东向，驱之速遁。德宗⑱匹马而入梁州⑲硗确之土，困朱泚⑳而诛夷之。则不待积财已丰，然后可强兵而挫寇，亦较然矣。

注释：

①太祖：即宋太祖赵匡胤，详见前文注释。
②汉高：即西汉高祖刘邦，曾任秦泗水亭长，详见前文注释。

③秦:此指由秦始皇灭六国以后建立的秦皇朝。

④六国:指在秦始皇统一全国过程中,被他所灭的楚、燕、韩、赵、魏、齐等六国。

⑤九州:古代中国设置的九个州。《尚书·禹贡》所记九州为:冀、豫、雍、扬、兖、徐、
梁、青、荆;《尔雅·释地》所记九州为:冀、豫、雍、扬、兖、徐、幽、营、荆;《周礼》所
记九州为:冀、豫、雍、扬、兖、幽、并、青、荆。后来,九州泛指中国。

⑥关中:相当于今天的陕西省。一说东自函谷关,西至陇关,二关之间谓之关中。

⑦刘裕(363—422):即南朝宋武帝。字德舆,小字寄奴。祖籍彭城(今江苏徐州),
东晋时迁居京口(今江苏镇江)。少时家贫,以贩履、耕田、捕鱼为业。初为北府
兵将领。晋安帝时,击败桓玄叛乱,任侍中、车骑将军、都督诸军事,执掌朝政。
以军功,官至相国,封宋王。后代晋称帝,国号宋。在位三年,为政崇尚俭约,严
禁世家大族隐匿户口土地,集权中央。

⑧桓玄(369—404):名一作灵宝。东晋谯国龙亢(今安徽怀远西北龙亢集)人,字敬
道。袭爵南郡公。历官太子洗马、义兴太守、江州刺史等职,后加为都督荆州四
郡,击杀叛军。从此,兵马日盛,势力庞大。晋安帝时,率军攻入建康,杀死执政
的司马道子父子,执掌朝政,不久称帝。被刘裕等击败,逃亡途中被杀。

⑨卢循(? —411):东晋范阳涿县(今河北涿州)人,字于先,小名元龙。参加孙恩起
义,被刘裕所追,泛海攻下广州。遣使向东晋献贡,被封为广州刺史。后乘刘裕
攻打南燕之际,率军北进,直逼建康,被刘裕所破,战败投水死。

⑩三吴:地名,有三种说法:一说以吴兴、吴郡、会稽为三吴;一说以吴郡、吴兴、丹阳
为三吴;一说以苏州、润州、湖州为三吴。

⑪姚泓(388—417):十六国时后秦国君,字元子,羌族。性宽和,无经世之意,又多
病,喜欢谈论学术,尤其爱好咏诗。在位二年,王室贵族相继起兵反叛,诸羌及并
州胡数万人反叛。刘裕乘机北伐,擒杀之。

⑫慕容超(385—410):十六国时南燕国君,鲜卑族,字祖明。在位六年,不恤政事,
好游乐。刘裕灭南燕,擒杀之。

⑬拓拔氏:此指鲜卑族拓跋部建立的北魏政权。

⑭长安:今陕西西安,唐朝时为都城。

⑮安禄山(703—757):唐营州柳城(今辽宁朝阳)胡人,本姓康,名轧荦山,少孤,母
亲改嫁突厥人安延偃,改名安禄山。骁勇善战,通九番语,为互市牙郎。后因功
授营州都督、平卢军使。因厚赂往来朝官,博得唐玄宗宠信,擢平卢、范阳节度
使,河北采访使。为求固宠,自请为杨贵妃义子,被封为东平郡王。后为河东节
度使。天宝十四年(755),以征讨杨国忠为名,起兵叛乱,连败唐军,攻入洛阳。
称雄武皇帝,国号燕,不久被其子安庆绪等所杀。

⑯肃宗：即唐肃宗李亨(711—762)，唐玄宗第三子。即位前曾封陕王、忠王，历官安西大都护、河北道行军元帅、司徒等职，被立为皇太子。天宝十四年(755)，安禄山起兵叛乱，次年攻陷潼关，他随玄宗西奔，在马嵬驿，禁军杀杨国忠，逼玄宗缢杀杨贵妃后，分兵北上，在灵武即帝位，尊玄宗为太上皇。重用李泌、郭子仪等人，借回纥兵共同平叛，相继收复长安、洛阳。期间，派宦官为观军容使，监视各路节度使，宦官权力进一步扩大，所统军队不相配合，战争节节失利，致洛阳失守。后张皇后等谋诛宦官，事泄，当权宦官李辅国将其杀死，拥立代宗为帝，肃宗惊忧而死。

⑰朔方：指朔方郡，汉武帝元朔二年(前127)设置，在今内蒙古自治区境内。

⑱德宗：即唐德宗李适(742—805)。即位前，曾任天下兵马元帅，讨伐史朝义，平定河北。即位初，思革旧弊，但无成效。后信谗纳邪，错杀忠臣；加增赋税，百姓愁苦难支；猜忌功臣，姑息藩镇，重用宦官，使政局愈加腐败。

⑲梁州：唐代州名，高祖时置，治南郑(今陕西汉中)。玄宗时曾改称襄州、汉中郡，肃宗时恢复旧称，德宗时升为"兴元府"。

⑳朱泚(742—784)：唐幽州昌平(今北京昌平西南)人。初为幽州卢龙节度使部将，代宗时，为节度使，统领汴、宋、淄、青兵。德宗时，因军功加太尉、中书令，节度凤翔。后乘兵乱称帝，被李晟等率唐军攻破，出逃时被部下所杀。

译文：

　　神宗的失误，在于急切地以财政匮乏为最大忧虑，而不明白忧患并不在于财政匮乏，所以才招来王安石重税搜刮民财的谋划，并最终使国家衰败下去。不过这也不值得奇怪，大凡世俗的说法，谈到使国家强盛的策略，都不能超出积攒财富的计策。就是宋太祖也曾说过这样的话。一天到晚吃不饱饭，军队就容易被打垮；赏赐不丰厚，战功就不容易建立；兵器、盔甲、牛马、车船、干粮、草料、杀牛滤酒等，没有或者不丰富，进军就不会迅速，守城就不会坚固。这些情况，谁说不是呢？但关键是，这哪是国君的最大忧患呢？汉高祖起兵反秦时，只是个泗水亭亭长，没有一石的粮食储备；秦朝政府占据着全国的物资，并把全国的赋税都集中在其关中本土境内，但却未能与汉高祖展开一天殊死搏斗，即告亡国，而且这还被后人认为是兴盛或灭亡的必然规律。这些可以放到一边不谈。东晋的刘裕，在桓玄作乱、卢循内讧之后，仅凭借三吴这个小地方的物资力量，就俘虏了后秦国君姚泓、南燕国君慕容超，北魏政权也没有办法，眼睁睁地看着他来去自如，不敢和他较量。唐朝安史之乱时，政府积累在京城长安的大量钱粮物资，都被安禄山占有，但肃宗却凭借着朔方的盐碱之地兴盛起来，并一直向东进军，迅速将安禄山赶跑。后来唐德宗又只身来到梁州这个坚硬不肥沃的土地上，困住了叛将朱泚，最后将他诛杀。这些事例表明，是不必等到财富积累丰足了以后，才可以使军队强盛而挫败敌寇的。

若夫仁宗之过于弛而积弱也，实不在贫也。密勿①大臣如其有定识与？正告神宗曰："以今日之力，用今日之财，西北之事，无不可为也。仁宗之休养四十年，正留有余，听之人心，以待后起之用。而国家所以屈于小丑者，未得人耳。河北②之能固圉以待用者，谁恃而可也？绥③、延④之能建威以制寇者，谁恃而可也？守先皇之成宪，而益之殷忧⑤，待之十年，而二虏⑥已在吾指掌。"则神宗不言之隐，早授以宅心定志之弘图，而戢其求盈无已之妄。安石揣摩虽工，恶能攻无瑕之玉哉？

注释：

①密勿：机要，机密。

②河北：指黄河以北地区。

③绥：即绥州，唐高祖时置。治所屡徙，太宗时曾治上县（今陕西绥德）。玄宗时，改为上郡，辖境约当今陕西大理河以南，无定河下游地区。肃宗时恢复旧称。

④延：即延州，唐高祖时，改隋朝延安郡为延州，治肤施（今陕西延安东北）。玄宗时，复称延安郡，辖境约当今陕西延安、延长、延川、安塞、志丹等市、县地。肃宗时恢复旧称。

⑤殷忧：深切的忧虑。

⑥二虏：指北宋北部的辽朝和西北的西夏国。

译文：

　　至于宋仁宗因过于松弛而导致国家衰弱的原因，其实并不在财政匮乏。宰执大臣如果对当时形势有正确认识的话，就应严正地告诉神宗说："凭借现在的人力财力，对抗契丹和西夏，没有什么不可以做成的。仁宗休养生息四十年，正是为了留下大量余财，听顺民意，以便等待后继者来利用。国家屈服于契丹、西夏的原因，是没有人才。河北地区能够巩固边防以便等待任用的，靠谁可以呢？绥州、延州能建立军威以便制服敌寇的，靠谁可以呢？只要继续遵守和执行先皇的既定制度，再加上自己深切的忧虑和谋划，等上十年，这两个敌人就会被我们控制在手掌之中了。"这样一来，神宗说不出的隐衷，就会早早地被教导以清心寡欲、有明确志向的宏远谋划，而收敛其寻求财富丰足无限的妄图乱谋。那么，即使王安石善于推测，又怎能攻破没有瑕疵的美玉呢？

夫宋之所以财穷于荐贿，国危于坐困者，无他，无人而已矣！仁宗之世，亦孔棘矣。河北之守，自毕士安①撤备以后，置之若遗。西事一兴，韩②、范③二公小为补葺，辄贡"心胆寒裂"之谣，张皇自炫。二公虽可分阃，固不能出张子房④、李长源⑤之上。藉使子房执枹鼓以敌秦、项⑥，长源佩囊鞬以决安、史⑦，势固不能。而其为彭⑧、韩⑨、李⑩、郭⑪者何人？宋固不谋也。怀黄袍加身⑫之疑，以痛抑猛士，仅一王德用⑬、狄青⑭，而猜防百至。夫岂无可恃之才哉？使韩⑮、岳⑯、刘⑰、吴⑱生北宋之代，亦且束身偏裨，老死行间，无以自振；黄天荡⑲、朱仙镇⑳、藕塘㉑、和尚原㉒之绩，岂获一展其赳雄邪？唯不知此，而早以财匮自沮，乃夺穷民之铢累，止以供无益之狼戾，而畜其所余，以待徽宗㉓之奢纵。若其所恃以挑敌者，王韶㉔已耳，徐禧㉕已耳，高遵裕㉖已耳，又其下者，宦者李宪㉗已耳。以兵为戏，而以财为弹鹊之珠。当国大臣，无能以定命之讦谟，为神宗辰告，徒欲摧抑其有为之志，宜神宗之厌薄已亟，固必曰："赞仁宗四十余年养痈之患者，皆此俦也。"言之徒长，只益其骄而已。

注释：

①毕士安（938—1005）：云中（今山西大同）人，本名士元，字舜举，改字仁叟。宋太祖时进士。太宗时曾任大理寺丞、监察御史、左拾遗兼冀王府记室参军、知制诰、翰林学士等。真宗即位后，历官权知开封府、翰林学士、参知政事，大力举荐寇准为相，与寇准同拜同中书门下平章事，位在寇准之上。契丹入犯，与寇准力排众议，请真宗亲征。和议之后，择将守边，允许通互市，并加强战备。

②韩：指韩琦，详见前文注释。

③范：即范仲淹(989—1052)，苏州吴县(今江苏苏州)人，字希文。宋真宗时进士。仁宗时，曾任泰州兴化令，主持修筑捍海堤，世称范公堤。历官秘阁校理、右司谏、判国子监、权知开封府等，期间多次被贬。后与韩琦同任陕西经略安抚副使，兼知延州，负责防御西夏，被夏人称为"腹中自有数万甲兵"。庆历三年(1043)，召为枢密副使，旋拜参知政事，与富弼、欧阳修等推行"庆历新政"。但因损害了官僚贵族的利益，遭到强烈反对，被人中伤，复被指为"朋党"。庆历五年，罢参知政事，出知邠州兼陕西四路安抚使等。工诗词文章，晚年所作《岳阳楼记》有"先天下之忧而忧，后天下之乐而乐"之语，为世所传颂。

范仲淹

④张子房：即张良(？—前186)，其先战国时韩国人。秦末，聚众响应陈胜起义。后从刘邦，助其灭秦和消灭项羽，建立汉朝，被封留侯。晚年好黄老，学辟谷之术。

⑤李长源：即李泌(722—789)，唐京兆(治今陕西西安)人。幼聪颖，七岁能文。唐玄宗时，为待诏翰林，供奉东宫。肃宗以宾友相待，事无大小皆咨询之，权逾宰相。唐代宗时，曾任翰林学士、江西判官、杭州刺史。德宗时，授左散骑常侍，进同平章事，封邺侯。一生侍四君，佐三朝，于事多有匡救。

⑥秦、项：秦指秦朝军队。项指项羽(前232—前202)，下相(今江苏宿迁西)人。名籍，字羽，楚国名将项燕之孙。少学兵法，有大志，有勇力。秦二世元年(前209)九月，助叔父项梁起兵响应陈胜起义。项梁死，归楚怀王节制。后在巨鹿大败秦军主力，迫使秦将章邯举军投降，名震诸侯。入咸阳，焚宫室，收财宝、妇女，大失人心。挟灭秦之功，分封诸侯，使分据各地，自号西楚霸王，建都彭城，占有梁、楚九郡。不久，使人杀怀王，其他诸侯纷纷叛离，刘邦乘势由汉中东进。几年间虽多次战胜，终因不善筹谋，不纳良策，逐渐失去优势和主动，被刘邦击溃，退至乌江自刎。

⑦安、史：安指安禄山，详见前文注释。史即史思明(703—761)，唐营州宁夷州突厥杂胡，通六蕃语。与安禄山同为互市牙郎，以骁勇闻名。因军功擢为将军，历知平卢军、平卢节度都知兵马使等职。与安禄山起兵反叛，烧杀抢掠，无恶不作。安禄山被其子安庆绪所杀后，带所属归唐，封归义王，河北节度使。后再次反叛，杀安庆绪，称大燕皇帝，后被其子史朝义所杀。

⑧彭：即彭越(？—前196)，秦末昌邑(今山东巨野)人，字仲。秦末聚众起义。楚汉战争时，率部归汉，拜为魏相国，屡断楚军粮道。从刘邦在垓下击灭项羽，封梁王。后被人告发谋反，被贬为庶人，不久，汉高祖听从吕后之言，杀之。

⑨韩：即韩信(？—前196)，秦末淮阴(今江苏淮安南)人。初从项羽反秦，因不受重用，逃奔刘邦，经萧何大力推荐，任大将军，后任相国，封齐王，帮助刘邦打败项羽。西汉建立后，改封楚王。后被诬谋反，贬为淮阴侯，继而被吕后、萧何诱杀。

⑩李：即李光弼(708—764)，唐营州柳城(今辽宁朝阳)人。有勇谋，善骑射。曾任朔方节度副使。安史之乱爆发后，因郭子仪推荐，任河东节度副使、河北采访使，屡败叛军，因功加范阳节度使，代郭子仪为朔方节度使、天下兵马元帅，出镇徐州。后封临淮郡王。与郭子仪齐名。晚年，因惧怕宦官陷害，不敢入朝，死于徐州。

⑪郭：即郭子仪(697—781)，唐华州郑县(今陕西华县)人。以武举高第，累迁天德军使，兼九原太守，朔方节度右兵马使。安史之乱爆发后，以灵武太守、朔方节度使讨伐叛军，因功加御史大夫，进封兵部尚书、同平章事，仍总节度。连续收复失地。曾因兵败而罢兵权。后以河中、太原军乱，被起为定国副元帅等职，进封汾阳郡王。先后击退吐蕃、回纥、党项的进攻。唐德宗即位后，被尊为尚父，进太尉、中书令。

⑫黄袍加身：指赵匡胤发动陈桥兵变、夺取后周政权的事件。据史书记载，960年正月初四日凌晨，赵匡胤部下将士涌进帅帐之中，要求赵匡胤做皇帝，未等赵回答，即将一件黄袍披在他身上。后用"黄袍加身"一词泛指篡位夺权。

⑬王德用(980—1058)：郑州管城(今河南郑州)人，字元辅。十七岁随父从军，累迁内殿崇班、殿前左班都虞候、英州团练使等。宋仁宗时，历官博州团练使、知广信军、殿前都虞候、步军副都指挥使、知枢密院事、安德军节度使、保静军节度使、河阳三城节度使、同中书门下平章事、枢密使等职，封鲁国公。反对以阵图指挥战争，治军有方，善抚部卒，多得士心，有名边地，人称"黑王相公"。

⑭狄青(1008—1057)：汾州西河(今山西汾阳)人，字汉臣。行伍出身，善骑射。宋仁宗时，历任延州指挥使、泾原路都部署、经略招讨副使、真定路都部署、彰化军节度使、知延州等职。在宋夏战争中，常为先锋，屡败强敌，所向披靡，韩琦、范仲淹待之深厚。以功擢枢密副使，进拜枢密使。后受谣言中伤，出判陈州。为人慎密寡言，计事必审机而后发。正部伍，明赏罚，与士卒同甘苦，推功将佐，甚有名声。

⑮韩：即韩世忠(1089—1151)，延安(今属陕西)人，一说绥德人。字良臣，十八岁从军，因功累迁武胜军节度使、御营左军都统制。曾阻拦金兵于黄天荡，又在大仪

陈桥兵变遗址

镇挫败金军。高宗绍兴十一年(1141),与岳飞、张俊一起被解除兵权,任枢密使。反对与金议和,力主抗金,辞官后杜门谢客,绝口不言兵,常纵游西湖以自娱。曾因岳飞冤狱,当面责问秦桧。孝宗时追封蓟王。

⑯岳:即岳飞(1103—1142),相州汤阴(今属河南)人,字鹏举,出身农家。从二十岁起,先后四次从军,起初为偏神副将,因战功卓著,八年间跃升为战区统帅,官至湖北、京西路宣抚使。力主抗金,先后组织了四次北伐进攻战役,击溃金军精锐骑兵。多次上书反对与金和议,重申收复中原壮志,均遭宋高宗与秦桧拒绝。后被解除兵权,改授枢密副使,被宋高宗、秦桧等诬陷入狱,以"莫须有"罪名杀害。孝宗时追谥"武穆",宁宗时追封鄂王。

⑰刘:即刘光世(1089—1142),保安军(治今陕西志丹)人,字平叔。以父荫补官,曾随父镇压方腊起义。南宋建立后,任江淮制置使、江东宣抚使、江东淮西宣抚使等职,多次被金军击败,后被解除军职。因与时沉浮,不为秦桧所忌,加官至少师,宠幸以终其身。

⑱吴:即吴玠(1093—1139),德顺军陇干(今甘肃静宁)人,字晋卿。通兵法,善骑射。早年从军,抗击西夏,屡立战功。南宋建立后,曾任镇西军节度使,川陕宣抚副使。在和尚原、仙人关大败金军。用兵务远略,不求小利。屯田治兵,与金军对垒,使金军不敢窥全蜀。后因服食丹药而死。

⑲黄天荡:今江苏南京东北。宋高宗建炎四年(1130),韩世忠曾阻拦金兵于此。

⑳朱仙镇:今河南开封县西南。宋高宗绍兴十年(1140),岳飞北伐中原,乘郾城、颖

昌战胜之威,在朱仙镇以五百骑兵击溃金军十万大军,迫使金军退出北宋都城汴京(今河南开封)。

㉑藕塘:今安徽定远东南。宋高宗绍兴六年(1136),杨存中等在此打败金朝扶立的伪齐政权军队。

㉒和尚原:今陕西宝鸡西南。宋高宗绍兴十年(1140),吴玠在此重创金军。

宋徽宗绘画

㉓徽宗:即宋朝第八位皇帝赵佶(1082—1135)。神宗子,哲宗弟。即位前封遂宁郡王、端王。哲宗死后无嗣,他即位。初欲调和新旧党争,寻以绍述神宗为国策,重用蔡京等奸臣主持朝政,大肆搜刮民财,穷奢极侈,大兴土木,荒淫无度,蠹国害民。又崇奉道教,大建宫观,自称"教主道君皇帝"。使阶级矛盾日益激化,多地爆发农民起义。遣使约金攻辽,不料金军灭辽之后南下侵宋,他传位钦宗,自称太上皇。后被金人俘虏而去,死于五国城(今黑龙江依兰)。在位二十六年(1100—1127),治国无能,但艺术才能颇高,善书法,工花鸟,能诗词。

㉔王韶(1030—1081):江州德安(今属江西)人,字子纯。宋仁宗时进士,调新安主簿、建昌军司理参军。主张"欲制西夏,当复河湟"。任管勾秦凤路经略司机宜文字。建市易司于古渭以通贸易,成为日后行市易法的先导。古渭改通远军后,任知军,大败羌族蒙罗角等部。后又任经略安抚使兼知熙州,收复失地,平定河、湟,召为枢密副使。不久罢职,出知洪州。

㉕徐禧(?—1082):洪州分宁(今江西修水)人。字德占。少时,周游博览,不事科举。后以布衣充经义局检讨,累擢检正中书礼房公事、荆湖北路转运副使,进知制诰兼御史中丞等。宋神宗时筑永乐城,被派前往视事,驻守城池。后被西夏攻陷杀害。

㉖高遵裕(1022或1026—1085):亳州蒙城(今属安徽)人,字公绰。宋英宗高皇后的伯父。英宗时,任镇戎军驻泊都监。神宗即位后,擢知保安军,后任秦凤路安抚副使、知通远军。多次

宋徽宗手迹

打败羌兵,因功受命知军事。知庆州时,因与西夏交战不利,被贬为郢州团练副使。哲宗即位后,复右屯卫将军。

㉗李宪(1042—1092):开封祥符(今属河南开封)人,字子范。宦官。宋仁宗时,补入内黄门,迁供奉官。神宗时,历永兴、太原府路走马承受干当后苑、宣庆使、泾原经略安抚制置使、景福殿使等职。曾与王韶收复河州,督军攻西夏,收复兰州。哲宗即位,被劾贪功欺罔,贬为右千牛卫将军,分司南京,居陈州。

译文:

　　宋朝财政之所以因向契丹、西夏进献财物而匮乏,国家之所以因坐待被困而危急,不是别的,就是因为没有人才。宋仁宗的时候,形势就已经很危急了。河北地区对契丹的防守工作,自从毕士安撤掉守备后,就如同遗弃一样不管它了。与西夏开战以后,韩琦、范仲淹两个文官对不利的战场形势稍微做了点小小的补救工作,就有人进献谣言,说西夏军已经吓得"心寒胆裂",真是张狂夸大,自我炫耀。他们二人虽都能担任统兵在外的将帅,但才能根本比不上张良、李泌。如果让张良亲自上阵与秦军、项羽对敌,让李泌手持兵器与安禄山、史思明决斗,势必不能取胜,更不要说是韩、范二人了。而战胜这些人的彭越、韩信、李光弼、郭子仪,又是些什么人物?但宋朝皇帝根本不思考这些问题。他们总是怀疑别的武将也会像他们自己一样篡夺帝位,因而狠狠地压制勇敢善战的将士,武将中仅有王德用、狄青被委以重任,但对他们的猜忌防范也无所不至。宋朝哪里是没有可以依赖的人才呢?但假使南宋的韩世忠、岳飞、刘光世、吴玠等将领生在北宋,也只能置身于偏将副将之中,最终年老体衰而死于行伍之间,根本不能自我振作起来;他们又怎么能有黄天荡、朱仙镇、藕塘、和尚原大败敌寇的战绩,来展现他们的威武雄壮?但宋朝皇帝并不明白这一点,却早就认定是财政匮乏使自己失败,于是大肆掠夺贫穷百姓一点一滴积累起来的财富,用来供给贪暴凶残的契丹和西夏,并将剩余的财物积攒下来,留待宋徽宗的奢靡浪费。至于他们所依赖的抗敌之人,不过就是王韶、徐禧、高遵裕和一个能力更为低劣的宦官李宪。这是以军队为儿戏,以财物为斗敌的武器。那些执政的大臣们,不能把正确的宏图远略向神宗按时报告,却只想挫伤、压制他欲有所作为的志向,无怪乎神宗非常讨厌他们,坚持认为:

"帮助仁宗姑息误事四十年的,都是这些人。"他们说的越好,就只是越加助长神宗的骄傲。

呜呼!宋自神宗而事已难为矣。仁宗之弛已久,仍其弛而固不可,张其弛而又已乖。然而酌其所自弛以渐张之,犹可为也,过此而愈难矣。安石用而宋敝,安石不用而宋亦敝。神宗急进富公①与谋,而无以对也。宋之日敝以即于亡也,可于此而决之矣。

注释:

①富公:即富弼,北宋中期文臣,详见前文注释。

译文:

　　唉!宋朝自神宗以来,国事就很难有所作为了。仁宗已经松弛了很长时间,再继续松弛下去固然不行,神宗紧张起来了,结果又出了差错。不过,仔细分析朝政之所以松弛败坏的原因,然后逐渐予以改正,还是可以有所作为的,但除此之外,没有别的办法。王安石被任用,宋朝衰败下去了,王安石不被任用,宋朝也同样会衰败下去。神宗即位之初,急切地起用富弼为宰相,想与他共同谋划国事,但富弼却没有任何策略可以回答,宋朝一天天地衰败下去以至于灭亡的结局,从这一件事也就可以断定了。

■■知识链接　　**贪吃鱼饵爱吃鸡,嫁得儿媳别人妻**

　　王安石在宋神宗时才被委以重任,但早在仁宗之时,即以才学人品名满朝野,只因做事往往特立独行,给人留下了古怪的印象。一次,仁宗大宴群臣,之后一起去钓鱼。其他大臣都在聚精会神地尽情享受皇恩,王安石却在思考公事,不知不觉间,把皇帝赏赐的鱼饵一粒一粒地吃了个精光,弄得仁宗既好笑又尴尬,很不高兴。其实,王安石在家里也是一样。他吃饭时,不论桌上有几道菜,都只吃距离自己最近的鸡肉。起初夫人以为他爱吃鸡肉,于是每天都做,并放在他近前。连续几年都是这样,夫人就问他为何如此爱吃鸡肉,怎么

中华经典史评 宋论

还没吃腻。他登时愣住,不知夫人何出此言,待夫人把情况讲明,不禁哑然失笑:"我吃饭时在想事情,哪还管有几道菜,只捡最近的吃就是了!"这都表明,王安石有着非常执著的性格。不过,他也绝不是那种执著得不近人情之人。他的次子王雱娶妻庞氏,生下一子。但王雱从小患有心疾,有时精神不好,常与妻子发生口角,偶尔还以手相斗。王安石知道这是儿子疾病所致,儿媳并没有过错,就想让二人离婚,但又怕儿媳被外人误解为有恶行,于是就亲自为其选择夫婿而改嫁出去。当时王雱正任太常寺太祝一职,因而就有人戏称此事为"王太祝生前嫁妇"。这又可见,王安石是一个极为开通之人。

南京王安石故居

卷七　哲宗①

论"元祐更化"之失

　　本篇为《宋论》卷七《哲宗》第四条。宋神宗自任用王安石变法以来，反对势力一直不断，而且神宗也有意把部分反对变法的旧党官员留在朝中，使他们和主张变法的新党官员互相牵制。神宗死后，不满十岁的哲宗即位，一向反对变法的神宗母亲高太后垂帘听政。她立即起用旧党人物，任命反对变法最坚决的司马光为宰相，全面废除新法，贬逐新党官员。不久司马光死去，旧党官员分裂为几个小宗派，互相诋毁攻击，但高太后等人继续执行其既定路线，不但使旧党官员控制了整个朝廷，而且毫不放松对新党官员的打击倾轧，甚至捕风捉影、穿凿附会，对整个新党集团进行了一次又一次斩草除根式的清算，妄图给新党以毁灭性的打击，使党争急速向个人报复方面发展。这个过程一直持续到元祐八年九月高太后病逝，史称"元祐更化"。王夫之本文，就是对这段时期中反变法派政治作为的批判。指责他们只顾党争、专凭意气行事，根本无视国君和国家的存在，无任何实政可取；而其结果，既表明他们自己不能恪尽大臣职守，也直接激起了后来新党官员对他们的报复，于是造成哲宗统治的十几年中，始终是你争我夺的派系斗争。"宋之不乱以危亡者，几何哉？"王夫之的总结，是相当沉痛而发人深省的。

置一说之短长,以通观一时之措施,则其治乱安危,可未成而决其必然于先,旷千载而信其所以然于后,无有爽也。哲宗在位十有五年②,政出自太后者凡八年③,哲宗亲政以还凡六年④。绍圣改元而后,其进小人、复苛政,为天下病者,勿论矣。元祐之政,抑有难于覆理者焉。绍圣之所为,反元祐而实效之也。则元祐之所为,矫熙、丰⑤而抑未尝不效之,且启绍圣而使可效者也。呜呼! 宋之不乱以危亡者,几何哉?

注释:

①哲宗:即北宋第七位皇帝赵煦(1077—1100),神宗子。即位前封延安郡王。即位初,因年纪尚幼,由祖母高太后垂帘听政,改次年为元祐元年(1086),陆续起用司马光、吕公著等反对王安石变法的旧党人物为相,全部废除王安石新法,贬逐新党官员,史称"元祐更化"。八年(1093)九月太后死,哲宗亲政。次年改元绍圣,起用新党章惇为相,罢免旧党范纯仁、吕大防等,恢复神宗时施行的新法,史称"绍圣绍述"。期间多次出兵讨伐西夏,迫使西夏向宋朝乞和。在位十六年(1085—1100)。

②哲宗在位十有五年:哲宗于神宗元丰八年(1085)三月即位,在位十六年,但即位当年仍沿用神宗元丰年号,次年才改元。"十有五年"即指哲宗改元以后的在位时间。

③政出自太后者凡八年:哲宗即位后,因年纪尚幼,由祖母高太后垂帘听政。此后直到元祐八年(1093)太后死前,一直是高太后掌握政权。

④哲宗亲政以还凡六年:元祐八年(1093)九月高太后死,哲宗亲政,改次年为绍圣元年,四年后改元元符。元符三年(1100)正月,哲宗死。故哲宗亲政共六年。

⑤熙、丰:即熙宁、元丰,皆为宋神宗年号。熙宁共十年(1068—1077),元丰共八年(1078—1085)。

译文:

抛开一家说法的优劣短长不论,从总体上考察一个时代的举措,那么这个时代是治理得好还是不好,是安定还是危险,是可以在最终结果还没有出现之前,先行判断出其必然发展趋势的。历经千年以后,现在就更加确信这个道理一点也没有错。宋哲宗当皇帝十五年,由高太后垂帘听政八年,哲宗亲自执政以来共六年。自从改用绍圣年号以后,他任用小人,恢复繁碎、残酷的政令,给国家造成很大的弊病,这些不用再讨论了。就是他元祐时期的治政,也有很难重新条理的地方。绍圣时期的做法,表面上是反对元祐时期的所作所为,但实际上是效法元祐时期的做法的。而元祐时期的做法,表面上是矫正神宗熙宁、元丰时期的所作所为,但也不是不效法神宗时期的做法,并启发了绍圣时期对它这种做法的直接效法。唉!在这种反反复复之下,宋朝不动乱以至于灭亡,可能吗?

天子进士以图吾国,君子出身以图吾君,岂借朝廷为定流品、分清浊之场哉?必将有其事矣。事者,国事也。其本,君德也。其大用,治教政刑也。其急图,边疆也。其施于民者,视其所勤而休养之,视其所废而修明之,拯其天灾,惩其吏虐,以实措之安也。其登进夫士者,养其恬静之心,用其方新之气,拔之衡茅,而相劝以君子之实也。岂徒绍圣哉,元祐诸公之能此者,几何邪?所能卓然出其独至之忱,超出于纷纭争论之外而以入告者,刘器之①谏觅乳媪而已,伊川②请就崇政、延和③讲读,勿以暑废而已,范淳夫④劝帝以好学而已。自是而外,皆与王安石已死之灰争是非,寥寥焉无一实政之见于设施。其进用者,洵非不肖者矣,乃一唯熙、丰所贬斥之人,皇皇然力为起用,若将不及。岂新进之士,遂无一人可推毂以大任之,树百年之屏翰者?而徒为岭海迁客伸久郁之气,遂可无旷天工乎?其恤民也,安石之新法,在所必革矣。频年岂无水旱?而拯救不行。四海岂无冤民?而清问不及。督行新法之外,岂无渔民之墨吏?而按劾不施。触忤安石之余,岂无行惠之循良?而拔尤不速。西陲之覆败孔棘,不闻择一将以捍其侵陵;契丹之岁币屡增,不闻建一谋以杜其欺侮。夫如是,则宋安得有天下哉?一元祐诸公扬眉舒愤之区宇而已矣。

注释:

① 刘器之:即刘安世(1048—1125),大名(今属河北)人,字器之,学者称"元城先生"。宋神宗进士。不就选,从学于司马光。哲宗初期,任右正言,累迁左谏议大夫、枢密都承旨,立朝敢谏诤。哲宗亲政后遭贬。徽宗即位,一度赦返,蔡京为相后,接连多次遭贬。
② 伊川:即程颐(1033—1107),洛阳(今属河南)人,字正叔,世称伊川先生。宋仁宗

时,任太学学职。英宗、神宗时,大臣屡荐,不仕。哲宗初,因司马光推荐,历任秘书省校书郎、崇政殿说书、管勾西京国子监。后因政见不合,削籍送涪州编管。徽宗即位,复官返洛。是当时理学的代表人物,思想学说与兄程颢基本一致。世称程颢为"大程",程颐为"小程",合称"二程"。

③崇政、延和:即崇政殿、延和殿。崇政殿在皇宫后面,旧名简贤讲武,宋太宗太平兴国二年(977)改名崇政殿,是皇帝阅事之所。延和殿在崇政殿西,北向,是大内的便坐殿。

④范淳夫:即范祖禹(1041—1098),成都华阳(今四川成都)人,字淳甫,一字梦得。宋仁宗时进士,授试书校郎,知龙水县。神宗时,随司马光编修《资治通鉴》,书成,除秘书省正字。哲宗即位后,除著作佐郎,充修《神宗实录》检讨官,迁著作郎兼侍讲,历给事中、翰林学士兼侍讲等职。哲宗亲政后,出知陕州。后被指所修《神宗实录》诋斥神宗,贬为武安军节度副使,永州安置。

译文:

　　国君任用士人为官,是让他们为国家发展出谋划策,士人们入仕为官,是为了帮助国君谋划国事,哪能把朝廷利用为品评流品、分别清浊的场地呢? 朝廷是有它自己事情的地方。这个事情,就是国家大事。其根本,在于国君的品行;其重大作用,是管理、教导百姓和制定法令、刑罚;其最紧要的谋划,是边防工作。对百姓,朝廷所要做的,是使他们辛苦的劳作得以休息调养,使他们停废的事物得以整治,拯救他们所遭到的自然灾害,惩罚那些虐待他们的贪官污吏,用实际作为使他们安居乐业。对任用的士人,朝廷要做的,是使他们的内心得到淡泊宁静的修养,利用他们正值旺盛的新锐气势,把他们从社会下层选拔出来,用君子之道加以劝勉。这些道理,不只是绍圣年间,就是元祐年间的大臣们,又有几人能做到呢? 在他们中间,能够卓尔不群地献出自己独到的想法,跳身于议论纷纷的争吵之外,正告哲宗的,只有刘安世进谏劝阻寻找乳母,告诫哲宗自重;程颐请求哲宗到崇政殿、延和殿参加讲读经史的学习,不能因为暑期天热而停止;范祖禹规劝哲宗要爱好学习。除此三人外,其余的大臣都在和已经死去的王安石的观点争论对错,简直没有一件实际的政事得以实施。他们引进任用的官员,确实没有品行不好的人,但只有神宗熙宁、元丰时期被贬官斥退的人,才被大批地予以重新任用,其场面之盛大,就像唯恐来不及任用一样。难道新出现的士人中，就没有一人能够推荐以重任，成为国家重要的栋梁之才吗？难道他们只为那些被贬官员发泄长时期被压抑的怨气，就可以算是没有荒废自己的职责吗？他们要体恤百姓，自然一定要废除王安石新法，但除此之外，连续几年内不是有水旱灾害吗？可是他们没有实行拯救的措施。国内不是有冤屈的百姓吗？但他们没有去详细查问民间的疾苦。在推行新法之外，不是有趁机掠夺百姓的贪官污吏吗？但他们没有弹劾这些人。除了触犯王安石而被贬的官员以外，不是有实行仁政、奉公守法的官员吗？但他们对这些人的提拔特别地慢。西部边疆战事的覆亡失败已经很危急了，但没听说他们选拔任何将领去抵抗西夏的侵略；送给契丹的岁币不停地增加，但没听说他们提出什么谋略来抵制契丹的侵凌。像这些情况，宋朝还怎么能保住国家呢？不过是一个为元祐时期的大臣们扬眉吐气、抒发愤怒的境域罢了。

马①、吕②两公非无忧国之诚也，而刚大之气，一泄而无余。一时蠖屈求伸之放臣，拂拭于蛮烟瘴雨之中，惜惜自得。上不知有志未定之冲人，内不知有不可恃之女主，朝不知有不修明之法守，野不知有难仰诉之疾苦，外不知有睥睨不逞之强敌，一举而委之梦想不至之域。群起以奉二公为宗主，而日进改图之说。二公且目眩耳荧，以为唯罢此政，黜此党，召还此人，复行此法，则社稷生民巩固无疆之术不越乎此。呜呼！是岂足以酬天子心膂之托，对皇天，质先祖，慰四海之孤茕③，折西北之狡寇，而允称大臣之职者哉？

注释：

①司马光（1019—1086）：陕州夏县（今属山西）人，字君实。宋仁宗时进士。历仕仁宗、英宗、神宗、哲宗四朝，曾任馆阁校勘、知谏院、龙图阁直学士、翰林学士、权御史中丞、判西京御史台、尚书左仆射兼门下侍郎等职。神宗时，极力反对王安石变法，以十九年时间主编《资治通鉴》。哲宗即位后，在高太后支持下，主持朝政，尽罢新法，罢黜新党官员。

②吕公著（1018—1089）：寿州（治今安徽凤台）人，字晦叔。宋仁宗时进士，历官至天章阁待制兼侍读。英宗时，出知蔡州。神宗时，曾任翰林学士兼侍读、知通进

银台司、历知开封府、御史中丞、同知枢密院事等职。因反对王安石变法，贬为地方官。哲宗时，拜为尚书左丞、尚书右仆射兼中书侍郎，与司马光共为宰相。后又加司空、同平章军国事。

③孤茕(qióng)：单独无依。茕，孤独。

司马光

译文：

　　司马光、吕公著二人不是没有为国担忧的忠诚，但他们刚毅正直的性情，却在发泄愤怒之时全都消失得无影无踪。高太后垂帘听政后，大力起用反对王安石新法的人物，一时间，那些屈身退隐而寻求复出的被贬官员，全都从贬谪之地被提拔出来，他们得意洋洋，以致忘记了上面还有一个思想意志没有定型的小皇帝，皇宫里的垂帘太后不能完全依赖，朝廷中还有一些不合理的法度，民间还有一些无处倾诉的冤情疾苦，国外还有窥视觊觎、心存不轨的强大敌人，他们把这些事情全都抛到连做梦也想不到的地方去了。他们一起尊奉司马光、吕公著为首领，天天向二人提出废除新法、改变策略的建议。司马光、吕公著都要被他们鼓动得迷惑了，认为只有废掉新法，贬逐变法派官员，召回和任用被贬的反变法派官员，重新实行他们的策略，才是使国家稳固、永保存在、百姓安居乐业的最好办法。唉！这怎么可以报答国君把他们作为心腹骨干的重任呢？又怎么对得起苍天，向列祖列宗交待，告慰普天下的穷苦人民，挫败西北的凶暴敌人，真正称得上是恪尽大臣的职责呢？

　　吾诚养君德于正，则邪自不得而窥；吾诚修政事以实，则妄自无从而进；吾诚慎简干城①之将以固吾圉，则徼功生事之说自息；吾诚厘剔中饱之弊以裕吾用，则掊克毒民之计自消；吾诚育士以醇静之风，拔贤于难进之俦，为国家储才于百年，则奸佞之觊觎②自戢，而善类之濯磨自弘。曾不出此，而夜以继日，如追亡子：进一人，则曰此熙、丰之所退也；退一人，则曰此熙、丰之所进也；兴一法，则曰此熙、丰之所革也；革一法，则曰此熙、丰之所兴也。然则使元祐诸公处仁、英③之世，遂将一无所言，一无所行，优游而聊以卒岁乎？未见其有所谓理也，气而已矣。气一动而不可止，于是吕、范④不协于黄扉⑤，洛、蜀、朔党⑥不协于群署，一人茕立于上，百尹类从于下，尚恶得谓元祐之犹有君，宋之犹有国也！而绍圣诸奸，驾驷马骋康庄⑦以进，莫之能御矣。反其所为者，固师其所为也。是故通哲宗在位十四年⑧中，无一日而不为乱媒，无一日而不为危亡地，不徒绍圣为然矣。

注释：

①干(gān)城：干，盾；城，城郭。二者都起捍御防卫作用。也用以比喻捍卫者和御敌立功的将领。

②觊觎(jìyú)：非分的冀望或希图。

③仁、英：分别指宋仁宗、英宗，详见前文注释。

④吕、范：即吕大防、范纯仁。吕大防(1027—1097)，京兆蓝田(今属陕西)人，字微仲。宋仁宗时进士。历仕仁宗、英宗、神宗、哲宗四朝，任监察御史里行、河北转运副使、河东宣抚判官、翰林学士、知制诰、吏部尚书、中书侍郎、尚书左仆射兼门下侍郎等职。曾任宰执八年，是"元祐更化"的主要人物。哲宗亲政后，被贬出朝廷。范纯仁(1027—1101)，苏州吴县(今江苏苏州)人，字尧夫。范仲淹子。宋仁宗时进士。父亲死后出仕，知襄城县。此后历任侍御史、同知谏院、同知枢密院事等职。因与王安石、司马光等人政见不合，多次起用而又多次遭贬。

⑤黄扉：宰相的官署。

⑥洛、蜀、朔党：宋哲宗元祐初期，以司马光为首的旧党上台，不久司马光死，旧党内部分裂为洛党、蜀党和朔党。洛党多洛阳人，以程颐为首。蜀党多四川人，以苏轼为首。朔党多河北人，以刘挚为首，势力最大。三党之争虽有某些政策分歧，但更多的则是无原则的宗派倾轧。另有一些旧党官员，如吕大防、范祖禹等，未介入三党之争。

⑦康庄：四通八达的大道。

⑧哲宗在位十四年：这是以元祐元年(1086)至元符三年(1100)正月哲宗死为时间段计算的。

中华经典史评
宋论

译文：

　　如果我能使国君的品行修养端正，那么奸邪自然就不会有机可乘；如果我能以实际作为治理国家政事，那么荒谬不法的事情自然就不会发生；如果我能慎重地选拔捍卫国家的将领来巩固边疆，那么求功慈事的议论自然就会平息下去；如果我能革除中饱私囊的舞弊行为来增加国家的财政用度，那么搜刮民财、残害百姓的伎俩自然就会消灭；如果我能用淳朴宁静的风气培养士人，在难于引荐的同事中选拔贤能，以便为国家长期储备英才，那么奸邪谗佞之人的非分之想自然就会停止，而善良之人的高洁品行自然就会得到发扬光大。但元祐时期的大臣们根本不做这些事情，他们就像追踪逃跑的人一样，日夜不停地忙碌着的事情是这些：任用一个人，就说这是神宗熙宁、元丰时期所贬逐的人；贬逐一个人，就说这是熙宁、元丰时期所任用的人；推行一种法令，就说这是熙宁、元丰时期所废除的；废除一种法令，就说这是熙宁、元丰时期所推行的。既然如此，如果元祐时期的大臣们生活在仁宗、英宗的时代，不就要无话可说、无事可做，生活悠闲，姑且逍遥自在地度过其一生岁月了吗？真看不出他们做这些事有什么道理，只是意气行事罢了。意气一旦发作起来，就不会停止，于是吕大防、范纯仁与宰相不和，洛党、蜀党、朔党人员也都与百官不和，国君一人孤立于朝廷之上，百官结党相争于下，这还怎么能说元祐时期的大臣们知道有国君的存在，知道宋朝还是个国家呢！于是，绍圣时期的奸臣们就利用这个机会，大摇大摆地冲进来，没有人能够抵挡住。显然，反过来的所作所为，正是效法其所作所为。因此，通观哲宗当皇帝的十四年，可以说没有一天不是动乱的苗头，没有一天不是危险的境地，不只是绍圣时期是这样啊。

　　当其时，耶律①之臣主亦昏淫而不自保，元昊②之子孙亦偷安而不足逞；藉其不然，靖康之祸③，不能待之他日也。而契丹衰，夏人弱，正汉宣④北折匈奴之时会。乃恣通国之精神，敝之于一彼一此之短长，而弗能自振。呜呼！岂徒宋之存亡哉？无穷之祸，自此贻之矣。立乎今日，以覆考哲宗之代之所为，其言洋溢于史册，以实求之，无一足当人心者。苟明于得失之理，安能与登屋遮道之愚民同称庆快邪？

①耶律：代指由契丹人耶律阿保机建立的辽朝。

②元昊：西夏国建立者，详见前文注释。

③靖康之祸：宋徽宗宣和七年（1125），金军两路攻宋，徽宗急忙传位于钦宗。靖康元年（1126，丙午年）正月，金完颜宗望率东路军围攻宋朝都城汴京（今河南开封）。宋输金银珠玉，并许割太原、中山、河间三镇，金军退师。十一月，金完颜宗翰率西路军会师东路军于汴京城下，很快，汴京失陷，钦宗请降。二年四月，金军退师，将徽宗、钦宗、后妃、宗室、部分臣僚以及技艺工匠、倡优、内侍及礼器法物、天文仪器、书籍舆图、府库积蓄等驱掳北去，北宋灭亡。史称"靖康之祸"或"靖康之变"、"靖康之难"、"丙午之耻"。

④汉宣：即西汉宣帝刘询（前91—前49）。初名病已，字次卿。在位二十五年，励精图治，任用贤能，重视吏治。置西域都护，加强边防。

译文：

当时，契丹君臣也是昏庸无道而难以自保，西夏元昊的子孙们也因苟且偷安而不敢放肆，如果不是这样，靖康时期的亡国之祸，就不会等到后来才发生了。而这个契丹、西夏衰弱的时期，正好是历史上汉宣帝向北进攻、打败匈奴的大好时机。但宋哲宗时，竟把全国的心志都消磨在内部彼此的是非对错问题上，没能把国家振作起来。唉！宋朝的生存和灭亡，难道只是赵宋一个朝代的生存和灭亡吗？不是啊！无穷无尽的灾祸，从此就一直传下来了。处在今天，重新考察哲宗时代的所作所为，虽然各种言论充满了史书，但从实政的角度看，没有一件事情是让人满意的。倘若明白了这其中的得失道理，又怎能与那些上房拦路的无知百姓一样，对哲宗时期的政治拍手称快呢？

夫君子之自立也有节，而应天下也有道。心之无私，不待物之不我辱而后荣；为之有实，不待法之无所毙而后治。故入其朝，观其所为；读其书，观其所成。聚天下之聪明才力，以奉一人而理万物，不期正而无不正，然后其兴也，必也。此则君子以自靖而靖天下者也。岂徒伊、吕①哉？两汉之盛，唐、宋之初，无有不然者。夫谁如哲宗在御之世，贸贸终日，而不知将以何为也！

注释：

①伊、吕：伊即伊尹，详见前文注释。吕即吕尚，姜姓，吕氏，名尚，字子牙，俗称姜太公。曾辅佐周文王、武王灭商建周。

译文：

君子要以自己的力量有所建树，必须讲究节操，为国家做事，要讲究原则。心里没有偏私，不必等到没有受到外界的侮辱以后才算光荣；做事讲究实效，不必等到法令没有杀人以后才算治理得好。因此来到他这里，要观察他的所作所为；阅读他留下的著作，要考察他的实际成就。集中全国的智慧和人才，尊奉国君，治理万物，不奢求正确而没有不正确的。这样，他就一定会有大的建树。这就是君子自我谦恭而可以安定天下的道理。不只是伊尹、吕尚是这么做的，两汉的盛世，唐朝和宋朝的初期，没有一个不是这么做的。有谁像哲宗当皇帝时候这样，整天变来变去、轻率行事，而不知道要做什么好呢！

■■知识链接　　　　　　元祐党争

王安石变法期间，为推行新法，曾把一些旧党官员贬到地方任职。哲宗即位后，新旧两党官员看到了新法的利弊，因此最好就是调和两派的矛盾冲突，因势利导。但垂帘听政的高太后和十几年抑郁不得志的司马光却一意孤行，非要全面废除新法、贬逐新党官员不可，遂使原来的政策之争很快演变成意气之争。元祐年间，高太后和旧党官员更将大批新党官员陆续流放到岭南这一当时最远的蛮荒之地。随着高太后的衰老和哲宗的逐渐长成，旧党官员和太后本人都预感到潜在的危险，以致高太后在临死前，一再告诫旧党官员要及早辞官，以保全身家性命。果然，哲宗亲政后，召回了被残酷倾轧的新党官员，而他自己也恨透了旧党官员，八年来，他们一味追捧高太后，奉献给他的只是臀部和后背，这种漠视、无视乃至蔑视，再加上太后对他的种种高压，都使哲宗对旧党的报复心理比新党还要强烈。于是，当初得势的旧党人物全被逐出朝廷，最后也几乎都被发配到岭南，即使遇大赦机会，哲宗也不许赦免，就连已死的旧党首领司马光、吕公著，哲宗也想将他们挖坟掘墓，只因大臣极谏才作罢，但

元祐党籍碑

其后代全部被贬。徽宗时,宰相蔡京与徽宗为实现腐朽专制,将当时尚存的两党首脑人物一网打尽,党争遂以两党共亡而告终结。

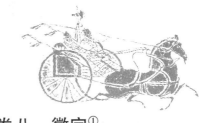

卷八　徽宗①

论北宋亡国之因

　　本篇为《宋论》卷八《徽宗》第三条。宋徽宗政和元年
(1111)九月,童贯在出使辽国的返途中偶遇燕人马植,被他
所称的灭辽良策吸引,将他举荐给宋徽宗。马植全面介绍
了辽国的危机和女真金国的兴起,建议宋朝联金灭辽,收复
中原王朝以前丧失的北部疆土。徽宗大喜,以为可以侥幸
实现列祖列宗收复燕云十六州的梦想,使自己彪炳千秋,于
是开始策划联金灭辽、光复燕云的举措。虽然有一些大臣
反对,但徽宗宠幸的童贯等奸臣却竭力支持。重和元年
(1118)春,徽宗派人从登州渡海到东北,与金协商联合灭辽
之事。随后金也派人来到宋朝。几经往返,双方就如何共
同出兵灭辽达成"海上之盟"。随后双方开始夹攻辽朝。但
宋军两次进攻燕京均遭惨败,最后由金军攻下燕京。金朝
在与宋交往过程中,深深了解到对方虚实,于是在灭辽之
后,很快发兵南下,两年后将北宋灭亡。王夫之本文就是讨
论北宋灭亡的原因。认为:北宋亡国之祸,虽然是始自童
贯,但并非童贯一人之误。自"澶渊之盟"以后,宋朝政府越
来越腐败,政治危机越来越重,但先后继任的几位皇帝都未
能解决危机,宋徽宗继位后,更是腐朽没落,加以宋朝本来
就对武将猜防压制过甚,因此宋朝的灭亡,无论如何都是不
可避免的了。

靖康之祸，自童贯②始。狄夷不可信而信之，叛臣不可庸而庸之，逞志于必亡之契丹，而授国于方张之女直③。其后理宗④复寻其覆轨，以讫其大命。垂至于后，犹有持以夷攻夷之说取败亡者，此其自蹈于凶危之阱，昭然人所共喻矣。而宋之一失再失以陨命者，不仅在此。藉令徽宗听高丽⑤之言，从郑居中⑥、宋昭⑦之谏，斥童贯、王黼⑧之奸，拒马植⑨、张毂⑩之请，不以一矢加辽，而且输金粟、起援兵以卫契丹，能必耶律淳⑪之不走死乎？能必左企弓⑫之固守燕山⑬而不下乎？能使女直不压河北而与我相迫乎？能止女直之不驰突渡河而向汴乎？夫然，则通女直之与不通，等也；援辽之与夹攻，等也。童贯兴受其败，而宋之危亡，非但贯之失算也。

注释：

① 徽宗：即北宋第八位皇帝赵佶（1082—1135），神宗子，哲宗弟，在位二十六年（1100—1125），详见前文注释。

② 童贯（1054—1126）：开封（今属河南）人，字道夫，一作道辅。宦官。因善于迎合宋徽宗意图而获宠。与蔡京相勾结，蔡京为相时，被推荐监西北边军，因军功迁武康军节度使。后加开府仪同三司，领枢密院事，权比宰相，握兵权二十年。时称蔡京为"公相"，他为"媪相"。为"六贼"之一。因统兵镇压方腊起义，拜太师。在联金灭辽战争中失败，但他暗中使金人图燕，又以岁币赂金，换取檀、顺、景、蓟四州空城，却称自己收复有功，被封为广阳郡王。及金军攻宋，他从太原逃回京城，跟随徽宗南逃。钦宗即位后，被处死。

③ 女直：中国古代少数民族名，满足的祖先。周时称肃慎，汉晋时称挹娄，南北朝时称勿言，隋唐时称靺鞨，五代时称女真，后属于辽，因避辽主耶律宗真讳，改称女直。辽天庆四年（1114），女真完颜部首领阿骨打统一各部，建立金朝，与宋并立。明初，留居东北地区的女真族分为三部，后努尔哈赤合并各部，建立后金，其子皇太极即位后改称清，不久统一全国。因清朝改称其族为满洲，遂简称满族。

④ 理宗：南宋第五位皇帝赵昀（1205—1264）。宋太祖赵匡胤十世孙。嘉定十七年（1224），宋宁宗病死，宰相史弥远废皇位继承人赵竑，拥立理宗，自己把持朝政。史弥远死，理宗始亲政。与蒙古联合灭金，继而谋收复河南，遂与蒙古交兵。在位四十年（1224—1264），沉湎声色，重用权奸丁大全、贾似道等，政治腐败，国势益危。表彰《四书》，尊崇理学，确立了理学的统治地位。

⑤ 高丽：指五代两宋时期统治朝鲜半岛的王氏高丽。918年由王建所建，此后与中

国友好往来。北宋建立后,联系更加密切。双方互赠物品,厚待往来使臣,高丽还派留学生来宋,宋也派太医到高丽传播医术。徽宗宣和四年(1122),高丽国王俣卒,俣子楷继立,派使者告哀于宋。此前,俣曾求医于宋,宋派两名太医前往,留二年而归。楷语之曰:"闻朝廷将用兵伐辽。辽,兄弟之国,存之足为边捍。女真,狼虎耳,不可交也。业已然,愿二医归报天子,宜早为备。"太医归奏其言,但此时宋朝已经与金达成了共同出兵灭辽的"海上之盟",而且此后也未听从高丽的劝告,并未对金采取防御措施。

⑥郑居中(1059—1123):开封(今属河南)人,字达夫。第进士。以贵妃从兄弟,连擢都官、礼部员外郎、中书舍人、翰林学士等职。宋徽宗时,擢同知枢密院,因外戚罢,改资政殿学士。蔡京免相时,力言蔡京当政无失。蔡京复相后,他希望再得枢密,但未能达到目的,遂与蔡京结怨。后再知枢密院,拜太宰。

⑦宋昭:相州(今河南安阳)人。初任陕州灵宝知县,以论列陕州钱法,除府通判,寻擢江南提举茶盐公事。后为朝散郎。宋徽宗时,上书谏伐辽,忤奸臣王黼,被除名勒停、广南编管。钦宗即位后,复官。高宗称帝后,授尚书膳部员外郎。

⑧王黼(1079—1126):开封祥符(今属河南开封)人,字将明,初名甫,赐名黼。宋徽宗时进士。历校书郎、左司谏。因助蔡京复相,升御史中丞。后拜特进、少宰,势倾一时。曾代蔡京执政。苛取四方水土珍异之物,据为己有。乘朝廷联金攻辽之机,大肆搜刮,得巨资,以买得六座空城而伪称胜利,升为太傅。为当时"六贼"之一。钦宗即位以后,被贬出京,被开封府尹聂山派人诛杀。

⑨马植(?—1126):辽朝燕(今河北北部)人。辽大族,官至光禄卿。徽宗时,童贯出使辽,因献灭燕之策,被童贯带回宋廷,改名李良嗣,徽宗赐姓赵。历官秘书丞、直龙图阁、提点万寿观、右文殿修撰等。受命出使金朝,商议联合灭辽之事,往返六七次,与金争议,颇尽心力,官至光禄大夫。钦宗即位后,被贬,继被处死。

⑩张毅(?—1123):辽平州义丰(今河北滦县)人。举进士,为辽兴军节度副使。辽燕王耶律淳死后,知辽必然灭亡,练兵聚粮,以备所需。后被金任为海军节度使、知平州,加同中书门下平章事。当时,燕地百姓被迫北迁,他遂叛金,纵人归燕。宋徽宗建平州为泰宁军,任他为节度使,世袭平州。金人围攻平州,他突围而出,但最终被杀。

⑪耶律淳(1063—1122):辽兴宗孙,契丹名涅里。辽道宗时,为彰圣等军节度使。天祚帝即位,封郑王、越王。曾做南府宰相、南京(今北京)留守,后进封秦晋国王、都元帅。招募燕云民兵数万人,抗击金军入侵,失败后,还守南京。天祚帝败入夹山后,他在南京被拥立为帝,世称北辽。但很快病死。

⑫左企弓(1051—1123):辽蓟州(今天津市蓟县)人,字君材。举进士,累迁知三司

使事。天祚帝时，曾任广陵军节度使、同中书门下平章事、知枢密院事、中书侍郎平章事、监修国史。天祚帝西走，与耶律大石等在南京立耶律淳为帝，守司徒，封燕国公，加侍中。金兵入燕，奉表投降。后奉金命迁燕民北行，过平州时，被平州军帅张觉杀死。

⑬燕山：即燕京，今北京。宋徽宗宣和四年(1122)，金军打败辽军，攻占燕京。后经交涉，由宋接收燕京，改名为燕山府。

译文：

北宋末年的靖康亡国之祸，是从童贯开始的。是他相信了不能相信的凶暴的夷狄，任用了不能任用的反叛之人，向即将灭亡的契丹辽朝逞能，使北宋政权灭亡于刚刚兴起的女真人之手。后来南宋理宗又重蹈其覆辙，以至最终结束了宋朝的命运。直到后来，还有人因为坚持以夷狄攻击夷狄的策略而导致失败亡国的，谁都清楚，这是他们自己跳入凶险可怕的陷阱中去的。但宋朝一再失误以致亡国的原因，不仅仅是这一点。即使宋徽宗听从高丽的建议，接受郑居中、宋昭的进谏，驳斥了童贯、王黼的奸计，拒绝了马植、张觳的请求，不对辽朝出兵攻击，而且还运送钱粮、派出援兵来保卫辽朝，就能一定使辽朝的燕王耶律淳不被打败、逃跑而死吗？就能一定使辽臣左企弓坚守住燕山而不被攻下吗？就能使女真人不兵临黄河以北而向我逼近吗？就能阻止女真人不迅猛地渡过黄河而向汴京进攻吗？如果能，那么联合与不联合女真都是一样，援救辽朝与宋金联合夹攻辽朝都是一样。童贯挑起是非，自然要承担败亡的罪责，但宋朝的灭亡，不只是童贯一人的谋划不当造成的。

辍夹攻之计以援辽，辽存而为我捍女直，此一说也。宋岂能援契丹而存之者？以瓦解垂亡之契丹，一攻之，而童贯败于白沟[①]矣；再攻之，而刘延庆[②]、郭药师[③]败于燕山矣。攻之弗能攻也，则援之固弗能援也。不可以敌爝火将熄之萧斡[④]，而可以拒燎原方炽之粘没喝[⑤]乎？拒契丹而勿援，拒女直而勿夹攻，则不导女直以窥中国之短长，守旧疆以静镇之，此一说也，近之矣。乃使女直灭辽，有十六州之地，南临赵、魏[⑥]，以方新不可遏之锐气，睥睨河朔之腴土，遣一使以索岁币，应之不速而激其忿怒，应之速而增其狃侮。抑能止锋戢锐,画燕自守,而不以吞契丹者龁我乎?然则夹攻也,援辽也,静镇也,三者俱无以自全。盖宋至是而求免于女直也,难矣。

注释:

①白沟:白沟河,即巨马河,为宋辽分界处。

②刘延庆(1068—1127):保安军(治今陕西志丹)人。世为将家。与西夏作战,屡立战功。曾跟随童贯镇压方腊起义。历任龙神卫都指挥使、鄜延路总管、保信军节度使、马军副都指挥使。宋徽宗时,以宣抚都统制统兵十万北伐辽军,不战而走,相踩践死者百余里,自神宗以来所储军实尽失,坐贬率府率,安置筠州。不久,被任为镇海军节度使,守京城,城陷出逃,被追兵所杀。

③郭药师:辽铁州(治今辽宁营口东南)人。曾做辽常胜军首领。宋徽宗时,宋军攻辽,率部降宋,献袭燕之计。官至燕山路安抚副使,同知燕山府。后金将完颜宗望攻燕山,他率部迎降,充当金军向导,围攻汴京。完颜宗望北撤后,尽杀常胜军,任他为燕山留守,后被囚禁。

④萧干:辽人。天祚帝时任都统。后与张琳、李处温等立耶律淳为帝,为北院枢密使。耶律淳死后,仍领兵作战。

⑤粘没喝(1080—1137):即完颜宗翰,金宗室。早年参与拥立金太祖完颜阿骨打及对辽战争等事。宋钦宗时,任金西路军统帅,与东路军一起进攻宋朝,灭北宋,俘虏徽、钦二帝。又奉命南下,进兵东平,攻取徐州,袭宋高宗于扬州。以功擢国论勃极烈,兼都元帅。熙宗即位后,拜太保、尚书令,领三省军事,封晋国王。

⑥赵、魏:即赵州(今河北赵县)、魏州(今河北大名东北)。

译文:

　　不用夹攻的计策,而是援救辽朝,使辽朝得以保存并为我抵御女真,这是一种说法。但宋朝哪能有力量援救辽朝而保存它呢?当时的辽朝已经就要崩溃灭亡了,但宋军第一次进攻,童贯就在白沟打了败仗;第二次进攻,刘延庆、郭药师又在燕山战败。进攻不能取胜,援救也就不会成功。连力量弱小得就像即将熄灭的火把一样的辽将萧干都不能对抗,还能抵抗势力正旺盛得像延烧原野的大火一样的女真将领粘没喝吗?既抵抗辽朝而不援救它,又抵抗女真而不与它联合夹攻辽朝,就不会引来女真而使其窥视到中原力量的强弱,这样就可以坚守原来的疆界，以镇静来镇慑他们，这是一种说法，也有一定道理。但是，如果女真灭掉辽朝，占有燕云十六州，南下到赵、魏地区，凭借其新兴而不可阻挡、勇往直前的气势，窥伺黄河以北地区的肥沃土地，派遣一名使者来索取岁币，到那时，答应得不迅速，就会激起他们的愤怒，答应得迅速，就会增加他们的轻慢欺凌之心。他们还能停止进攻，以燕山划分疆界，并自觉遵守界线，而不用吞并辽朝的方式来对付我吗？由此可见，联合女真夹攻辽朝，援救辽朝，以镇静处之，这三种办法都不能自我保全。可以说，宋朝到此时想要避免女真的进攻，已经很难了。

自澶州讲和而后，毕士安①撤河北之防，名为休养，而实以启真宗粉饰太平之佚志，兴封祀、营土木者十八载。仁宗以柔道为保邦之计，刘六符②一至，而增岁币如不遑，坐销岁月于议论之中者又四十一年。神宗有自强之志，而为迁谬之妄图，内斁其民于掊克，而远试不教之兵于熙、河③。契丹一索地界，则割土以界之，而含情姑待，究无能一展折冲之实算。元祐以还，一彼一此，聚讼盈廷，置北鄙于膜外者又二十余年。阗无可任之将，伍无可战之兵，城堡湮颓，戍卒离散。徽宗抑以嬉游败度，忘日月之屡迁。凡如是者几百年矣。则攻无可攻，援无可援，镇无可镇。请罢夹击之师者，罢之而已；抑将何以为既罢之后，画一巩固之谋邪？故曰童贯误之，非徒童贯误之也。

注释：

①毕士安：北宋前期文臣，详见前文注释。

②刘六符：辽朝文臣，详见前文注释。

③熙、河：即熙州（今甘肃临洮）、河州（今甘肃临夏东北）。宋神宗熙宁年间，由王韶采用招抚和镇压政策，占领了吐蕃部落居住的熙、河等州。

译文：

自从在澶州与辽朝缔结和约以后，毕士安撤掉了河北地区的军事防务，名义上是为了休息调养，但实际上却开启了宋真宗假造太平盛世的享乐心理，在大肆祭祀天地鬼神和营建土木工程中度过了十八年。宋仁宗以温和安抚作为保卫国家的策略，辽使刘六符一到，就唯恐不及

中华经典史评 **宋论**

地马上增加给辽朝的岁币，在辩论纷争中白白地消磨了四十一年的时光。宋神宗有奋发图强的志向，但却做了不切实际的错误谋划，既使国内百姓因搜刮而凋敝不堪，也使没有经过训练的士兵到遥远的熙河去攻打西夏；等到辽朝派人来索取土地，就立即割让领土给他们。虽然他心里想着奋发有为，暂且先等待时机，但最终也没能展示出制敌取胜的实际策略。宋哲宗元祐以来，新旧两党一直在朝廷上争论不休，心里根本不考虑北边的敌人，就这样又度过了二十多年。边疆上没有能够任用的将领，军队中没有能够战斗的士兵，城池堡垒坍塌湮没，戍守士兵逃离散去。宋徽宗又只知道游玩，败坏国家法度，忘记了时间在一天天地过去。总计起来，这样的日子将近有一百年。于是，终于形成了想进攻却没有进攻的能力，想救援却没有救援的能力，想镇静处之也不能成功的局势。那些请求停止夹攻辽朝的人，他们所能想到的也只有"停止夹攻"这一点，至于停止夹攻以后，又将谋划一个怎样的策略来保卫国家，他们是不知道的。因此说，靖康之祸是童贯的失误造成的，但这不只是童贯一人的失误。

虽然，宋即此时，抑岂果无可藉以自振者乎？以财赋言，徽宗虽侈，未至如杨广①之用若泥沙也。尽天下之所输，以捍蔽一方者，自有余力。以兵力言，他日两河②之众，村为屯、里为砦者，至于飘泊江南，犹堪厚用；周世宗以数州之士，乘扰乱之余，临阵一麾，而强敌立摧，亦非教练十年而后用之也。以将相言，宗汝霖③固陶侃④之流匹也；张孝纯⑤、张叔夜⑥、刘子羽⑦、张浚⑧、赵鼎⑨俱已在位，而才志可征；刘、张、韩、岳⑩，或已试戎行，或崛起草泽，而勇略已著；用之斯效，求之斯至，非无才也。有财而不知所施，有兵而不知所用。无他，唯不知人而任之，而宋之亡，无往而不亡矣！

注释：

①杨广（569—618）：即隋炀帝。一名英，隋文帝杨坚次子。与杨素、宇文述等合谋，得立太子，并杀父自立。在位期间，颁布《大业律》，改州为郡；依古制改度量衡；置明经、进士二科，以试策取士；开凿运河，修筑长城；增建驰道，营造东都，广设苑囿，巡游无度，穷奢极侈，民不堪命。

②两河:宋河北路、河东路。河北路,北宋真宗至道三年(997)所设十五路之一。治大名府(今河北大名东),辖境相当今河北阜平县北大茂山、容城、霸县和天津市海河以南,及山东、河南二省黄河以北的大部。神宗熙宁六年(1073),分东西二路:东路治大名府,西路治真定府(今河北正定);约今河北徐水、高阳、饶阳、武强、巨鹿、广宗、丘县、肥乡、临漳和河南浚县、汲县、武陟以西的地区属西路,其东地区属东路。元丰元年(1078),仍并为河北路。八年,又分为东西二路。河东路,亦为至道三年所设十五路之一。治并州(仁宗嘉祐四年升为太原府,今山西太原市),辖境相当今山西芦芽山、管涔山和内长城以南,龙门山、稷王山、中条山东北,陕西吴堡、佳县以北地区。

宗泽

中华经典史评 宋论

③宗汝霖:即宗泽(1060—1128),婺州义乌(今属浙江)人,字汝霖,宋哲宗时进士。为大名馆陶尉时,即以为国忘家著称。钦宗即位,知磁州,缮城治械,招募义勇,抗击金兵南下。多次击败金军。南宋建立后,为东京留守,负责主持抗金前沿军事,联络河北抗金民兵武装,选拔岳飞为将领,先后上书二十余,奏请高宗还都开封,以图恢复,均被黄潜善等所抑,忧愤成疾而死。

④陶侃(259—334):晋浔阳(治今湖北黄梅西南)人,字士行。早年孤贫。初为县吏,积功至荆州刺史,遭权臣王敦忌,转任广州刺史。苏峻叛晋,被推为盟主,击杀苏峻,封为长沙郡公,都督八州军事。在军四十余年,果毅善断。在广州时,朝运百甓于斋外,暮运于斋内,以励志勤力。竹头木屑,皆储以备用。常说:大禹圣者,乃惜寸阴,至于众人,当惜分阴。

⑤张孝纯:徐州(治今江苏徐州)人,宋哲宗时进士。徽宗时,为河东安抚使,知太原府。后金军攻宋,宣抚使童贯逃离太原,他力阻未成,与副都总管王禀坚守太原,屡次拒绝金人招降。钦宗时,城陷被俘。高宗时,金朝立伪齐,他被任命为尚书右丞相,遂失晚节。后被金人遣归,自请致仕。

⑥张叔夜(1065—1127):开封(今属河南)人,字嵇仲。少喜言兵,以荫为兰州录事参军,累迁开封少尹。宋徽宗时,赐进士出身,历任右司员外郎、中书舍人、给事中、礼部员外郎、知海州、知济南府、青州等。曾镇压宋江起义。钦宗时,率军入卫京师,进资政殿学士、签书枢密院事,与金军力战。汴京失陷后,从徽、钦二帝被掳北上,至白沟扼吭而死。

⑦刘子羽(1097—1146)：建州崇安(今属福建)人，字彦修。曾协助父亲镇压方腊起义。金兵南下，父子死守真定，因此知名。协助张浚北伐，使其得以保全蜀地。宋高宗时，因北伐失利，与张浚一起罢官，后虽一度起用，但终被秦桧所罢。

⑧张浚(1097—1164)：汉州绵竹(今属四川)人，字德远，宋徽宗时进士。高宗时，以参与平定"苗刘之变"、勤王复辟有功，除知枢密院事。力主抗金，建议经营川陕以保东南，任川陕宣抚处置使。后迁同中书门下平章事兼知枢密院事，因北伐失利，引咎求罢。秦桧执政，被排斥在外近二十年。金海陵王完颜亮南侵后，被重新起用。孝宗即位，任为枢密使，督师北伐，因将领不和，作战失利。不久再相，但终为主和派所排挤。

⑨赵鼎(1085—1147)：解州闻喜(今属山西)人，字元镇。宋徽宗时进士。宋高宗时，历右司谏、殿中侍御史、御史中丞、参知政事等。力荐岳飞收复襄阳，不久拜右相兼知枢密院事。迁左相，因与右相张浚论事不合，以观文殿大学士出知绍兴府。后又入相。推荐胡寅、吕本中等人，认为秦桧可供大事，但终因与秦桧不和，一贬再贬。后为保全家，绝食而死。

⑩刘、张、韩、岳：即南宋"中兴四将"刘光世、张俊、韩世忠、岳飞，刘、韩、岳详见前文注释。张俊(1086—1156)，成纪(今甘肃天水)人，字伯英。宋高宗时，任御营司统制官、江淮招讨使等职。参与平定"苗刘之变"，拥高宗复位。曾镇压各地义军，讨伐叛将李成，击败金军和伪齐军队，多次被金军击败。善于迎合高宗、秦桧旨意，力赞和议，首请纳兵柄，拜枢密使。晚年封清河郡王，拜太师，备受高宗宠遇。因排挤刘锜、谋害岳飞，为后世所唾弃。

中兴四将图(从左到右依次是岳飞、张俊、韩世忠、刘光世)

译文：

即便如此，难道宋朝当时就真的没有什么能够凭借而自我振作起来吗？从财政赋税方面说，宋徽宗虽然奢侈，但还没有像隋炀帝杨广那样,把钱财像泥沙一样浪费。如果把全国的财力都用来抵御一个女真,还是有剩余的。从兵力方面说,后来河北、河东地区的民众,曾以村为屯、以里为砦,抗击金军,就是转徙到江南以后仍然发挥了重大作用;后周世宗也曾仅凭几个州的军队,在纷扰动乱的时代,与强大的敌人战斗,结果上阵一挥,敌人很快就被打败。这些士兵都不是训练了十年以后才用来打仗的。从将相方面说,宗泽自然是东晋名将陶侃一样的人物;张孝纯、张叔夜、刘子羽、张浚、赵鼎等文臣都已经居官任职,其才能、志向都值得信赖;刘光世、张俊、韩世忠、岳飞等武将,有的已经在率军打仗,有的正从民间兴起,其勇敢、谋略已经表现出来。而事实上,这些人一被任用就取胜了,朝廷一召唤,他们就来了,并不是没有人才。宋朝有财力而不知道该怎样支配,有兵力而不知道该怎样使用。这不是别的原因,就是不能发现人才、不能任用人才。从而宋朝的灭亡,无论如何都是必然的了。

不知犹可言也,不任不可言也。是岂徒徽宗之闇,蔡京①之奸,败坏于一旦哉?自赵普献猜防之谋②,立国百余年,君臣上下,惴惴然唯以屈抑英杰为苞桑之上术。则分阃临戎者,固以容身为厚福,而畏建功以取祸。故平方腊③,取熙、河,非童贯以奄宦无猜,不敢尸战胜之功。哓哓者满堂也,而窥其户,久矣阒其无人矣。虽微童贯挑女直以进之,其能免乎?汉用南单于攻北单于④,而匈奴之祸讫;闭关谢绝西域⑤,而河西⑥之守固;唯其为汉也。庙有算,阃有政,夹攻可也,援辽可也,静镇尤其无不可也,唯其人而已矣!

注释:

①蔡京(1047—1126):兴化军仙游(今属福建)人,字元长。宋神宗时进士。哲宗时,知开封府,司马光恢复差役法,限期五天,全国独他如期完成。后权户部尚书,助章惇重行新法。徽宗即位后罢官。但以勾结童贯,重被起用。任右仆射,不久拜太师,以复新法为名,尽贬元祐诸臣,称为“奸党”。又籍哲宗元符间上书涉及新政者为邪等,共三百零九人,皆禁锢其子孙。创“丰亨豫大”之说,挥霍国库钱财,大兴土木,劳民伤财,毒被全国。为“六贼之首”。钦宗时,金大举攻宋,

他举家南逃,后贬为儋州安置,道死潭州。

②赵普献猜防之谋:宋朝建立后,赵普对佐命功臣石守信等久握兵权,心怀猜忌和忧虑,多次建议宋太祖解除其兵权,起初太祖不听,后赵普以太祖自己兵变篡位为谏,促使太祖在称帝后的第二年七月,以"杯酒释兵权"形式,解除了石守信等人的兵权。次年,太祖欲使有勇有谋的大将符彦卿掌管禁军,赵普又屡次进谏,认为符彦卿名位已盛,不可再委以兵权,请太祖"深思利害,勿复悔"。太祖曰:"你苦疑彦卿,何也?朕待彦卿厚,彦卿岂负朕耶?"赵普对曰:"陛下何以能负周世宗?"太祖默然,事遂中止。

③方腊(?—1121):一名方十三。睦州青溪(今浙江淳安)人,一说歙州(今安徽歙县)人。宋徽宗时,利用摩尼教,以诛朱勔为名,聚众起义,自称"圣公",设官分职。两浙百姓因苦"花石纲"之扰,争相依附。义军火烧官舍、学宫、府库、寺庙,镇压官吏、地主,攻破多处州县,声震东南。后被童贯率军镇压,战败被俘杀。

④汉用南单于攻北单于:东汉光武帝建武二十四年(48),匈奴正式分裂为南北两部,南匈奴请求内附。次年,光武帝接受其归附,允许他们入居塞内和南移。这解除了匈奴对北部边郡的骚扰。此后,北匈奴势力削弱,在与南匈奴交战中不断被击败,多次向汉朝遣使求和,被拒绝。

⑤闭关谢绝西域:西汉武帝时,派张骞出使西域,后在西域设置使者校尉。宣帝改曰都护。王莽称帝后,贬易侯王,西域怨叛,遂绝来往,复役属于匈奴。匈奴敛税重苛,诸国不堪命,遂在东汉光武帝时,皆遣使求内属,愿请都护。光武帝以天下初定,未遑外事,不许。明帝永平中,匈奴胁诸国共寇河西,郡县城门昼闭。永平十六年(73),明帝乃命将帅北征匈奴,置宜禾都尉以屯田,遂使西域与中国断绝关系六十五年后,乃复通往来。

⑥河西:汉唐时指今甘肃、青海两省黄河以西地区,即河西走廊和湟水流域。

译文:

　　不能发现人才还勉强说得过去,不能任用人才就说不过去了。这哪里只是因为宋徽宗的昏庸、蔡京的奸邪而败坏于一时的呢?自从赵普进献出猜忌、防范武将的计策以来,宋朝建立的一百多年中,君臣上下无不对武将恐惧害怕,一味以压抑优秀将领为稳固根基的高明策略。于是,那些统兵在外的将帅和从军的人,都把能安身保命作为最大幸福,害怕建立战功而招来祸患。因此平定方腊、攻取熙河以后,要不是童贯因其宦官的身份而没有受到猜疑,是没有人敢承担战胜的功绩的。

满屋子都是争辩的声音,但从门缝里仔细观察,却静悄悄了无一人,这种情况在宋朝已经很久了。因而即使没有童贯引诱女真来进攻,宋朝就能永远避免这种结局吗?汉朝任用南单于攻打北单于,结束了匈奴的侵扰之祸;封闭关卡,拒绝与西域的往来,巩固了河西地区的防守,但这些都只有汉朝才做得到的。朝廷有计划,将帅有策略,那么夹攻辽朝是可以的,援救辽朝也是可以的,以镇静处之更是没有什么不可以的,只要有能胜任的人就行。

■知识链接　　　　　　　　**靖康之变**

在与宋联合夹攻辽朝的过程中,金朝看清了宋朝腐朽衰弱的本质,于是在宋徽宗宣和七年(1125)二月灭辽之后,将掠夺财富的矛头直指南方的宋朝。十一月,金军分东西两路侵宋。其中东路金军进展顺利,很快渡过黄河,直逼北宋都城汴京。十二月下旬,宋徽宗吓得赶紧传位给钦宗,让儿子来帮他收拾残局,承担即将到来的亡国罪名,自己则仓皇南逃。钦宗即位,改明年为靖康元年(1126)。正月,起用抗战派李纲部署京城防御战,使金军的多次攻城都被击退。二月,钦宗亲自批准的夜袭金营战役失败,慌忙向金军求和,答应向金朝赔款和割让太原(今属山西)、中山(今河北定州)、河间(今属河北)三镇。金军眼见宋朝援兵不断到来,自己又不能实现两路会合的计划,遂暂时撤兵。钦宗为稳住自己的皇位,将徽宗接回京城,徽宗也以为万事大吉,愿意回京享乐。八月,金军再次分东西两路南侵,并在十一月会师,很快攻破汴京,宋钦宗亲自去金营投降。十二月起,金军大肆搜刮宋朝宫廷内外的府库和官民的金银钱帛。靖康二年(1127)四月,金军带着掳掠来的各种物资,驱赶大批人口,俘虏徽、钦二帝和宫廷、皇室各种人员北撤,北宋灭亡。

论蔡京

　　本篇为《宋论》卷八《徽宗》第四条。蔡京是个典型的投机分子。他在神宗时期积极支持变法,遂由地方官升至京官。哲宗即位,旧党司马光主政,他马上投怀送抱,司马光下令在五日内废除已经实行了十几年的免役法,这连其他旧党官员都认为时间太紧,结果全国只有他一人做到,以致司马光对他叹赏不已。但他毕竟曾支持变法,所以还是很快被逐出朝廷。哲宗亲政后,新党重新执政,蔡京也跟着变回到原来的变法派模样。当主政的章惇为采用那种役法犯愁时,蔡京主动找到章惇说:"就直接用变法时的免役法,还讨论什么!"于是第一个亲自动手扼杀免役法的人,又成了该法的率先扶持者和积极推行者。徽宗即位后,新旧两党暂时共同执政,惯于见风使舵的蔡京一时不知如何是好,很快被罢闲杭州。恰巧宦官童贯正在杭州为徽宗收集书画古玩,蔡京赶紧巴结童贯,并把自己所画物品通过童贯上呈徽宗,投其所好。在童贯等人的鼓动下,蔡京终于被升任宰相。此后的二十几年间,蔡京一直怂恿本来就昏庸的徽宗花天酒地、纵情享乐,自己则把持朝政,排斥异己,横行无忌。王夫之认为,蔡京只是个弄臣,不但宋徽宗是以弄臣畜之,而且他自己也是以弄臣自处。本篇,就是他对蔡京的这一身份性质进行评论。

奸人得君久，持其权而以倾天下者，抑必有故。才足以代君，而贻君以宴逸；巧足以逢君，而济君之妄图；下足以弹压百僚，而莫之敢侮；上足以胁持人主，而终不敢轻。李林甫^①、卢杞^②、秦桧^③皆是也。进用之始，即有以耸动其君，而视为社稷之臣；既用之，则信向而尊礼之；权势已归，君虽疑而不能动摇之以使退。故高宗^④置刀靴中以防秦桧，而推崇之益隆；卢杞贬，而德宗^⑤念之不衰；李林甫^⑥非杨国忠^⑦之怀忮以相反，玄宗^⑧终莫之轻也。而其时盈廷之士，无敢昌言其恶，微词讥讽而祸不旋踵矣。而蔡京^⑨异是。

注释：

①李林甫（？—752）：唐宗室，小字哥奴。累迁国子司业。玄宗时，迁御史中丞、吏部侍郎，拜礼部尚书、同中书门下三品，历户、兵二部尚书、中书令、集贤殿大学士、修国史。并与玄宗宠妃武惠妃及宦官等结交甚深。居相十九年，专政自恣，杜绝言路，公卿不由其门而进，必被罪徙，依附者即便是小人，也被重用。对人表面可亲，暗加陷害，人称"口蜜腹剑"。玄宗后期，怠于政事，大权一以委之。兼领安西大都护、朔方节度使。因番将不识字，不能入相，所以奏请重用，使安禄山等长期在外镇掌握重兵，助成安史之乱。

②卢杞（？—约785）：唐滑州灵昌（今河南滑县西南）人，字子良。以荫入仕，历官虢州刺史、御史中丞、门下侍郎、同平章事等。妒贤嫉能，陷害排斥忠良。德宗时，以镇压叛军、筹集军资为名，聚敛财货，民怨沸腾，长安为之罢市。后被指斥罪责，罢相贬官。

③秦桧（1090—1155）：江宁（今江苏南京）人，字会之。宋徽宗时进士。历任左司谏、御史中丞，因在北宋亡国时上书金帅反对立张邦昌为帝，被俘至金，很快变节投降，为金将完颜昌所信用。高宗建炎四年（1130），随金军攻打楚州，被完颜昌放回，谎称杀死监守金兵，夺船逃回。此后两度拜相，专主对金和议，与高宗共同主持对金议和投降活动，收韩世忠、岳飞等大将兵权，以"莫须有"罪名杀害岳飞，向金纳币称臣，订立"绍兴和议"。历封秦、魏两国公，结纳死党，控制台谏，屡行大狱，斥逐异己，深受高宗宠信。

④高宗：即宋高宗赵构（1107—1187）。徽宗第九子，即位前封广平郡王、康王。钦宗靖康二年（1127），金军俘徽、钦二帝北去，他即帝位于南京应天府（今河南商丘）。拒绝李纲、宗泽的抗金主张，接受黄潜善、汪伯彦的逃跑意见，先退至扬州，继而又渡江南逃，建行都于临安（今浙江杭州），史称"南宋"。镇压钟相、杨么等

中华经典史评 宋论

农民起义。虽一度为形势所迫,任用韩世忠、岳飞等抗战派将领,但终为向金乞和投降而与秦桧设计收夺诸大将兵权,杀害岳飞,与金签订割地、称臣、纳贡的屈辱和议。在位三十六年(1127—1162)后,禅位于养子宋孝宗。期间,打击正直大臣,压制抗战派人士,重用奸佞秦桧等。但"绍兴和议"以后,秦桧把持政权,权势欲不断膨胀,企图把宋高宗变成一个完全由他摆布的傀儡皇帝。高宗与他明争暗斗,但因缺乏有效的制约手段,遂在每次接见秦桧时,膝裤中总是藏有匕首,以防不测。

⑤德宗:即唐德宗,详见前文注释。

⑦杨国忠:唐蒲州永乐(今山西永济南)人。杨贵妃堂兄。本名钊,玄宗改其名为国忠。因杨贵妃得宠,累迁监察御史。后拜相,兼吏部尚书。怙权仗势,台省官有才名而不为他用者,都被排斥。平时所受赏赐及贿赂不计其数,生活极为奢侈腐朽。在他鼓动下,唐两次发兵进攻南诏,均全军覆没,他反以捷报上奏。又与安禄山争宠,安禄山即以诛杨国忠为名起兵叛唐。他劝玄宗令哥舒翰出关作战,因致大败。又劝玄宗入蜀,随驾出行,至马嵬驿,为从驾士兵所杀。

⑧玄宗:即唐玄宗李隆基(685—762)。一称唐明皇,唐睿宗第三子。善骑射,通音律、历象之学,多才多艺。韦皇后等人毒死中宗作乱,他与姑母太平公主发动宫廷政变,把韦武集团一网打尽,拥立睿宗即位,被立为太子。两年后睿宗禅位,他即位为帝。太平公主又欲发动宫廷政变,乃先发制人,尽诛其余党,赐死太平公主。此后重用贤臣,整饬吏治,发展经济,大兴文治,重视科技发展,使唐朝出现"开元盛世"的局面。从开元末年起,开始骄侈怠政,拒谏饰非,宠信奸佞和宦官,纵情声色,追求享受,酿成"安史之乱"。南逃成都,后被尊为太上皇,由成都还长安,但很快被儿子肃宗和宦官李辅国软禁,抑郁寡欢而死。

⑨蔡京:北宋末期奸臣,详见前文注释。

译文:

奸臣能够长期得到君主的宠信,把持权力,倾害国家,一定是有其原因的。才能足以代替君主,因而就引诱君主去安逸享乐;伪诈足以讨好君主,因而就怂恿君主做荒谬的打算;对下足以弹劾压制百官,因而就没人敢怠慢他;对上足以威胁住君主,因而最后连皇帝也不敢轻视他。唐朝的李林甫、卢杞和南宋的秦桧都是这样的人物。他们在被引进任用之初,就能鼓动君主重视他们,把他们看作是国家栋梁;任用之后,就更加信任、倾向而尊重礼待他们;等到有权有势后,君主虽然对他们产生怀疑,但已不能改变现状而斥退他们了。因此,宋高宗虽为防范秦桧而在靴子里藏有匕首，但对秦桧的推重却更加隆重；卢杞虽然被贬，但唐德宗却对他一直念念不忘；李林甫责备杨国忠怀有忌妒心理，但反过来他也是这么做的，唐玄宗到最后也不能轻视他。而当时的满朝大臣们，都不敢公开谈论他们的罪恶，就连隐讳的批评讽刺，也会很快遭来祸患。但是蔡京与他们不同。

徽宗之相京也，虽尝赐坐而命之曰："卿何以教之？"亦戏也，实则以弄臣①畜之而已。京之为其所欲为也，虽奉王安石②以为宗主，持绍述之说以大残善类，而熙、丰之法③，非果于为也，实则以弄臣自处而已。其始进也，因与童贯游玩，持书画奇巧以进，而托之绍述，以便登揆席。其云绍述者，戏也。所师安石以《周官》④饰说者，但"唯王不会"之一言，所以利用夫戏也。受宠既深，狂嬉无度，见安妃之画像，形之于诗⑤；纵稚子之牵衣，著之于表⑥；父子相仍，迭为狎客⑦。乃至君以司马光谑臣⑧，臣以仁宗谑君⑨，则皆灼然知其为俳优之长，与黄幡绰⑩、敬新磨⑪等。帝亦岂曰此可为吾任社稷者？京、攸⑫父子亦岂曰吾为帝腹心哉？唯帝之待之也媟，而京、攸父子之自处也贱，故星变而一黜⑬矣，日中有黑子而再黜⑭矣。子用而父以病免⑮，不得世执朝权矣。在大位者侯蒙⑯、陈显⑰，斥之为蟊贼⑱，而犹优游以去；冗散之臣如方轸⑲，草泽之士如陈朝⑳、陈正汇㉑，诃之如犬豕，而犹不陷于刑。未尝有蟠固不可摇之势也，徽宗亦屡欲别用人代之矣。而赵挺之㉒、何执中㉓、张商英㉔之琐琐者，又皆怀私幸进，而无能效其尺寸。是以宠日以固，位日以崇，而耆老不死，以久为贼于天下。计自其进用以迄乎南窜之日，君亦戏也，臣亦戏也。嗣之者，攸也、絛㉕也；偕之者，王黼㉖也、朱勔㉗也、李邦彦㉘也；莫非戏也。花鸟、图画、钟鼎、竹石、步虚、受箓、倡门、酒肆，固戏也；开熙河、攻交趾㉙、延女直、灭契丹、策勋饮至㉚、献俘肆赦㉛，亦莫非戏也。如是而欲缓败亡之祸，庸可得乎？

注释：

①弄臣：为帝王所亲近狎玩之臣。

②王安石：北宋中后期文臣，详见前文注释。

③熙、丰之法：即宋神宗时期，由神宗和王安石为富国强兵而推行的新法。

④《周官》:即《周礼》,儒家经典之一。为战国时期儒者根据当时各国官职,添附儒家政治思想,增减编排而成。其中经济思想颇多,并杂有法家观点。全书共有《天官冢宰》、《地官司徒》、《春官宗伯》、《夏官司马》、《秋官司寇》、《冬官司空》六篇。《冬官司空》早佚,汉代补以《考工记》。本篇中引文"唯王不会",见此书《天官冢宰》,原文为:"唯王及后之饮酒不会。"当时用酒多少要层层上报审核,但王及后平时饮酒不需汇总审核。蔡京引用此语,是怂恿宋徽宗花天酒地、纵情享乐、肆意挥霍。

⑤见安妃之画像,形之于诗:宋徽宗曾宴请蔡京于保和新殿,蔡京求见安妃。徽宗答应,命人传旨曰:"雅燕酒酣添逸兴,玉真轩内见安妃。"命蔡京续补成篇。蔡京即题曰:"保和新殿丽秋晖,诏许尘凡到绮闱。"及至玉真轩,不见安妃,只有画像挂西墙之上。蔡京即以诗奏谢:"玉京轩栏暖如春,只见丹青不见人。月里姮娥终有恨,鉴中姑射未应真。"不久,有太监传诏蔡京至玉华阁,徽宗手持蔡京所作诗曰:"因卿有诗,况姻家,自当相见。"蔡京曰:"顷缘葭莩,已得拜望,故敢以诗请。"徽宗大笑,安妃素妆而出,蔡京进前再拜叙谢,妃拜,蔡京又拜。翌日,蔡京作记以进。

⑥纵稚子之牵衣,著之于表:蔡京子絛娶宋徽宗女茂德公主,蔡京每侍徽宗,常以君臣相悦为言。徽宗时常乘坐轻车小辇到蔡京家,命坐赐酒,略用家人礼。蔡京谢表有云:"主妇上受请酬而肯从,稚子牵衣挽留而不却。"

⑦狎客:指亲昵接近,常供嬉游饮宴之人。

⑧君以司马光谑臣:蔡京长子蔡攸曾被赐饮禁中,徽宗频以巨觥劝之,蔡攸屡至颠仆,徽宗犹赐之不止。蔡攸再拜恳辞曰:"臣鼠量已穷,逮将委顿,愿陛下怜之。"徽宗笑曰:"使卿若死,又灌杀一司马光矣。"

⑨臣以仁宗谑君:徽宗即位初期,选用任伯雨、陈瓘、龚夬、邹浩、江公望等反变法派官员十三人,列之要路。其中,任伯雨一人在半年间论事百余疏,攻击变法派官员章惇、蔡卞等人。徽宗遂将他们贬窜,天下以为小仁宗。以致连僧人守讷也作诗说:"野夫生长仁皇世,再见仁皇御太平。"另据记载:徽宗与蔡攸等在宫中扮演参军戏,蔡攸戏言:"陛下好个神宗皇帝!"徽宗以杖鞭打说:"你也好个司马丞相!"徽宗欲与王黼翻越宫墙微行出游,但徽宗踩在王黼肩上,仍够不着宫墙,便低声叫道:"耸上来,司马光!"王黼则应声说:"伸下来,神宗皇帝!"如此,则是以神宗谑君。

⑩黄幡绰:唐代优人。性滑稽,善语对,唐玄宗时入宫,侍玄宗逾三十年,以善讽谏,得玄宗赏识。"安史之乱"中陷于叛军,被胁从出入左右。乱平被拘,玄宗怜而释之。

⑪敬新磨：五代时伶人，事后唐庄宗。善俳语，多能微言劝谏、保全善良，庄宗赐与甚厚。

⑫攸：指蔡攸(1077—1126)，兴化军仙游(今属福建)人，字居安。蔡京长子。宋徽宗时赐进士出身。曾任中书郎、枢密直学士、开府仪同三司、镇海军节度使、少保等。出入宫禁，多道市井秽语，蛊惑徽宗，并迎合徽宗道家邪说。后与父蔡京各立门户，相互敌视。金兵南下，促成徽宗禅位。钦宗时，随徽宗南逃。还都后，一贬再贬，不久被钦宗派人杀死。

⑬星变而一黜：宋徽宗崇宁五年(1106)发生星变，徽宗感觉害怕，下诏"中外臣僚等并许直言朝政阙失，朕将亲览，虚心以改"。太庙斋郎方轸应诏上奏，弹劾蔡京，宋徽宗将蔡京罢相，免为开府仪同三司，中太乙宫使。等星变过后，宋徽宗又故态复萌，命蔡京再相，并把方轸奏章交给蔡京，经蔡京奏请，方轸被付诏狱审理，编管岭南。

⑭日中有黑子而再黜：宋徽宗政和二年(1112)四月，日中有黑子，五月，蔡京被罢相，三日一至都堂议事。

⑮子用而父以病免：蔡攸本是蔡京长子，但后来为争权夺利而各立门户，互相敌视，正是在蔡攸及其他官员的共同攻击下，蔡京被以病免官。因蔡京晚年钟爱幼子蔡絛，蔡攸还多次奏请将蔡絛杀掉，只因徽宗不肯而作罢。

⑯侯蒙(1054—1121)：密州高密(今属山东)人，字元功。宋神宗时进士。调宝鸡尉，知柏乡县，徙襄邑。徽宗时，历官监察御史、殿中侍御史、御史中丞、刑部尚书、户部尚书、同知枢密院事、尚书左丞、中书侍郎等。以指斥蔡京心术不正，罢知亳州。建议招降宋江，以讨方腊。

⑰陈显：宋徽宗时，曾任户部尚书，后因对言再用蔡京，士民失望，被罢知越州，遂归隐不复仕。

⑱蟊(máo)贼：吃禾苗根的害虫叫蟊，吃禾苗节的害虫叫贼。比喻对人或国家有危害的人。

⑲方轸：莆田(今属福建)人，字叔时。宋徽宗时曾任太庙斋郎，以星变，应诏上奏，弹劾蔡京睥睨社稷，内怀不道，结党营私，排斥异己，蒙蔽主上，请诛蔡京以安天下。徽宗将蔡京罢相。但星变过后，徽宗又故态复萌，命蔡京再相，并"以轸奏示，京奏乞付有司推究事实，轸竟付诏狱，坐此编管岭南"。后放回，复上书乞帝收权独断，编管永州，遇赦还，官终鄞县令。

⑳陈朝：当为"陈朝老"，王夫之误。宋徽宗时，太学生陈朝老上疏论蔡京之恶十四事，即：渎上帝，罔君父，结奥援，轻爵禄，广费用，变法度，妄制作，喜导谀，箝台谏，炽亲党，长奔竞，崇释老，穷土木，矜远略。请求将蔡京投畀远方，以御魑魅。

疏出,士人争相传写,以为实录。后徽宗以何执中代蔡京为相,陈朝老复诣阙上书,称蔡京罢相,国人鼓舞,有若更生,但以何执中为相,又使中外默然失望。指责何执中碌碌无能,只以夤缘攀附,致位二府,不能胜任宰相一职。但疏虽奏上,徽宗并不采纳,对何执中眷注益异。

㉑陈正汇:南剑州沙县(今福建沙县东)人。曾在杭州讼蔡京有动摇东宫之迹,被流沙门岛。钦宗即位后赦还,授太仆寺丞。时其父已卒,痛不及见,遂得心疾。高宗召见,上殿已不能对,除直秘阁,主管亳州明道宫。

㉒赵挺之(1040—1107):密州诸城(今属山东)人,字正夫。宋神宗时进士,为登、棣二州教授,通判德州,推行市易法。哲宗时,历任秘阁校理、监察御史、通判徐州、知楚州、国子司业、太常少卿、权吏部侍郎、中书舍人、给事中等职。徽宗时,任礼部侍郎、御史中丞、吏部尚书、尚书右丞,进左丞、中书门下侍郎。力主绍述之说,排击元祐诸臣。后以蔡京力荐,拜尚书右仆射,因与蔡京争权,屡陈蔡京奸恶,数月即罢。后又再相再罢。

㉓何执中(1044—1117):处州龙泉(今属浙江)人,字伯通。宋神宗时进士,为台、亳二州判官。哲宗时,为王府记室、侍讲。徽宗即位,超拜宝文阁待制,迁中书舍人、尚书右丞、中书门下侍郎、左仆射兼门下侍郎。与蔡京同为宰相。后改太宰,以太傅致仕。在任期间,一意谨事蔡京,无所建明,并多方迎合帝意,粉饰太平。

㉔张商英(1043—1122):蜀州新津(今属四川)人,字天觉,号无尽居士。宋英宗时进士。调通川县主簿,知南川县。神宗时,历官权检正中书礼房公事、权监察御史里行、馆阁校勘、检正中书刑房等职,曾坐事贬监荆南商税、鄂州汉川镇酒税。哲宗时,历官开封府推官、提点河东刑狱、右正言、左司谏、江淮荆浙等路发运使、工部侍郎、中书舍人等。反对变更新法,力攻元祐大臣司马光等。徽宗立,除中书舍人,历翰林学士、知制诰、尚书右丞、尚书左丞、资政殿学士、中太一宫使、中书侍郎、尚书右仆射等。与蔡京不和,执政时多变更蔡京所为,曾被蔡京打击,罢知亳州,入元祐党籍。后因与方技往来,出知河南府,寻落职知邓州,再谪汝州团练副使,衡州安置。

㉕蔡絛:兴化军仙游(今属福建)人,字约之,自号百衲居士。蔡京幼子。宋徽宗宣和六年(1124),蔡京再起为相,年老不能视事,他任龙图阁直学士兼侍读,代为决事,窃弄权柄,恣为奸利,中外侧目。次年,赐进士出身,未几勒停。钦宗时,流邵州,徙白州。著有《铁围山丛谈》《西清诗话》,多称引元祐诸人,尤其推崇三苏,深诋王安石新法,至于元祐党籍,则不置一词。语气之间,颇与其父异趣。

㉖王黼:北宋末奸臣,详见前文注释。

㉗朱勔(1075—1126):苏州(今属江苏)人。因其父谄事蔡京、童贯,父子均得官。

时宋徽宗垂意于奇花异石,他搜求浙中珍奇花石进献,并逐年增加。又在苏州设置应奉局,靡费官钱,百计求索,勒取花石,用船从淮河、汴河运入京城,号称"花石纲"。权势煊赫,谄事之人立即得官,不附己者全部罢去,时称"东南小朝廷"。为"六贼"之一。巧取豪夺,广蓄私产,凌虐百姓达二十年。方腊起义,即以诛他为名。钦宗即位,将其削职归家,后编管循州,遣使杀之。

㉘李邦彦(?—1130):怀州(治今河南沁阳)人。字士美。出身市井,善讴谑,能蹴鞠,常以俚语为词曲,自号"李浪子"。徽宗时,以上舍第一人及第。因善事内侍,累迁中书舍人、翰林学士承旨,拜尚书右丞,历左丞、少宰,人称"浪子宰相"。钦宗即位,任太宰。金军迫汴京,他力主割地求和,禁出兵攻金。遭百姓殴骂,罢相。高宗即位后,贬浔州安置。

㉙交趾:指五岭以南一带地区。汉武帝元鼎六年(前111)冬设置交趾郡。古代相传该地人卧时头向外,足在内而相交,故称"交趾"。

㉚策勋饮至:古时盟伐既归,合饮于宗庙,纪功于策,谓之策勋饮至。

㉛献俘肆赦:献俘,古时军礼之一,凯旋则献俘于太庙以告成功。肆赦即宽赦有罪之人,后世称大赦为肆赦。

译文:

宋徽宗任用蔡京为宰相,虽曾赐给他座位,问他说:"你准备用什么教导我治国?"但也只是戏言罢了,实际上是把他作为弄臣来畜养的。蔡京想干什么就干什么,他虽然尊奉王安石为领袖,用继承新法的"绍述"论调,大肆残害好人,但神宗熙宁、元丰时期推行的新法,他并没有真的施行,实际上他也是把自己当作弄臣来看待的。他最初来到朝廷,是因为和童贯一起嬉戏玩耍,凭着书法、绘画的奇技淫巧被引进来的,但却假托"绍述"的名义,以便能登上宰相的位置。他口称"绍述",不过是戏言罢了。他效法王安石用《周礼》一书来装饰其论调的,只有"唯王不会"一句话,这表明他利用"绍述"只是嬉戏而已。因为特别得宠,所以他放荡嬉戏毫无拘束,看到安妃的画像,就写诗记述;把让孩子拉扯皇帝衣服的事情也写到谢表中。他大儿子蔡攸和他一样,父子相继,轮流为徽宗作狎客。更有甚者,徽宗用"司马光"的名字指称臣子,来和他开玩笑,臣子则用"仁宗"称徽宗来开玩笑。这都清楚地表明,蔡京只是表演滑稽戏的人的头领,和唐代的戏子黄幡绰、五代时的伶人敬新磨是同类人物。徽宗又哪里说过此人可以担当国家重任呢?蔡京、蔡攸父

中华经典史评 宋论

子又哪里说过自己是皇帝的亲信重臣呢？正是因为徽宗对待他们轻慢，蔡京、蔡攸父子也以卑贱看待自己，因此一有星象变化就罢免蔡京一次，太阳中有黑子出现就再罢免他一次。蔡攸被任用后，蔡京因病免官，未能一辈子掌握朝中大权。一些在重要职位的大臣，如侯蒙、陈显，斥骂他是危害国家的蠹贼，但他仍能悠闲自得地离去；闲散大臣如方轸，民间士人如陈朝老、陈正汇，都诃责他是猪狗不如，但他仍没有受到刑罚惩处。他一直没有龙蟠虎踞那样不可动摇的势力，徽宗也曾多次想找别人代替他。但赵挺之、何执中、张商英等小人，又都是怀有私心而侥幸被引进任用的，一点儿也不能效力。因此，蔡京的受宠就随着时间一天天地得以稳固，官位一天天地得以尊崇，但他却老而不死，以致长期为害国家。从他被引进任用一直到他最后被贬的这段时间里，皇帝也是嬉戏，臣子也是嬉戏。继承他的蔡攸、蔡條，和他一起的王黼、朱勔、李邦彦，没有谁不是嬉戏的态度。花鸟、图画、古代铜器、竹石、词曲、符箓、妓院、酒店，固然都是嬉戏；熙河开边、进攻交趾、引进女真、攻灭契丹、纪功于策、合饮宗庙、进献俘虏、大赦天下，也无非不是嬉戏。君臣上下如此举动，还想推迟失败灭亡的祸患，怎么可能呢？

故有李林甫，不足以斩肃宗[①]之祚；有卢杞，不足以陷德宗于亡；有秦桧，不足以破高宗之国。京无彼三奸之鸷悍，而祸乃最焉。彼之为恶者，犹有所为以钳服天下；而此之为戏者，一无所为也。彼之得君者，君不知其奸，而奸必有所饰；此之交相戏者，君贱之而不能舍之，则无所忌以无不可为也。即无女直，而他日起于草泽，王善[②]、李成[③]、杨么[④]之徒，一呼而聚者百余万，北据太行，南蹂江介，足以亡宋而有余矣。撄狁强锐起之天骄[⑤]，尚延宋祚于江左，幸也。虽然，唯其戏也，含诟忍耻以偷嬉宴，则其施毒于士民者亦浅，固有可以不亡者存焉。京年八十，而与子孙窜死于南荒，不得视林甫、杞、桧之保躯命于牖下也，足以当之矣。

注释：

①肃宗：即唐肃宗李亨，详见前文注释。

②王善：南宋叛将。南宋初立时在黄河以南组织民间武装抗金，不久与张用等一起

归附宗泽。宗泽死后，接任的杜充迫令岳飞消灭张用等部，王善率部增援张用，被岳飞击败，此后又连续三次被岳飞击败，遂率部东流西窜，最后投降金朝（张用后被岳飞招降）。

③李成：雄州归信（今河北雄县）人，字伯友。宋徽宗时为弓手。金兵攻陷雄州，他率部众渡河归宋，为京东河北路都大捉杀使。高宗时，叛宋攻宿州。后虽受宋命，知泗州、滁州，为舒蕲镇抚使，然连兵数万，烧杀抄掠，攻陷江淮多处州郡。在被张俊战败后，投降伪齐，多次为金、齐攻宋先锋。后金将完颜宗弼（即兀术）再取河南时，他率部攻陷多地，被完颜宗弼推荐为河南尹，都管押本路兵马。因事罢官，后起用为真定尹。

④杨么（？—1135）：鼎州龙阳（今湖南汉寿）人，名太。宋高宗时，随钟相起义，因在诸首领中年龄最小，当地称幼小为么，故称他为"么郎"或"杨么"。钟相牺牲后，他继续坚持斗争，被推为总首领，称"大圣天王"，立钟相儿子钟仪为太子，有部众二十万人。在洞庭湖一带据险结寨，陆耕水战，亦兵亦农。屡败官军，多次拒绝招降。后为岳飞击败，被俘不屈而死。

⑤天骄：汉朝称北方的匈奴为"天之骄子"，简称天骄。后泛指强盛的边地民族。

译文：

因此，有一个李林甫，不足以断绝唐肃宗的皇位；有一个卢杞，不足以使唐德宗亡国；有一个秦桧，不足以破败宋高宗的南宋政权。蔡京没有这三个奸臣凶悍，但祸害却是最大。那三个人作恶，还要做些事情来压制百姓；但蔡京的嬉戏，却是什么也不做。那三个人能得到皇帝的宠信，是因为皇帝不知道他们的奸恶，其奸恶一定是被掩盖住了；而蔡京却是与皇帝互相嬉戏，皇帝虽然轻视他，却不能离开他，于是蔡京就无所顾忌而没有什么不敢做的了。即使没有女真的入侵，但后来从民间兴起的王善、李成、杨么这些人，也很快聚集了百余万人，向北占据了太行山，向南扩张到长江岸边，要灭亡宋朝是绰绰有余的。触犯了正在迅猛兴起的凶暴强盛的女真人，还能在江南延续宋朝的统治，这已经是很幸运了。不过，因为蔡京只是个弄臣，他包庇奸恶、忍受耻辱，目的只是苟且偷安、游玩享乐，因而对士人百姓的残害也比较轻，还没有把宋朝弄到非亡国不可的地步。蔡京八十岁的时候，和子孙一起被贬逐到荒远的岭南地区，结果死在途中，没能像大奸大恶的李林甫、卢杞、秦桧一样死在家里，这也算是足以抵偿他的罪过了。

　　　　　　　　专权擅政与官迷恋栈的蔡京

　　宋徽宗昏庸无道,沉湎于声色犬马、书法绘画,国家政事几乎全都交给了以蔡京为首的"六贼"处理。蔡京怂恿徽宗纵情享乐,自己则把持朝政,排斥异己,横行无忌。宋徽宗穷奢极侈,在两宋皇帝中位居第一。有言官批评他太奢侈,但蔡京却吹捧他"发号施令,仁民爱物",诬蔑言官无据胡说。薛昂一意巴结蔡京,两次成为仅次于宰相的执政,他规定全家为蔡京避讳名号,如直呼其名,必痛打不饶,他自己一次说漏嘴,立即抢打自己嘴巴!蔡京四次拜相,期间有不少正直大臣进言弹劾,但最后往往是弹劾者被贬逐流放。蔡京公开扬言:"如有谁敢弹劾我,第二天我就知道!"每当听说将被罢免的消息,蔡京就急忙入宫求见徽宗,匍匐扣头,哀号不已,"无复廉耻"。甚至到了老病而双目失明,连文书案牍都不能阅览时,依然贪恋相位。最后徽宗命童贯和他儿子蔡攸向他索取辞官表,他却自陈说:我已衰老,确实应该辞去相位,之所以不主动辞位,是因为还没有报答皇帝的恩德,希望皇帝能再给一次机会,"此二公所知也"。在场的人听到他连自己的儿子也称为"公",莫不窃笑。只是这一次罢官,他儿子也是带头鼓动者,因而徽宗不再留他,这才结束了他专权祸国的时代。但不到三年,北宋也跟着灭亡了。

蔡京手迹

卷九　钦宗①

论靖康之祸起于蔡京等人

　　本篇为《宋论》卷九《钦宗》第一条。宋徽宗重用蔡京等人，借推行新法之名，极力搜刮财富，就连各地仓库储存的钱粮谷物也被他们搜罗一空，并千方百计地敲诈百姓，甚至让宦官直接掠夺民田。而这些搜刮来的钱财，全被他们肆意挥霍。徽宗酷爱奇花异石，蔡京就命朱勔采集民间花石进奉，而且规模越来越大，动辄用船数十艘，每十艘编为一纲，号称"花石纲"。一块石头的运费，达到三十万贯，沿途所过，更是毁桥凿屋。大批农民被长期征发为民夫，搬运贡物，直到力尽饿死，有的则自缢于车辕之下。花石运到京城，便大兴土木，穷极奢华。蔡京、蔡攸父子的私人宅第，也是金碧辉煌，极天下土木之工。蔡京生日，各地都要奉献大宗礼物，称为"生辰纲"。宦官童贯掌握军权，每得军需，全部充作个人财产，家中金币宝物堆积如山，并公然卖官鬻爵，贿赂公行。以致民谣愤怒地喊出："打破筒（童贯），泼了菜（蔡京），便是人间好世界！"王夫之说，在如此"君不似乎人之君，相不似乎君之相"的统治下，"无一而非必亡之势"，北宋已经达到了最腐朽没落的时期，而其亡国的直接"祸本"，就是蔡京等人的祸乱国家。但他对王安石变法的评价则不免偏颇。

扶危定倾有道。于其危而扶之，不可得而安也；于其倾而定之，不可得而正也。倾危者，事势之委也，末也；所以致倾危者，本也。循其所以危，反之而可以安；矫其所以倾，持之而可以正。故扶危定倾者，其道必出于此。虽然，本之与末，有发端而渐启者，有切近而相因者。则正本之图，有疏有亲，有缓有急，必审其时而善持之。不然，则穷溯其本而不足以救其末，无益也。发端而渐启者，其始之弊，未至于此，相沿以变，而并失其旧，乃成乎切近相因之害；于此图之，而已得倾危之本。若其始之所启，虽害由此以渐兴，而时移势易，无所复用其匡正，其本也，而固非其本矣。

译文：

扶助危急、安定覆亡要讲究一定的方法。已经危急了才去扶助，是不可能使它安全下来的；已经覆亡了才去安定，是不可能使它再生存过来的。覆亡和危急，是事态发展的结果，是末尾，为什么导致覆亡和危急，是本源。顺着危急的原因，反过来才可以使之安全；找到覆亡的原因，纠正过来才可以使之生存。因此要扶助危急、安定覆亡，必须采用这个方法。不过，本源与末尾，有的是从开头逐渐发展来的，有的则是互相接近而互相影响的。因此，端正本源的方法，有的疏远、有的亲近，有的缓慢、有的急切，必须准确审查时势而善于运用。不这样的话，就算穷究本源也不能挽救结果，到头来还是没用。从开头逐渐发展的，起初弊病并不严重，但一点一点地沿袭下来，逐渐变化，最后连其旧有的全都失去了，于是形成了互相接近而互相影响的弊病。对这个过程多加思考，就可以找到覆亡和危急的本源。如果是一开始就出现的，即使弊病是由此而逐渐兴起的，但随着时间的推移、形势的改变，就不能再用原来的挽救办法了，因为，其本源，已经不能算是问题的真正根本了。

今夫河之为患，遏之于末流，不得也。神禹[2]为之疏之，循其本矣。然载始者，壶口[3]也，而冀州[4]平。溯其横流于中州[5]者，则抑以厎柱[6]以东，出山而溢于荥、漯[7]者，为众流之本。若其发源昆仑[8]，在西极之表者，岂非河之大源哉？而于彼穷之，终不能已兖、豫[9]之氾滥。故言治河者，未有欲穷之于其源者也。

注释：

①钦宗：即北宋第九位皇帝赵桓(1100—1161)，徽宗长子。即位前封韩国公、京兆郡王、定王。宋徽宗宣和七年(1125)，金朝举兵南侵，除开封牧，受禅。次年，金军攻汴京，因军民要求抵抗，被迫起用抗战派李纲，挫败金兵的围攻。但仍不断向金屈辱求和，许割太原、中山、河间三镇，后又同意割让河北、河东。时数十万勤王军已至汴京，他却依赖主和派，并罢黜李纲，涣散军心，致使汴京被金军攻破，与徽宗一起被俘北去，北宋遂亡。后死于金朝五国城。在位一年零两个月(1125 年 12 月—1127 年 2 月)。

②禹：夏朝建立者，详见前文注释。

③壶口：即壶口山，在今山西乡宁县内旧吉县境西南。黄河北来，至此倾泻于西崖，悬注如壶，故名壶口。

④冀州：古九州之一，包括今山西全省、河北西北部、河南北部、辽宁西部。汉朝以后，历代都设置冀州，但所辖地区逐渐缩小，一般包括今河北、河南北部，州治亦时有变动。

⑤中州：古豫州地处九州中间，称为中州。今河南为古豫州地，故相沿亦称河南为中州。

⑥底柱：即底柱山，在今山西阳城县南。

⑦荥、漯：即荥泽、漯(tà)水。沇水东流为济水，入黄河，溢注而成荥泽。因济水、黄河相通，故有大量泥沙淤积，西汉平帝后逐渐淤为平地。故址在今河南荥阳县境内。漯水，也名漯河、漯川。古漯水在今山东在平县。自宋代黄河决口于商胡，朝城流绝，旧迹因而湮没。

⑧昆仑：即昆仑山，在今新疆、西藏之间，西接帕米尔高原，向东延入青海省境内。

⑨兖、豫：兖即兖州，古九州之一。西汉武帝元封五年(前 106)设置兖州，为十三刺史部之一，辖区约当今山东西南部及河南东部。此后各代沿袭，但治所屡有变更。今属山东省境内。也写作"沇州"，以有沇水而得名。豫即豫州，亦为古九州之一，相当于今河南地区。

译文：

　　现在黄河常常泛滥成灾，在其下游尽头堵塞是不行的。大禹治水使用疏导的办法，这是顺其本源的做法。但水灾开始的地方，是壶口，治理好壶口，冀州就安全了。泛滥于中州的河道，是从底柱山向东流去，出山后流向荥泽、漯水，这是许多支流的本源。至于其发源于昆仑山，在西边最远的地方的，难道不是黄河的最初发源地吗？但在那里极力治理，终究不能治好兖州、豫州的水灾泛滥。因此，讨论治理黄河的人，没有谁想要在它的源头处开始工作的。

　　靖康之祸，则王安石①变法以进小人，实为其本。而蔡京②之进，自以书画玩好介童贯③投徽宗之好，因躐大位，引群小导君于迷，而召外侮。其以绍述为名，奉安石为宗主，绘形馆阁、配食孔庙者，皆假之以弹压众正，售其佞幸之私而已矣。夫安石之修申、商④之术，以渔猎天下者，固期以利国而居功，非怀私而陷主于淫惑，此其不可诬者也。安石之志，岂京之志？京之政，抑岂安石之政哉？故当靖康之初，欲靖内以御外，追其祸本，则蔡京、王黼⑤、童贯、朱勔⑥乱于朝，开衅于边，允当之矣。李邦彦⑦、白时中⑧、李棁⑨、唐恪⑩之流，尸位政府，主张割地，罢入卫之兵，撤大河之防者，皆京、贯辈同气相求、因缘以进者也。出身狭邪，共习嬉淫，志苶气枯，抱头畏影，而薪以苟安，岂复知有安石之所云云者？师京、贯之术，以处凶危，技尽于请和，以恣旦夕之佚乐而已。京、贯等虽渐伏其罪，而所汇引之宵人，方兴未殄。则当日所用为国除奸者，唯昌言京、贯之为祸本，以斥其党类，则国本正，而可进群贤以决扶危定倾之大计，唯此而可以为知本矣。骨已冷，党已散，法已不行，事势已不相谋之安石，其为得为失，徐俟之安平之后而追正之，未为晚也。舍当前腹心之蛊，究已往萌蘗之生，龟山⑪、崔鷃⑫等从而和之，有似幸国之危以快其不平之积者。而政本之地，丛立者皆疲苶淫荡之纤人，顾弗问也。则彼且可挟安石以自旌曰："吾固临川氏⑬之徒也。弹射我者，元祐⑭之苗裔，求伸其屈者，非有忧国之忧者也。"荧主听，结朋党，固宠利，坏国事，恶能复禁哉？

注释：

①王安石：北宋中后期文臣，详见前文注释。

②蔡京：北宋末奸臣，详见前文注释。

③童贯：北宋末奸臣，详见前文注释。

④申、商：即战国时期法家代表人物申不害、商鞅。申不害（约前385—前337），史称申子。郑国京（今河南荥阳）人，精于刑名之学，提倡治政重术。相韩十余年，使韩国致治，诸侯不敢侵韩。主张法治，尤着重法术，主张君主应经常监督臣下，考核其是否称职，不许越职办事，根据考核情况对臣子进行奖惩升迁。被后世尊

为法家之祖。商鞅(约前390—前338),卫国国君的后裔,故称卫鞅,因是公孙氏,又称公孙鞅,后封于商,后人称之商鞅。公元前361年,应秦孝公求贤令入秦,说服秦孝公变法图强。先后实行两次变法,执政十九年,使秦国迅速强大起来,是战国时期各国中最彻底的改革。孝公死后,被贵族诬害,车裂而死。但秦国继续实行其新法,为后来秦灭六国奠定了坚实基础。

⑤王黼:北宋末奸臣,详见前文注释。

⑥朱勔:北宋末奸臣,详见前文注释。

⑦李邦彦:北宋末奸臣,详见前文注释。

⑧白时中(? —1127):寿州寿春(今安徽寿县)人,字蒙亨。第进士。哲宗时,为同州州学教授,累迁吏部侍郎,坐事出知郓州。徽宗时,任尚书右丞、中书侍郎、太宰兼门下侍郎等职。时北方金兵威胁日急,他恬不为虑。钦宗即位,李纲推荐他守卫京师,他怒辞,被罢为观文殿学士、中太一宫使,寻被劾屏懦不才,落职。

⑨李棁:宋徽宗时,任吏部尚书。宋钦宗即位,被任为同知枢密院事,因主和,被命出使金营。李纲反对以他为使,认为他怯懦,恐误国事,但不被采纳。至金营,与金人议割太原、中山、河间三镇。还后为尚书右丞,寻罢为鸿庆宫使。金将兀术攻建康府,李棁以户部尚书率官迎降。后金人焚建康府,执李棁等北撤。在当时即被斥为"社稷之贼"。

⑩唐恪(? —1127):杭州钱塘(今浙江杭州)人,字钦叟。宋哲宗时以荫登第,历任提举河东常平、江东转运判官。徽宗时,迁右司员外郎、起居舍人。迎辽使还,言河北边备废弛,应及时整治,为河北都转运使。知沧州,黄河决口,治水有功,又奏请暂免保甲、保马,以宽灾民。拜户部侍郎,治京师水,再有功。迁户部尚书,言应奉之害,忤王黼,罢知滁州。钦宗即位,为少宰兼中书侍郎,主张与金议和,同意割让三镇,阻止诸道勤王之师,被劾罢相。汴京失陷,金人立张邦昌为帝,被逼署名推戴,悔恨服毒死。

⑪龟山:即杨时(1053—1135),南剑州将乐(今属福建)人,字中立,学者称龟山先生。宋神宗时进士,调官不赴,先后从程颢、程颐学,世传有"程门立雪"佳话。年四十后始出仕,历知浏阳、余杭、萧山县及荆州教授。钦宗时,除右谏议大夫兼侍讲,又兼国子祭酒,力排和议,指斥蔡京蠹国害民,力辟王安石学术。高宗即位,除工部侍郎兼侍读,后以龙图阁直学士致仕。专事著书讲学,与游酢、吕大临、谢良佐号为程门"四先生",又与罗从彦、李侗被称为"南剑三先生",被东南学者推为程氏正宗。

⑫崔鶠(1058—1126):雍丘(今河南杞县)人,父时徙居颍昌,遂为阳翟(今河南禹县)人。字德符,号婆娑。宋哲宗时进士,调凤州司户参军,筠州推官。徽宗初

立,为相州教授。后因上书颂扬司马光,指斥新党章惇,被蔡京免官。此后曾任绩溪县令、通判宁化军、殿中侍御史等。钦宗即位,极论蔡京之奸,为时议所重。能文工诗。

⑬临川氏:即王安石,抚州临川(今江西抚州)人,世称临川先生,详见前文注释。

⑭元祐:北宋哲宗第一个年号,共八年(1086—1093)。

译文:

北宋的靖康亡国之祸,其本源实际上是王安石变法引进小人。蔡京来到朝廷,是他自己通过童贯,凭借着书画等徽宗赏玩嗜好的物品,投其所好,因而登上宰相位置,引进一批小人,以安逸享乐引诱、迷惑徽宗,最终召来外族的欺凌侵犯。他以"绍述"的名义,尊奉王安石为领袖,将王安石画像于馆阁之上、配享于孔庙之中,但其实都是假托于此,以便压制那些正直的大臣,兜售他以谄媚而求得徽宗宠幸的私心。王安石遵循申不害、商鞅的治国方法,掠夺百姓,本来是期望使国家获利,自己也可以占些功劳,并不是怀有私心,想使皇帝荒淫昏庸,这一点是不能诬蔑的。显然,王安石的志向,哪里是蔡京的志向呢?蔡京的所作所为,又哪里是王安石的政策呢?因此,在钦宗靖康初期,要想安定内部、抵御外敌,追究祸害的本源,就应当由蔡京、王黼、童贯、朱勔等人扰乱朝廷、在边疆惹事生非来承担。李邦彦、白时中、李梲、唐恪等人,只顾做官而不管国家政事,竟主张割让土地,撤走前来保卫京城的军队,撤掉黄河一带的防务。这些人,都与蔡京、童贯等臭味相投,因投机而得官。他们出入妓院,荒淫享乐,胸无大志,胆小怕事,只求苟且偷安,哪里还想着王安石的所言所行呢?只是仿效蔡京、童贯的做法,在危急险恶的情况下,一味地请求与敌人讲和,以便纵情享乐于旦夕之间罢了。蔡京、童贯等人虽一个一个地认罪服法,但他们所聚集、引进的小人,却还在兴盛而没有被消灭。因此,当时为国家铲除奸臣的办法,只有公开指出蔡京、童贯为祸患本源,贬逐其党羽,才能使立国的根本得以稳固,才可以引进大批贤才,决定出挽救危亡的重大谋划。只有如此行事,才可以说是抓住了根本。王安石尸骨已冷,党派已经离散,新法已经不再施行,目前的事态发展也与他没什么关系,他的得失功罪,可以慢慢地等局势安定下来以后再做追究,并不算晚。把当前的心腹大患放在一边不管,却追究过去发生的邪恶行为,杨时、崔鹏等人又跟着附和,真好像是对国家的危急幸灾乐祸,以发泄其内心积蓄的愤慨和不满。而对朝廷上站立的那些办事拖拉无能、极度放荡的小人,却反而不加审讯,以致他们还可以假借王安石而自我表彰说:"我们本是王安石的继承者,指摘我们的都是元祐旧党的后人,他们吵吵闹闹,只是想要表白自己的委屈,并没有为国家分担忧患的忠诚。"从而混淆君主的视听,拉帮结派,树立党羽,巩固其恩宠利禄,败坏国家大事,这又怎么能禁止得住呢?

杨国忠受戮于马嵬①,而唐再造,无庸究李林甫②之奸也。辨学术,正人心,善风俗,定纲纪,前不能伸于建中靖国③之初,而事已大败,乃泄其久蕴之忿怒,所本者,非本矣。辽绝而不相及,泮涣而不相济,何为者邪?迨及建炎④之后,安石之说不待攻击而自销亡,亦足以知安石之不足攻,而非靖康之急务矣。竭忠尽力,直纠京、贯之党,斥其和议之非,以争存亡于庙算,言不溢而事不分,此之谓知本。

注释:

①杨国忠:唐代中期文臣,详见前文注释。
②李林甫:唐代中期文臣,详见前文注释。
③建中靖国:宋徽宗第一个年号,仅一年(1101)。
④建炎:南宋高宗第一个年号,共四年(1127—1130)。

译文:

将杨国忠杀死于马嵬驿,唐朝就得以再度兴起,不必再往前追究李林甫的奸恶。辨明学术,端正人心,改善风俗,制定法度,这些事情没能在宋徽宗建中靖国初期做好,等到国事已经极度败坏的时候,竟然还要来做这些事情,以发泄长期积压在心里的愤怒,其实他们所认定的本源,已经不是问题的根本了。这些事情,遥远而与目前不相连接,分散而不能救助现实的危急,做它干什么呢?等到宋高宗建炎年间以后,王安石的理论不等攻击就自动消亡了,这也足以说明王安石是不值得攻击的,攻击他并不是靖康时期的紧要事情。忠心为国的,就应该竭尽全力,直接检举蔡京、童

中华经典史评
宋论

贯的党派，斥责他们与敌人讲和的错误，制定好克敌谋略，争取生存，言论不多，事情也不分散，这才可以说是抓住了问题的根本。

"拗相公"与"司马牛"

司马光从王安石言行中概括出三句话，即"天命不足畏"、"祖宗不足法"、"流俗不足恤"，用以诋毁和攻击王安石变法。但这"三不足"却极其恰切地说明了王安石的个性与为人。因此，这三句话，正是王安石变法的精神支柱。不过，王安石也因此被司马光指为"执拗不晓事"，更被明朝小说讥贬为"拗相公"。实际上，司马光在废除新法时，更是顽固颟顸得听不进半点忠告，以致被同一阵营内部的苏轼怒斥为"司马牛"。只因宋徽宗及其佞幸者们是打着王安石新法的名义为非作歹、祸国殃民而使北宋最终灭亡的，因而南宋建立后，宋高宗为维护自己的赵姓统治，为乃父推卸亡国罪责，将王安石定为北宋亡国元凶。从此，这一论调成为此后八百年间的官方定论。而政治才能低劣蹩脚的司马光，也因与王安石对立，获得了美名。

花石纲遗物

卷十　高宗①

论南宋初期政局

　　本篇为《宋论》卷十《高宗》第二条。金朝初年称雄于东亚,主要是仰仗一支善于野战的精悍骑兵。他们长于弓矢,惯披重甲,并特别具有坚韧性,能够败不至乱,重整队形,连续作战数十回合至百余合。在灭辽战争中,他们又学会了制作和使用火炮等火药兵器,能举行猛烈的攻城战,故而能深入中原腹地。面对这样一支相当完善的女真骑兵,以步兵为主、本来战斗力就不强的宋军,起初不是一触即溃,就是不战而溃,根本没有能力进行野战。南宋初立,宗泽主持前沿军事,给予兵威最盛时期的金军以重挫,但他的逝世,又很快使抗金战局发生逆转。宋高宗建炎三、四年间(1129—1130),金军渡江作战,但这既是其军事胜利的顶峰,也是其衰落的开始。韩世忠、岳飞先后重创和击败金军,将其全部逐出江南。随后,宋军又多次大败金军,造成了宋军越战越强、金军越战越弱的大好局面。然而,宋高宗只是一个奢侈享乐的风流皇帝,他在登基之始,就已经确定了苟且偷安、屈辱投降的对金政策。在他的昏暗政治下,南宋终于走向蹙地数千里,从黄河退到大江以南的悲惨局面。王夫之本文,就是对南宋初期政治形势的分析评论,但他对宋高宗的认识并不全面,对其评价也不免过分拔高。

高宗之畏女直也,窜身而不耻,屈膝而无惭,直不可谓有生人之气矣。乃考其言动,察其志趣,固非周赧②、晋惠③之比也。何以如是其馁也?李纲④之言,非不知信也;宗泽⑤之忠,非不知任也;韩世忠⑥、岳飞⑦之功,非不知赏也;吴敏⑧、李梲⑨、耿南仲⑩、李邦彦⑪主和以误钦宗之罪,非不知贬也。而忘亲释怨,包羞丧节,乃至陈东⑫、欧阳澈⑬拂众怒而骈诛于市,视李纲如仇仇,以释女直之恨。是岂汪⑭、黄⑮二竖子之能取必于高宗哉?且高宗亦终见其奸而斥之矣。抑主张屈辱者,非但汪、黄也。张浚⑯、赵鼎⑰力主战者,而首施两端,前却无定,抑不敢昌言和议之非。则自李纲、宗泽而外,能不以避寇求和为必不可者,一二冗散敢言之士而止。以时势度之,于斯时也,诚有旦夕不保之势,迟回意畏,固有不足深责者焉。苟非汉光武⑱之识量,足以屡败而不挠,则外竞者中必柅,况其不足以竞者乎?高宗为质于虏廷,熏灼于剽悍凶疾之气,俯身自顾,固非其敌。已而追帝者,滨海而至明州⑲,追隆祐太后⑳者,薄岭而至皂口㉑,去之不速,则相胥为俘而已。君不自保,臣不能保其君,震慑无聊,中人之恒也。亢言者恶足以振之哉?

注释:

①高宗:即南宋第一位皇帝赵构(1107—1187),徽宗第九子,在位三十六年(1127—1162)。详见前文注释。

②周赧:即周朝最后的国君赧王(?—前256),名延(一作诞),慎靓王子。公元前314—前256年在位。公元前770年,周平王迁都洛邑,到战国时,周王室只残存有洛阳附近的一小块地方。公元前367年,周贵族发生权力之争,分裂为东周和西周两个小国。二国间各自独立,且经常互相攻打。周赧王名为天子,实寄居西周,居于河南(今河南洛阳市)。财政拮据,以致负债于民而无以还债,乃上台躲避,周人名其台曰逃债台。前256年,秦灭西周,赧王也于当年死去,周亡。据说"赧"非谥,而是"赧然惭愧"之意。

③晋惠:即西晋惠帝司马衷(259—306),中国历史上典型的昏庸无能的皇帝。河内温县(今河南温县西)人,字正度。性痴呆,即位初由太傅杨骏辅政。皇后贾氏杀杨骏,专政淫虐,帝不能制。赵王司马伦杀贾后,自为相国,引起诸王相争,遂成八王之乱。司马伦篡夺帝位,以之为太上皇,囚于金墉城。后由诸王辗转挟持,形同傀儡,受尽凌辱。后东海王司马越将其迎归洛阳毒死。

④李纲(1083—1140):邵武(今属福建)人,字伯纪。宋徽宗时进士,曾任监察御史兼权殿中侍御史、起居郎、太常少卿等职。钦宗即位,除兵部侍郎,力主抗金,反对迁都。以尚书右丞为亲征行营使,积极备战,迫使金军撤退。但不久即被投降派所排斥。高宗即位,拜尚书右仆射兼中书侍郎,力图革新内政,但仅七十五天即遭罢免。此后历官湖广宣抚使兼知潭州、除江西安抚制置大使兼知洪州等职,多次上疏,陈抗金大计,均未被采纳。后抑郁而死。能诗文,写有不少爱国篇章。亦能词,其咏史之作,形象鲜明生动,风格沉雄劲健。

⑤宗泽:南宋初期文臣,详见前文注释。

⑥韩世忠:南宋初期武将,详见前文注释。

⑦岳飞:南宋初期武将,详见前文注释。

⑧吴敏:真州(今江苏仪征)人。字元中,一作元忠。宋徽宗时官给事中。钦宗即位,迁知枢密院事,拜少宰。因主合议,罢为观文殿学士、醴泉观使。又因庇护蔡京父子,再贬崇信军节度副使,涪州安置。高宗绍兴元年(1141),为广西、湖南宣抚使。

⑨李棁:南宋初期文臣,后叛降金朝,详见前文注释。

⑩耿南仲(?—1129):开封(今属河南)人,字晞道。宋神宗时进士,历提举两浙、河北西路常平,提点广南东路、夔州路刑狱,荆湖、江西路转运使。入为户部员外郎,辟雍司业,坐事出知衢州。徽宗时,为太子右庶子,改定王、嘉王侍读,俄试太子詹事,在东宫十年。钦宗即位,拜资政殿大学士、签书枢密院事,升尚书左丞、门下侍郎。力主割地求和,每与李纲等异议,故战守之备皆罢。出使河东,与金议割地。高宗即位,被贬出朝廷。

⑪李邦彦:北宋末奸臣,详见前文注释。

⑫陈东(1086—1127):润州丹阳(今属江苏)人,字少阳。宋徽宗时入太学。钦宗即位,率太学生伏阙上书,请诛蔡京、王黼等六贼,以谢天下。靖康元年(1126),金军围开封,又屡次上书。时李纲罢相,宰相李邦彦力主割地求和,复率太学生上书,请罢李邦彦,复用李纲和抗战派将领种师道,军民从者数万。高宗即位后,被召往南京应天府(今河南商丘),适李纲复罢,又上书力言李纲不可罢,黄潜善、汪伯彦不可用,请亲征迎还二帝。会布衣欧阳澈亦上书言事,高宗遂将二人同斩于应天府。

⑬欧阳澈(1091—1127):抚州崇仁(今属江西)人,字德明。善谈世事,慷慨尚气,忧国悯时。钦宗即位,三次上书,提出改革政治和抵抗金人的建议,未被采纳。高宗即位,徒步赴行在,伏阙上书,指斥黄潜善、汪伯彦主和误国,并批评宫室宴乐之事,遂被杀。

⑭汪：即汪伯彦(1069—1141)，徽州祁门(今属安徽)人，字廷俊，号新安居士。宋徽宗时进士。宋钦宗时，曾献河北边防十策，以直龙图阁知相州。康王赵构使金至磁州，他以兵迎其还相州，因受知遇。不久，赵构开大元帅府，被任为副元帅。赵构即皇帝位，擢知枢密院事，迁右仆射兼中书侍郎。与黄潜善同居相位，专权自恣，力主高宗南迁，不做战守之计。扬州被金军攻陷后被劾，落职居永州。后起知池州，江东安抚大使，拜检校少傅、保信军节度使。

⑮黄：即黄潜善(？—1130)，邵武(今属福建)人，字茂和。第进士。宋徽宗时为左司郎，后以徽猷阁待制知河间府。钦宗初，康王赵构开大元帅府，为副元帅。赵构即皇帝位，任中书侍郎，逐李纲、张所，谮杀上书言事的太学生陈东和欧洲澈。后与汪伯彦同居相位，隐匿军情不报，凡疏劾者均获罪贬黜。因循误国，人人切齿。扬州被金军攻陷后，被劾罢为观文殿大学士、知江宁府。不久落职居衡州，后责置英州。

⑯张浚：南宋初期文臣，详见前文注释。

⑰赵鼎：南宋初期文臣，详见前文注释。

⑱汉光武：即东汉光武帝刘秀(公元前6—57)，南阳蔡阳(今湖北枣阳西南)人，字文叔，汉高祖刘邦九世孙。王莽统治时期，赤眉、绿林起义相继爆发，他与兄乘机起事，经过几年征战，于建武元年(25)六月称帝，重建汉政权，史称东汉，逐渐统一全国。在位期间，整顿吏治，加强监察制度，裁并县级地方行政机构，减省吏职，加强专制主义中央集权。恢复经济，减轻田租。多次下诏释放奴婢，或提高奴婢的法律地位，使大量奴婢免为庶人，使流民返回农村，促进生产。宣布图谶于天下，企图以儒家学说与谶纬神学作为思想武器，加强对人民的思想统治。

⑲明州：今浙江宁波市。明太祖朱元璋建立明朝后，取缔名教，将明州改称宁波。

⑳隆祐太后(1073—1131)：即宋哲宗孟皇后，洺州(治今河北永年东南)人。哲宗元祐七年(1092)聘为皇后。四年后因掖庭秘狱，被废。哲宗死后，向太后听政，她奉诏还内，号元祐皇后。徽宗时又废。靖康之变，以废得免被金俘虏北去。靖康二年(1127)，伪楚张邦昌复尊为元祐太后，迎入禁中，垂帘听政。手书告中外，使康王赵构即帝位。后被高宗赵构

隆祐太后

尊为元祐太后,寻改称隆祐太后。建炎三年(1129),在苗刘之变中垂帘听政。事平,正皇太后尊号。

㉑皂口:今江西万安县西南。

译文:

　　宋高宗惧怕女真的程度,逃匿也不感到耻辱,下跪也不感到惭愧,简直没有了活人的气息。但考察他的言行举止和志向情趣,却也并非周赧王、晋惠帝可以相比。为什么会如此害怕呢?李纲的话,他不是不知道相信;宗泽的忠心,他不是不知道信任;韩世忠、岳飞的战功,他不是不知道赏赐;吴敏、李梲、耿南仲、李邦彦等人主张求和而使钦宗被俘亡国的罪过,他不是不知道贬责。但他却忘记了被女真俘虏的亲属,把对女真的怨恨弃置一旁,甘愿承受耻辱,丧失气节,甚至陈东、欧阳澈因率领太学生伏阙上书而都被他杀掉,并把李纲看作是仇人一般,以消除女真的怨恨。难道这是因为汪伯彦、黄潜善这两个小人的能力被高宗看中了吗?但高宗最终也认识到他们的奸邪而罢斥了他们。而且主张对敌屈服逃跑的,也不只是汪、黄两人。张浚、赵鼎是极力主张与敌抗战的人物,但动摇不定,犹豫不决,也不敢公开指责与敌讲和的错误。可见,除李纲、宗泽以外,只有一两个闲散敢说话的人,能够认识到逃避敌人、与敌讲和是行不通的。从当时的形势考虑,确实存在着可能很快就保不住国家的局面,因而犹豫恐惧并不值得严厉苛责。如果没有东汉光武帝的见识与度量,虽多次战败但决不屈服,那么即使外表坚强的人,内心也一定会空虚,更何况根本就不是外表坚强的人呢?高宗在女真人手里做人质时,亲身感受到他们强悍勇猛、凶暴异常的气势,低头思量,自己根本不是他们的对手。后来他们追击高宗时,一直从海边追到明州,追击隆祐太后时,一直从山岭追到皂口,如果逃得不快的话,就都要被他们俘虏了。皇帝不能保护自己,大臣们不能保护他们的皇帝,恐惧害怕而毫无办法,平常人都是这样。那些说大话的人又怎么能使这些人振作起来呢?

　　靖康之祸,与永嘉①等,而势则殊矣。怀、愍②虽俘,晋元③犹足以自立者:以外言之,晋惠之末,五胡④争起,乱虽已极,而争起者非一,则互相禁制,而灭晋之情不果。女直则势统于一,唯其志之欲为而无所顾也。以内言之,江南之势,荆⑤、湘⑥为其上游,襄⑦、汉⑧为其右臂。晋则刘弘⑨夙受方州之任,财赋兵戎听其节制,而无所掣曳;顾、陆、周、贺⑩诸大族,自孙氏⑪以来,世系三吴⑫之望,一归琅玡⑬,而众志交孚,王氏⑭合族拥众偕来以相扶掖。宋则虽有广土,而无绥辑之人,数转运使⑮在官如寄,优游偃息,民不与亲,而无一兵之可集、一粟之可支。高宗盱衡四顾,一二议论之臣,相与周旋之外,奚恃而可谋一夕之安?琐琐一苗⑯、刘⑰之怀忿,遽夺其位而幽之萧寺⑱,刘光世⑲、韩世忠翱翔江上,亦落拓而不效头目之捍。自非命世之英,则孑然孤处,虽怀悲愤,抑且谁为续命之丝⑳?假使晋元处此,其能临江踞坐,弗忧系组之在目前哉?故高宗飘摇而无壮志,诸臣高论而无特操,所必然矣。

注释:

①永嘉:西晋怀帝年号,这里代指永嘉之乱。晋初实行分封诸王制度,终致晋惠帝时爆发八王之乱。惠帝死后,怀帝即位,改元永嘉。匈奴贵族刘渊遣石勒等大举南侵,屡破晋军,势力日益强大。刘渊死后,子刘聪即皇帝位,遣石勒、刘曜等率军攻晋,于永嘉五年(311)攻入京师洛阳,俘获怀帝,纵兵烧掠,杀王公士民三万余人。史称"永嘉之乱"。很快,怀帝被杀,其侄愍帝被拥立于长安。但这时皇室、世族已纷纷迁至江南,西晋王朝名存实亡。后匈奴攻入长安,俘虏愍帝,西晋灭亡。

②愍:指西晋愍帝司马邺(300—317),晋武帝孙。河内温县(今河南温县西)人。永嘉五年(311),匈奴族刘曜攻陷洛阳,怀帝被俘,他被拥立为皇太子。次年,怀帝被杀,他即位于长安,年号建兴。四年(316),刘曜攻长安,愍帝出降,西晋亡。五年(317),被杀。

③晋元:即东晋建立者司马睿(276—322),河内温县(今河南温县西)人。字景文,司马懿曾孙。15岁嗣琅玡王位。即位前曾为平东将军、监徐州诸军事,安东将军、都督扬州诸军事。西晋灭亡后,他即晋王位,改元建武,继而即皇帝位,改元太兴,史称东晋。政治由王导主持,军事则依靠王敦,时人谓之"王与马,共天下"。引用刘隗、刁协、戴渊等为心腹,企图排斥王氏权势。王敦以诛刘隗为名,起兵叛乱。王导为保全王氏家族利益,暗助王敦。王敦攻入建康,杀戴渊等,刘隗投奔石勒,他忧愤而死。

④五胡：南北朝时期，伴随着晋朝的衰落与南迁，原居中国北方的少数民族纷纷南下，在长江以北地区，先后建立了十六个政权。由于这些政权主要是由匈奴、鲜卑、羯、氐、羌五个少数民族所建，史称"五胡十六国"。五胡即是指这五个少数民族。

⑤荆：宋之荆南府，今湖北江陵。

⑥湘：即湘江，长江中游南岸重要支流，又称湘水。

⑦襄：宋之襄阳府，今湖北襄樊市襄阳区。

⑧汉：即汉水，又名汉江，长江第一大支流，流经今陕西、湖北二省，在武汉市汇入长江，是陕西省南部和湖北省的主要水运干线。

⑨刘弘(236—306)：西晋沛国相(今河南内黄东南)人，字和季。少与晋武帝同学。起家太子门大夫，转太宰长史，为宁朔将军、假节、监幽州诸军事，领乌丸校尉。封宣城公。累迁荆州刺史、都督。在州劝农耕，薄赋敛，任人才，有惠政。进拜侍中，官至车骑将军。

⑩顾、陆、周、贺：指三国以来，江东吴郡顾氏、陆氏、吴兴周氏、会稽贺氏等四个世家大族。

⑪孙氏：指三国时期的吴国。222年，孙权称王，229年称帝，定都建业，吴国建立。因皇室姓孙，历史上也称"孙吴"。

⑫三吴：地名，有三种说法：一说以吴兴、吴郡、会稽为三吴；一说以吴郡、吴兴、丹阳为三吴；一说以苏州、润州、湖州为三吴。

⑬琅玡：指以东晋王导为首的琅玡王氏家族。

⑭王氏：指王导(276—339)，东晋琅玡临沂(今山东临沂)人，字茂弘。琅玡王氏，从东晋王祥以来，一直是名门望族。王祥族孙王衍累官至司空、司徒、太尉，是朝中执政的实权人物。王导是王衍的族弟。王导的祖父王览，官光禄大夫；父亲王裁，任镇军司马。王导少时有识量，及长，拜为东阁祭酒，迁秘书郎、太子舍人。素与琅玡王司马睿友善。司马睿为安东将军，出镇建邺(后改建康，今南京)，他相随南渡，任安东司马。西晋灭亡，联合南北士族，拥立司马睿为帝，建立东晋政权。任宰相，号为"仲父"。总揽元帝、明帝、成帝三朝国政，从兄王敦都督江、扬六州军事，拥兵重镇，群从弟子布列显要，有"王与马，共天下"之说。

⑮转运使：官职名称。宋初设随军转运使、水陆计度转运使，供办军需。宋太宗以后，转运使渐渐成为各路长官，经管一路全部或部分财赋，监察各州官吏，并把官吏违法、民生疾苦情况上报朝廷。

⑯苗：指苗傅(？—1129)，潞州上党(今山西长治)人。宋高宗初，任御营统制，护卫隆祐太后至杭州。建炎三年(1129)，护卫高宗南逃杭州，因不满都统制王渊骤为高宗

宠用，又恨宦官恣横，与刘正彦发动兵变，杀王渊及宦官康履等，挟持高宗及隆祐太后，逼高宗逊位于三岁的幼子，改元明受，由隆祐太后垂帘听政。张浚、吕颐浩、韩世忠、张俊、刘光世等起兵勤王，遂与刘正彦引兵出城。韩世忠擒刘正彦后，他弃军变姓名匿于建阳，被土豪詹标执送韩世忠，不久与刘正彦同磔于建康。

⑰刘：指刘正彦(？—1129)，初任阁门祇侯等职。宋高宗建炎二年(1128)，由其父部属王渊推荐，任武德大夫、知濠州。寻任御营右军副都统制，王渊分与所部精兵三千。后护卫皇子、六宫至杭州。三年，王渊任签书枢密院事，索还所与精兵，他怨功大赏薄，又恨宦官恣横，且不满王渊索还精兵，遂与苗傅发动兵变，杀王渊及宦官康履等，任御营副都统制、淮西制置副使。张浚、韩世忠等勤王兵临城下，与苗傅引兵逃出杭州，至浦城为韩世忠所俘。不久，苗傅亦被捕，同磔于建康。

⑱遽夺其位而幽之萧寺：萧寺，寺院之异称。南朝梁武帝萧衍笃信佛教，多造立寺院，而以姓为题，故后世称寺院为萧寺。"苗刘之变"中，宋高宗被逼逊位，当太上皇，移居显忠寺，改名睿圣宫，身边只留宫女六十四人和内侍十五人。

⑲刘光世：南宋初期武将，详见前文注释。

⑳续命之丝：旧时民俗，在端午节用彩丝系臂，说是可以避灾延寿，故名续命丝，也称续命缕。

译文：

　　北宋靖康亡国之祸，和西晋永嘉之乱相同，但势态却不一样。西晋怀帝、愍帝虽被匈奴俘虏，但东晋元帝还有完全可以自我存在的条件：从外部说，西晋惠帝末年，匈奴、鲜卑、羯、氐、羌五个少数民族争相兴起，混乱程度虽然已经达到极点，但争相兴起者并非只有一个，因此它们之间又彼此互相牵制，想要灭亡晋朝的情况就不能实现了。但女真的社会形势却是统一的，只要心里想做就可以去做，不必顾及其他。从内部说，长江以南的地理形势，荆南、湘江是长江上游，襄阳、汉水是其右臂。西晋时，刘弘就接受了荆州刺史的委任，财政、军队都听从他一人的指挥调度，没有人在旁边牵制他；顾、陆、周、贺等世家大族，自孙氏建立吴国以来，世世代代领导着三吴地区的声望，等到他们归服于琅玡王导，三吴地区的人民也全都信服，王导率领全家族的人都来到这里，和他们互相扶助。南宋虽有广大领土，但却没有可以安抚地方的大臣，多数转运使居官任职就如同寄居一般，悠闲安卧，不与百姓相亲近，没有兵员可以调集，没有粮食可以支配。高宗观察周围，除一两个只会评论是非的大臣在和他应酬外，还能靠谁可以谋得一天的安全呢？一个小小的苗傅、刘正彦因心怀愤怒而发动兵变，就夺了他的皇帝之位，逼他传位给太子，并把他囚禁在显忠寺里。刘光世、韩世忠的军队虽可在长江上畅行无阻，但也是放浪不羁而没有尽到作为将领应该承担的保卫职责。在这种情况下，如果不是名震一世的英才，一个人孤单单的，即使心里悲痛愤怒，又能指望谁来帮助呢？就算是让晋元帝来处在这样的环境下，他能面对长江而坐，不担心被俘的危机就在眼前吗？因此宋高宗到处逃跑而没有宏大的志愿，大臣们只是空论而没有独特的操守，也就都是必然的了。

于是而知国之一败而不可支者，唯其孤也。有萧何①在关中②，而汉高③泗水④之败，得有所归。有寇恂⑤在河内⑥，而邓禹⑦长安⑧之败，散而复合。崛起者且如是矣。若夫唐室屡覆，而朔方⑨有可藉之元戎，江、淮有可通之财赋，储之裕而任之人者勿猜，非一朝一夕之积矣。宋则奄有九土⑩，北控狁夷，西御叛寇，而州无绥抚之臣，郡无持衡之长，军卫为罪人之梏，租庸归内帑之藏。吏其土者，浮游以需，秩满而飏去。一旦故国倾颓，窜身无所，零丁江介，俯海滏以容身。陈东、欧阳澈慷慨而谈，其能保九子仅存之一线⑪，不随二帝⑫以囚死于燕山⑬乎？《传》⑭曰："周之东迁，晋、郑焉依。"言其必有依也。《诗》⑮曰："池之竭矣，不云自频。"外已久枯，而中存之勺水一涸而无余也。宋自置通判⑯于诸州，以夺州镇之权，大臣出而典郡者，非以逸老，则为左迁。富庶之江南，无人也；岩险之巴、蜀⑰，无人也；扼要之荆、襄，无人也；枢要之淮、徐⑱，无人也。峨冠长佩，容与于天下，贤者建宫墙⑲以论道，其次饰亭榭以冶游，其下攘民财以自润。天子且安之，曰："是虽不肖，亦不至攘臂相仍，而希干吾神器者也。"则求如晋元以庸懦之才，延宗社而免江、淮之民于左衽⑳，不亦难乎？故以走为安，以求和为幸，亦未可遽责高宗于一旦也。

注释：

①萧何(？—前193)：西汉初期政治家。沛(今属江苏沛县)人。早年任秦沛县狱吏，后辅佐刘邦起义。攻克咸阳后，诸将皆争夺金银财宝，他却接收了秦丞相、御史府所藏的律令、图书，掌握了全国的山川险要、郡县户口，对日后制定政策和取

得楚汉战争胜利起了重要作用。项羽分封诸王,他劝说刘邦接受分封,立足汉中。刘邦为汉王后,他被任为丞相,极力推荐韩信为大将军。楚汉战争时,留守关中,侍太子,为法令约束,使关中成为汉军的巩固后方。汉朝建立后,以功封为酂侯,位次第一,食邑八千户。采撷秦律,重新制定律令制度,作为《九章律》。主张无为,喜好黄老之术。协助高祖消灭韩信、英布等异姓诸侯王,被拜为相国。高祖死后,又辅佐惠帝。

②关中:相当于今天的陕西省。一说东自函谷关,西至陇关,二关之间谓之关中。

③汉高:即汉高祖,详见前文注释。

④泗水:即泗河,发源于今山东泗水县陪尾山,因其四源合为一水,故名。楚汉战争中,刘邦在此被项羽击败,士卒被杀十余万人。

⑤寇恂(?—36):东汉上谷昌平(今北京昌平东南)人,字子翼。初为郡功曹,后归刘秀,拜偏将军。任河内太守,行大将军事,坚守转运,给足军粮。历颍川、汝南太守,修乡校,教生徒。后迁执金吾。从征颍川、陇西等地。经明行修,名重朝廷,人称长者。封雍奴侯。

⑥河内:郡名,汉高祖时设置,相当于今河南省黄河南北两岸地区。

⑦邓禹(2—58):东汉南阳新野(今属河南)人,字仲华。少游学长安,与刘秀亲善。后从刘秀镇压铜马起义军。劝刘秀以河北为基地,收民心,待机取天下,得信任。刘秀称帝后,拜大司徒,封酂侯。渡河入关,多方招降,所部号百万。后屡为赤眉军所败,被免大司徒。复拜右将军,封高密侯,行司徒事。明帝时拜太傅。

⑧长安:今陕西西安。

⑨朔方:指朔方郡,汉武帝元朔二年(前127)设置,在今内蒙古自治区境内。

⑩九土:即九州,古代中国设置的九个州,具体名称有不同说法,详见前文注释。这里泛指中国。

⑪九子仅存之一线:宋高宗赵构为徽宗第九子,称帝前被封康王。钦宗靖康元年(1126)十一月,在钦宗督促下,赵构被迫第二次前往金军大营求和。但赵构在明知金军行踪的情况下,却采取了与使命相悖的路线,并不奉命使金。金军包围汴京以后,钦宗任命赵构为河北兵马大元帅,率所收军队救援京师。赵构接到诏书时,京师已被攻破,但他拒不驰援,却急忙向南奔逃。京师的赵氏皇族被金军一举俘获,赵构遂成为厄运下的唯一幸存者。

⑫二帝:指宋徽宗、钦宗,详见前文注释。

⑬燕山:即燕京,今北京。宋徽宗宣和四年(1122),金军打败辽军,攻占燕京。后经交涉,由宋接收燕京,改名为燕山府。

⑭《传》:即《左传》,亦称《左氏春秋》、《春秋左氏传》,《春秋》三传之一。相传为春秋

末年鲁国史官左丘明所作，但实际成书于战国初年。记述春秋时期周王室及各诸侯国的历史，内容包含政治、军事、外交、经济以及自然科学等方面，以记事为主，兼记言论，叙述详赡，文字生动简洁，是中国第一部比较完备的编年体史书。

⑮《诗》：即《诗经》，详见前文注释。

⑯通判：官名，俗称"倅"。宋太祖惩五代藩镇跋扈之弊，于乾德元年(963)，在各州设通判，州一人，大州二人，人口不及万户者不设；如果知州为武臣，虽小州亦设。通判为州副长官，有监察所有州府官员之权，凡民政、财政、户口、赋役、司法等事务文书，都须知州或知府与通判连署，方能生效。南宋仍设通判，平时是州府副长官，战时则专任钱粮之责，与知州或知府共同催收经制、总制钱缴纳户部。

⑰巴、蜀：原指巴郡和蜀郡，后代指四川地区，包括今四川省全境。

⑱淮、徐：分别指淮阳(今江苏邳县西南)、徐州(今属江苏)。

⑲宫墙：房屋的围墙。后以称师门。

⑳左衽：中国古代少数民族的服装，前襟向左，与中原地区人民的右衽不同。后因以指受外族的统治。衽，衣襟。

译文：

由此可知，国家因一次失败就再也不能支撑下去的，只是因为孤立无援的缘故。因为有萧何在关中驻守，所以汉高祖在泗水战败之后，还有地方可以回去。因为有寇恂在河内驻守，所以邓禹在长安战败后，还可以将失散的军队重新聚合到一起。创业的情况尚且都是这样。至于像唐朝那样，虽多次倾覆，但朔方仍有可以凭借的军队，江淮地区仍有可以运输的财物，这是因为储备充裕而委任之人不被猜忌的缘故，决不是短时间内就可以积累而成的。宋朝包有九州之地，北面要控制凶暴的契丹，西面要抵御反叛的西夏，但各州内没有善于安抚地方的大臣，郡内没有善于选拔人才的长官，军卫成了罪犯的桎梏，租税要交给皇宫的府库。在一方做官的人，是因为需要才暂且到那里漫游一下罢了，任期一满即迅速离去。一旦国家倾覆，无处藏身，只好孤单单地逃到江岸，潜伏在海边以安身。在这种情况下，陈东、欧阳澈谈论政事虽然慷慨激昂，但他们能保护徽宗的第九子赵构作为唯一幸存的赵氏血脉，不和徽、钦二帝一起被女真俘虏而囚禁死在燕山吗？《左传》上说："周平王东迁，以便依靠晋国、郑国。"也是讲必须有所依靠。《诗经》上说："池水的枯竭，是因为没有水从外面注入。"外面水源已经早就枯竭了，水池

中华经典史评 宋论

里面储存的那点儿水一旦干涸也就全没了。宋朝自从在各州设置通判一职，用以剥夺知州的部分权力以来，大臣出外担任州郡长官的，不是因为年老，就是因为降职。以致物产丰富而百姓众多的江南地区，没有能胜任的人来管理；地势险要的巴蜀地区，没有能胜任的人驻守；扼制要冲的荆南、襄阳，没有能胜任的人把守；中心地区的淮阳、徐州，没有能胜任的人镇守。大臣们一个个头上戴着高高的帽子，身上佩戴着长长的装饰品，整天安逸享乐，悠闲自得，其中，贤能之人还能授徒讲学，谈论治道原则，其次者则修建亭台楼阁以游玩，最差者则掠夺百姓财物以增加自己的财富。皇帝还很乐意看到这个样子，说什么："这些人虽然没有才能，但也不至于互相激励，图谋夺取我的皇位。"如此，想要找到一个像晋元帝那样平庸懦弱的人，来延续国家命运，使江淮地区百姓免于被外族统治，不也是很难的吗？于是，就都以避敌逃跑为安全，以与敌讲和为幸福，这也是不能严厉斥责当时的宋高宗的。

乃其后犹足以支者，则自张浚宣抚川、陕①而奉便宜之诏始。宋乃西望而犹有可倚之形。且掣肘之防渐疏，则任事之心咸振。张、韩、岳、刘②诸将竞起，以荡平群盗，收为部曲。宋乃于是而有兵。不絷其足者，不仆其身；不刘其枝者，不槁其本。故垂及秦桧③椓削之余，而逆亮④临江，高宗不为骇走，且下亲征之诏⑤。则使前此者，有威望之重臣镇江、淮，以待高宗之至，亦未必气沮神销之至于如斯也。

注释：

①川、陕：四川、陕西地区。

②张、韩、岳、刘：分别指张俊、韩世忠、岳飞、刘光世，详见前文注释。

③秦桧：南宋初期奸臣，详见前文注释。

④亮：指金朝海陵王完颜亮（1122—1161），字元功，本名迪古乃。金太祖庶长孙。自幼聪明好学，曾拜汉儒张用直为师。金熙宗时，历任骠骑上将军、龙虎卫上将军、尚书左丞相等职，后发动宫廷政变，杀熙宗，自立为帝。继位后，杀同谋者七十余人，多用汉人、契丹人、渤海人掌朝政。在位期间，迁都燕京，更名中都（今北京），定五京制度。废行台尚书省，改定中央官制，废元帅府，改设枢密院，由朝廷任命枢密使、副使主管军事。鼓励女真人南迁，与汉人杂处耕作，大量印钞铸钱。

但内部矛盾尖锐,又强征各族人民,大举攻宋,为宋军击败,东至瓜洲时被部将完颜元宜等刺杀。此时完颜雍乘机自立为帝,次年下诏,将其降封海陵郡王,谥号"炀"。二十年后,又将其再降为海陵庶人。

⑤高宗不为骇走,且下亲征之诏:完颜亮于1161年九月南侵宋朝,十月,负责淮西战场的宋将王权听说金军渡淮,不战而遁,渡江南逃,迫使江北刘锜部宋军也只好退到江南。宋高宗得知后,立即准备逃亡到海中避敌。在宰相陈康伯的苦谏之下,宋高宗放弃了下海避敌的逃跑政策。十一月,虞允文在采石击败金军,随后金军内讧,杀完颜亮撤军。宋高宗听说后,颁下亲征诏书。

译文:

至于此后宋朝还能支撑住国势,那是从张浚安抚四川、陕西时接受了允许见机行事的诏书开始的。宋朝政府从西部看到了还有可以倚靠的形势。而且朝廷的牵制性防范也逐渐松懈,于是勇于担当国家大事的责任心都振奋起来。张俊、韩世忠、岳飞、刘光世等将领迅猛兴起,扫荡平定了各地的盗贼,并把他们收编入自己的军队中。南宋至此才有了可以打仗的军队。不拴住脚,全身就不会倒;不砍枝条,树根就不会枯干。因此直到秦桧削弱军力之后,女真皇帝完颜亮亲自率军南侵到长江边时,高宗也没有被吓跑,而且还颁发了亲自出征御敌的诏书。可见,如果此前能有有威势声望的重要将领镇守长江、淮河一线,等待高宗的到来,也就不必失神落魄到那种地步。

首其谋者,唯恐天下之不弱;继其后者,私幸靡散之无忧。国已蹙,寇已深,而尸位之臣,争战争和,穴中相讼,无一人焉,惩诸路勤王之溃散,改覆辙以树援于外。宋本不孤,而孤之者,猜疑之家法也。以天子而争州郡之权,以全盛而成贫寡之势,以垂危而不求辅车之援,稍自树立,而秦桧又以是惑高宗矣。和议再成,依然一毕士安①之策也。岳飞诛死,韩世忠罢,继起无人,阃帅听短长于文吏,依然一赵普②之心也。于是举中原以授蒙古③,犹掇之矣。岂真天骄之不可向迩哉?有可藉之屏藩,高宗犹足嗣唐肃④之平安、史⑤;无猜忌之家法,高宗犹足似唐德⑥之任李晟⑦。故坏千万世中夏之大闲者,赵普也。以太祖⑧之明,而浸润之言,已沁入于肺腑。况后之豢养深宫,以眇躬莅四海者乎?光武⑨不师高帝⑩之诛夷,上哲能之，非可期于中材以下也。

注释：

①毕士安：北宋前期文臣，详见前文注释。

②赵普：北宋初期名相，详见前文注释。

③蒙古：指1206年由蒙古族铁木真建立的大蒙古国，在元世祖忽必烈于1271年改国号为"元"以前，均用此国号。

④唐肃：即唐肃宗，详见前文注释。

⑤安、史：即安禄山、史思明，详见前文注释。

⑥唐德：即唐德宗，详见前文注释。

⑦李晟（727—793）：唐朝名将，洮州临潭（今属甘肃）人。字良器。有才略，善骑射。十八岁投军，屡破吐蕃、党项，号"万人敌"。历官左羽林大将军、开府仪同三司、兼左金吾卫大将军、泾原等都知兵马使等职。德宗时，任神策先锋都知兵马使，讨平河北田悦、王武俊、朱滔等叛镇。朱泚叛乱，他率军赴援，与李怀光合力破敌。李怀光叛，他与部下同甘共苦，浴血奋战，收复长安，军纪严明，士庶感泣。以功任司徒兼中书令。不久，任凤翔、陇右节度使，防御吐蕃侵袭。后因盛名遭忌，被解除兵权，进中书令，奉朝请而已。素慕魏征直言，朝中议事，必极言得失。

⑧太祖：指宋太祖赵匡胤，详见前文注释。

⑨光武：即东汉光武帝刘秀，详见上文注释。

⑩高帝：即西汉高祖刘邦，详见前文注释。

译文：

　　首先做出防范猜忌武将的谋划的人，是只怕国家不衰弱；后来的继承者们，又暗自庆幸大臣们力量分散从而使自己不会有祸患。国家已经危急了，敌寇已经深入我境内了，但那些空占职位而不做事情的大臣们，还在争论是抗战还是讲和，在家里互相争辩，没有一个人吸取各地救援京师的军队之所以溃败的教训，改变做法，在京城以外地区部署救援力量。宋朝政府本来并不孤立，使它孤立的，是它自己猜忌怀疑他人的家法。堂堂天子，却要争夺州郡的权利，把极其兴盛的国家搞成了积贫积弱的形势，而到了非常危急的时刻，又不寻求民众的援助，稍微有点建树了，秦桧又来迷惑高宗。与女真的第二次讲和完成后，仍然采取北宋毕士安的策略。岳飞被杀，韩世忠被免官，后继无人，统兵在外的将帅要听从于文官的说短道长，这仍然是赵普猜忌和压制武将的心思。因此，最后蒙古占据中原地区，就犹如轻易地伸手摘取一般。难道真是蒙古不能抵抗吗？如果有可以凭借的保卫力量，高宗还是完全可以做出像唐肃宗平定安史之乱那样的事情的；如果没有猜忌武将的家法，高宗还是完全可以做出像唐德宗任用武将李晟那样的事情的。所以，败坏了千秋万代中原地区的基本行为准则的，就是赵普。以宋太祖的英明，赵普的谗言都已经渗入他的内心之中，更何况后来生长于皇宫的深宅大院之中，不谙世事而统治天下的帝王呢？东汉光武帝没有效法汉高祖诛杀武将功臣的做法，这是很正确的，但这只有特别聪明的人才能做到，是不能期望于中等才能及其以下之人的。

■知识链接　　　　　　　　　　　"泥马渡江"

宋高宗

这是南宋民间流传的一个有关开国皇帝宋高宗的传说。说是高宗在南京应天府(今河南商丘)重建宋政权后，为躲避金军进攻，将朝廷迁到扬州。后金军大举来攻，高宗突闻此讯，连夜仓惶出逃，因怕金军追及，躲藏在江边的一个神祠内。月光之下，忽然发现祠内所塑的泥马动了起来，于是急忙乘此马渡过长江，逃到杭州。这个故事，抛开其中的帝王神授的迷信色彩，基本上还是可信的。金军灭亡北宋，扶立张邦昌傀儡政权后，撤兵北返。一个月后，宋高宗称帝。金朝得知后,再次南侵,妄图趁南宋立足未稳之际,彻底消灭赵氏政权。宋高宗唯恐靖康之变的厄运重演,遂坚决拒绝了抗战派文武大臣的劝谏,将朝廷南迁到扬州。但高宗及其宠幸者们仍不思进取,在扬州的一年时间里,胡作非为,纵情享乐。建炎三年(1129)二月,金军奔袭扬州,正在后宫寻欢作乐的高宗,突然接到报告,说金军距离自己仅剩几十里地,一下子吓得丧失了生育能力,慌忙带领少数随从,骑快马直奔瓜洲渡口,渡过长江南逃杭州。此即"泥马渡江"的史实根据。五个月后,宋高宗唯一的三岁幼子在病中也因惊吓过度而死,于是,宋高宗既是南宋的开国皇帝,同时也成了南宋历史上第一位断子绝孙的"孤家寡人"。

论宋高宗削夺武将兵权

本篇为《宋论》卷十《高宗》第八条。南宋建立后，金朝对宋高宗这一赵氏遗脉穷追猛打，妄图从武力上彻底消灭宋朝，因此尽管高宗不断向金朝表示卑膝投降的真实意愿，金朝却并不理睬。高宗为保全性命和皇位，不得不提高武将的权力和地位。但这在高宗和文人出身的宰执们（既有投降派，也有抗战派）看来，只是暂时的权宜之计，害怕大将久握兵权、跋扈难制，是他们始终深藏于心的隐忧，因而他们对诸大将一直且用且疑。张浚、赵鼎任相时，就想解除大将兵权。秦桧作为金朝放回南宋的奸细，自然极力破坏抗金大业，任独相后，更是不时劝高宗解除大将兵权。到高宗绍兴十一年（1141），金军接连惨败，精锐骑兵也被岳飞击溃，灭亡南宋已根本无望，于是开始认真对待高宗的投降乞和要求。高宗当然求之不得，遂在当年四月，以调虎离山之计，将"中兴四将"中的韩世忠、张俊、岳飞三大将召到朝廷，然后突然发布命令，任命韩、张为枢密使，岳飞为枢密副使，全部留朝任职，所统军队直属皇帝，从而名为升官，实削兵权。对此，三大将并无异议，但一些文臣，如刘洪道、梁汝嘉、石公揆等，持激烈批评态度，罗璧则直斥之为"奸谋"。王夫之本文，就是对宋高宗削兵权之事进行评论。

上有不能言之隐，下有不能变之习，贤者且奉之以为道之纲，奸人遂乘之以售其忮害之术。迨乎害之已著，且莫知弊之所自，而但曰："知人其难！"故贤为奸惑，而庸主具臣勿论也。夫岂然哉？

译文：

　　君主有不能明说的隐衷，臣子养成了不愿改变现状的习惯，贤能的人还把这种情况尊奉为治道的纲领，于是奸邪之人就乘机兜售他们嫉妒、残害他人的伎俩。等到危害已经很明显了，却没有人明白弊病是怎么来的，只是说："了解一个人太难了！"因此，贤能的人也常常被奸邪之人所迷惑，平庸的君主和碌碌无为的臣子就更不用说了。但是，难道这是应该的吗？

　　尝读胡氏①《春秋传》而有憾焉。是书也，著攘夷尊周之大义，入告高宗，出传天下，以正人心而雪靖康之耻，起建炎②之衰，诚当时之龟鉴矣。顾抑思之，夷不攘，则王不可得而尊。王之尊，非唯诺趋伏之能尊；夷之攘，非一身两臂之可攘。师之武，臣之力，上所知，上所任者也。而胡氏之说经也，于公子翚③之伐郑④、公子庆父⑤之伐於余邱⑥，两发"兵权不可假人"之说。不幸而翚与庆父终于弑逆，其说伸焉。而考古验今，人君驭将之道，夫岂然哉？前之胤侯⑦之于夏，方叔⑧、召虎⑨、南仲⑩之于周；后之周亚夫⑪、赵充国⑫之于汉，郭子仪⑬、李光弼⑭之于唐；抑岂履霜弗戒，而必于今将也乎？"天下有道，征伐自天子出。"自出者，命自上行之谓也。故《易》⑮曰："在师中，王三锡命。"锡命者王，在师中者"长子"⑯。在其中，任其事，而以疑忌置之三军之外，恩不浃，威不伸，乍然使之，俄然夺之，为"弟子"⑰而已。弟子者，卑而无权之谓也。将而无权，舆尸之凶，未有免焉者也。唯胡氏之言如此，故与秦桧⑱贤奸迥异，而以志合相奖。非知人之明不至也，其所执以为道者非也。

注释：

①胡氏：即胡安国（1074—1138），建宁崇安（今福建武夷山）人，字康侯，胡寅父。宋哲宗时进士，曾任太学博士、提举湖南学事、提举成都府路学事，以不肯阿附，为

蔡京等所恶。钦宗时，除中书舍人，以忤执政，出知通州。高宗即位，历官给事中、中书舍人兼侍讲、徽猷阁待制、提举江州太平观。曾进献《时政论》二十一篇，力陈恢复方略。著有《春秋传》三十卷，记事以《左传》为本，大纲则本孟子，兼采《公羊传》、《谷梁传》的思想精髓；认为《春秋》大义重在伦常，明君臣、父子、夫妇之伦，讲求华夷之变，明尊王攘夷之意。始撰于徽宗时，高宗绍兴五年(1135)令他纂修所著书。书成，列为经筵读本。元时下诏与《春秋》"三传"并行，明承元制，列为科举取士定本。清康熙时改元、明之制，其书渐不传。

②建炎：宋高宗第一个年号，共四年(1127—1130)。

③公子翚：即羽父，或称公子挥，春秋时鲁国人。鲁隐公十一年(前712)，他游说隐公，愿以杀隐公弟轨为条件，求为太宰。隐公不允。他恐事泄，反谮隐公于轨，请杀隐公，轨答应之。他遂使人杀隐公而立轨，是为桓公。

④郑：春秋时郑国，姬姓，始封厉王子友，都国于咸林，武公迁溱洧。后灭于韩。

⑤公子庆父(? —前659)：又称共仲、仲庆父，春秋时期鲁桓公子，鲁庄公弟。庄公二年(前692)，率兵灭於余邱国。三十二年(前662)，杀同母弟公子牙和庄公太子子般。后与庄公夫人、湣公母哀姜私通，杀湣公，哀姜欲立之，鲁人立釐公。奔莒，莒人逐之。奔齐，齐人不纳，欲回国，被拒绝，遂自杀。哀姜也于同年被兄长齐桓公召回齐国杀死。

⑥於余邱：一作余丘，西周所分封的诸侯国之一，一说是郱邑。鲁庄公二年(前692)为鲁国所灭。故址在今山东章丘，一说在今山东临沂境内。

⑦胤侯：夏朝时胤国之君。一说，胤为人名。夏王仲康时，国势极为衰弱。他掌六师，为大司马，傅仲康。天文官羲和沉湎于酒，失职废事，不修其业。他承王命，前往征伐，作《胤征》。

⑧方叔：西周宣王时卿士。曾率兵车三千辆南征荆楚，北伐玁狁，有功于周。

⑨召虎：或做召伯虎，西周人，名虎。召公奭后裔，封于召。周厉王虐，他多次劝谏，厉王不听，被国人逐出国都。太子靖避居他家，他以自己儿子替死。厉王死后，他拥立靖为宣王。时淮夷不服，他奉命率师讨平之。宣王加封申伯地，他为之经营。卒谥穆，称召穆公。

⑩南仲：周宣王大臣，任卿士。曾与大师皇父、大司马程伯休父率六师南征徐淮，又曾北伐玁狁。

⑪周亚夫(? —前143)：西汉名将，沛(今江苏沛县)人。汉初大将周勃之子。少时喜读兵书，智谋过人。汉文帝时，匈奴大举入侵，他以河内郡守任将军，驻军细柳，治军谨严，训练有素，文帝至细柳劳军，亦须服从营中规定，被誉为真将军。景帝时，吴楚七国发动叛乱，他率军平定之。后与景帝相悖，称病引退。因其子

私买御物,被牵连入狱,绝食而死。

⑫充国:即西汉名将赵充国(前137—前52),陇西上邽(今甘肃天水)人,后徙金城令居(今甘肃永登西北)。字翁叔。自幼喜爱兵事。始为郡骑士,因善骑射补入羽林。汉武帝时,累迁车骑将军长史。昭帝时,历中郎将、水衡都尉、后将军等职。参与拥立宣帝,封营平侯。击平羌乱。又统军分屯沿边九郡,防备匈奴。因素有韬略,熟悉边事,免官后仍参赞军机,深得宣帝信任。

⑬郭子仪:唐朝将领,详见前文注释。

⑭李光弼:唐朝将领,详见前文注释。

⑮《易》:即《周易》,详见前文注释。

⑯"长子":比拟大人物。

⑰"弟子":次子以下,比拟小人物。

⑱秦桧:南宋初期奸臣,详见前文注释。

译文:

我曾阅读胡安国《春秋传》,对其中的一些说法很不满意。这部书标举排斥夷狄、尊崇周王的大道理,向上报告给宋高宗,向下传到整个国家,以便端正人心,洗除北宋灭亡于女真的耻辱,使高宗建炎时期的衰弱国势重新振作起来,这确实是当时的借鉴。但低下头来细细考虑,不排斥夷狄,君主确实不能得到尊崇。可是,尊崇君主并不只是应答、归附、跪拜就可以做到的,排斥夷狄并不是只要有一个身体、两只胳膊就可以做到的。军队的武力,臣子的能力,这是君主所了解的,也是为君主所任用的。但胡安国解说《春秋》经文,在鲁国公子翚率兵攻打郑国、公子庆父率兵攻打於余邱国的事情上,两次提出"兵权不能给予外人"的论调。不幸的是,公子翚、公子庆父最终做出了弑君的大逆不道之事,这一论调得到了证明。但考察、验证古往今来的历史事实,君主控制武将的办法,难道这样做是对的吗?先秦以前,夏朝对胤侯,周朝对方叔、召虎、南仲,后来汉朝对周亚夫、赵充国,唐朝对郭子仪、李光弼等武将,都没有猜忌防范,难道宋朝对它那个时代的将领就必须这样做吗?孔子说:"国家政治清明,出兵征伐的事情由君主决定。"由君主决定,就是命令由君主发布的意思。因此《周易》上说:"在军队中作主帅的,承受着君主的宠爱,君主多次发布委任令。"发布委任令的是君主,在军队中作主帅的是"长子"。在军队中,担任军事指挥,但除了以怀疑猜忌的态度对待军队外,恩惠不多,威信没有,一会儿用他们,一会儿不用他们,这样的人只能是"弟子"。弟子,就是地位低下而没有权力的意思。行军打仗,将领没有兵权,那么,用大车装载着尸体而回的惨败结果,就会不可避免。正因为胡安国持这种论调,因此他与秦桧虽然是贤良与奸邪完全不同,但却因志向相同而互相奖掖。这不是他识别贤愚善恶的能力不够,而是他所秉持的大道原则本身就不正确。

然此非胡氏专家之说也。宋之君臣上下奉此以为藏身之固也,久矣。石守信①、高怀德②之解兵也,曹翰③之不使取幽州④也,王德用⑤、狄青⑥之屡蒙按劾也,皆畜菹醢之心,而不惜长城之坏。天子含为隐虑,文臣守为朝章。胡氏沿染余风,沁入心肾,得一秦桧而喜其有同情焉。呜呼!夫岂知疑在岳、韩⑦,而信在滔天之秦桧,其子弟欲为之盖愆,徒触怒以窜死,而终莫能挽哉?

注释:

①石守信(928—984):开封浚仪(今河南开封)人。五代后周时,累官至殿前都虞候、侍卫都指挥使,与赵匡胤结为义社兄弟,帮助赵匡胤夺取后周政权。赵匡胤即位后,被任为侍卫马步军副都指挥使。率军平定后周节度使李筠、李重进叛乱,以功加同平章事兼侍卫亲军马步军都指挥使。后宋太祖"杯酒释兵权",改授天平军节度使,出镇郓州,所受赏赐甚厚。太宗时,任河南府尹,充西京留守。随太宗北征辽朝,因督军失律,责授崇信军节度使,旋又进封卫国公,后徙镇陈州。累任节镇,专务聚敛,积财巨万,募民建佛寺而佣直不给,所到之处给人民造成灾难。

②高怀德(926—982):真定常山(今河北正定西南)人,字藏用。后周时,积功至侍卫马军都指挥使,领江宁军节度使,又为北面行营马军都指挥使。宋太祖即位,为义成军节度使,拜殿前副都点检、武信军节度使、侍卫亲军步军都指挥使,镇守滑州。受命与石守信平定李筠、李重进叛乱,因功升忠武军节度使。后解军职,出为归德军节度使,加封同平章事。宋太宗即位,兼侍中、检校太师。从征北汉,后镇曹州。改武胜军节度使。

③曹翰(924—992):大名(今河北大名东)人。后周时为将。宋太祖即位,参与平定李筠之叛。后为均州刺史兼西南诸州转运使,督运军饷供应灭蜀大军。先后参

预镇压全师雄及吕翰领导的士兵起事。曾主持塞河有功，并曾参预攻灭南唐。太宗时，从征北汉，进攻契丹，为幽州行营都部署。以罪流锢登州。后起为右千牛卫大将军、分司西京。

④幽州：今北京。

⑤王德用：北宋中期武将，详见前文注释。

⑥狄青：北宋中期武将，详见前文注释。

⑦岳、韩：指岳飞、韩世忠，南宋初期武将，详见前文注释。

译文：

但遗憾的是，这并不是胡安国一个人的观点。长期以来，宋朝的君主和文臣们，上上下下都把它尊奉为保全国家的根本方法。北宋时的武将石守信、高怀德被解除兵权，曹翰被阻止去攻取幽州，王德用、狄青老是被弹劾，都是因为君臣上下怀有压制武将的心理，而不顾惜自身保卫力量的毁坏。君主一直把防范武将作为潜在的考虑，文臣们也把它作为朝廷的制度来坚守。胡安国因袭和沾染了流传下来的这种风气，并渗透到内心深处，于是遇到一个和自己有相同心思的秦桧，就非常喜欢他。唉！他哪里知道，他猜疑岳飞、韩世忠，信任犯下漫天罪恶的秦桧，他的后人想要为他掩盖过错，但也只是白白地惹人发怒，被贬逐而死，最终也未能掩盖得住呢？

桧之自虏归也，自谓有两言可以耸动天下。两言者：以河北人归女直，河南人归刘豫①也。是其为说，狂骇而必不可行。匪直资千秋之笑骂，高宗亦怒而榜其罪于朝堂。然而胡氏以管仲②、荀彧③期之，高宗终委国而听之，虽不知人，宁至于是！夫桧所欲遣归女直、刘豫者，非泛谓沦处江东之士民也。凡扈从南来分节建牙诸大帅，皆夹河南北之部曲，各有其军。而高宗宿卫之旅，不能与较盈虚。高宗惩苗刘之难④，心惴惴焉。桧以为尽遣北归，则枝弱者干自强，而芒刺之忧以释。盖亦与胡氏《春秋》⑤之旨相符。特其奸计未周，发言太骤，故高宗亦为之愕异。而韩、岳之勋名尚浅，高宗亦在疑忌相参之际，故不即以为宜。而胡氏促膝密谈，深相契合者，犹未可即喻之高宗也。

①刘豫（1073—1146）：南宋叛臣，金傀儡政权伪齐皇帝。景州阜城（今属河北）人，字
彦游。宋哲宗时进士。徽宗时，历官殿中侍御使、判国子监、河北提刑等职。金
兵南下，弃官潜逃。高宗时知济南府，杀宋将降金。被金人立为"大齐"皇帝，统
治河南、陕西之地，配合金兵攻宋，屡为韩世忠、岳飞所败。后为金帅挞懒黜为蜀
王，迁居临潢，后改封曹王。

②管仲（？—前645）：春秋初期齐国政治家、思想家。名夷吾，字仲，因谥敬，又称管
敬仲。颖上（今属安徽）人。早年经商。初事齐国公子纠，助纠和公子小白争夺
君位，小白得胜，即位为齐桓公，他被囚。桓公不计前嫌，经鲍叔牙保举，任他为
卿。在齐进行改革，使齐国很快国力富强。在此基础上，帮助齐桓公采取尊王攘
夷、争取与国的方针，建立霸权，使桓公成为春秋时代的第一个霸主。

③荀彧（163—212）：三国时曹操谋士。字文若，颖川颖阳（今河南许昌）人。汉献帝
时举孝廉，拜守宫令。以董卓之乱弃官，率宗族避难河北，依附袁绍，后投曹操为
司马。为曹操定策，迎献帝都许。不久任尚书令，参与筹划军国政事。曾于官渡
之战为曹操分析形势，劝其坚守待变。以功封万岁亭侯，后任冀州牧。因反对曹
操称魏公，为操所忌，以忧死。或说为曹操所杀。

④苗刘之难：即"苗刘之变"。宋高宗建炎三年（1129）三月，武将苗傅、刘正彦等在
杭州发动兵变，杀签书枢密院事王渊及宦官康履等，逼高宗传位于幼子，改当
年为明受元年。文臣吕颐浩、张浚，武将韩世忠、张俊、刘光世等起兵勤王，杀苗、
刘等人，高宗复位。史称"苗刘之变"或"明受之变"。

⑤胡氏《春秋》：即胡安国《春秋传》，详见上文注释。

译文：

秦桧从女真回来后，自称有两句话可以震动全国。这两句话是：把
南宋辖区内黄河以北的人送给女真，黄河以南的人送给女真建立的伪
齐刘豫政权。这个说法，真是颠狂至极，自然是必定行不通的，不只成
为后世永远讥笑怒骂的材料，而且当时宋高宗也很恼怒，把他的罪过张
榜公布于朝堂之上。但胡安国却把他比拟为管仲、荀彧，高宗最终也把
国家大事委托他来办理，完全听信于他，就算这两个人没有识别贤愚善
恶的能力，怎么就糊涂昏聩到这种地步呢！秦桧想要送给女真、刘豫
的，并不是泛指沦落江南的士人和百姓。凡是跟随高宗到江南来的那
些战区统帅，都带有来自黄河南北的私人武装，各自掌握着自己的军

队。但高宗的警卫部队,战斗力远不能与他们比较高下。高宗鉴于苗傅、刘正彦兵变叛乱、自己被废的教训,对各位统帅的军队一直恐惧不安。秦桧认为把这些私人武装全部遣送回北方,就会削弱各位统帅的力量,从而使高宗警卫部队的力量得到增强,恐惧不安也就因此得以消除。这与胡安国《春秋传》的宗旨是符合的。只是他的奸诈计谋还不周全,发表意见又太急切突然,因而连高宗也对他惊讶不认可。此时韩世忠、岳飞都还功绩不多、名声不大,高宗对他们也处于怀疑、猜忌不定的时候,因此没有立即认可秦桧的奸计。从而胡安国与秦桧虽然面对面地秘密会谈,相当投合,但他们所谈的内容还不能立即就明白地告诉高宗。

已而群盗平矣,诸帅之军益振矣,屡挫女直之功日奏矣。三军之归向已深,万姓之凭依已审,士大夫之歌咏已喧,河北之企望已至,高宗之忌之也始甚。桧抑术愈工,志愈惨,以为驱之北而不可者,无如杀之罢之,权乃尽削而事易成。故和议不成,则岳飞之狱不可起,韩世忠之兵不可夺,刘光世①、张俊②不戢翼而效媚以自全。高宗之为计也,以解兵权而急于和;而桧之为计也,则以欲坚和议而必解诸将之兵;交相用而曲相成。在廷之臣,且以为子翚、庆父之祸可永杜于百年。呜呼!亦孰知桧之别有肺肠,睥睨宗社,使不死,乌可制哉?

注释:
①刘光世:南宋前期武将,详见前文注释。
②张俊:南宋前期武将,详见前文注释。

译文:

不久各地的人民起事相继平定,各位统帅的军队更加强大,接连挫败女真的战功也一天天上奏进来。军队对将帅们的凝聚力已经很强,百姓的依赖之心已经很清楚,士大夫的歌颂声已经很大,黄河以北地区的人民对恢复北方的期望已经出现,高宗对将帅的猜忌也开始厉害起来。秦桧也手段越来越歹毒,心地越来越惨酷,认为既然不能遣送回北方,不如干脆诛杀或罢免,把各位统帅的兵权全部削夺,事情就容易办成。如果南宋与女真的讲和不成功，那么岳飞的冤狱就不会发生，韩世忠的兵权就不会被削夺，刘光世和张俊就不会收敛势力、主动讨好以自我保全性命。高宗的计划，是通过解除兵权而快点儿向女真求和；但秦桧的计划，却是认为要坚定不移地与女真讲和，就必须先解除各位将领的兵权。二人的计划交替施行，虽然不一样，但却正好相辅相成。当时的朝中大臣，还认为可以由此而永远杜绝公子翚、公子庆父那样的弑君之祸。唉！又有谁知道秦桧是另有一番心思，他是在窥伺国家。要是他没有死在高宗之前，又怎么能控制得住他呢？

■知识链接　　　　　　　　**杯酒释兵权**

　　宋朝建立一年半后，宋太祖与亲信高级将领饮酒宴会，气氛热烈之后，面色忧愁地说："没有你们，我就没有今天，对此，我铭记于心。但做皇帝实在太难了，还不如做节度使快活自在，我现在连一天安稳觉都不敢睡！"众将忙问何故，太祖说："这不是很简单嘛！有谁不想当皇帝呢？"众将赶紧表示：我等绝不敢有非分之想。太祖说："纵使你们没有此心，但你们部下呢？一旦他们贪图富贵，把黄袍加在你们身上，你们想不当皇帝也不行吧！"众将吓得魂不附体，叩头流血，请太祖指示生路。太祖遂直截了当地说："人生一世，不过如白驹过隙一样短暂。你们何不辞去兵权，多买良田美宅、歌儿舞女，每天饮酒作乐，与子孙们快快乐乐地生活呢？我再和你们结成姻亲，这样我就不会再猜疑你们，永远相安无事，岂不很好？"次日，众将全都上疏称病，求解兵权，太祖当即批准。此即"杯酒释兵权"。宋高宗、秦桧以阴谋手段，将岳飞等三大将调离军队，召到朝廷，然后也是在一番美酒佳肴之后，突然削去兵权，可谓宋朝历史上的第二次"杯酒释兵权"。但因历史背景完全不同，这两次削兵权的客观效果也就迥然各异，太祖的处置，乃是促进祖国统一的良谋远略，而宋高宗和秦桧的处置，却是制造祖国分裂的倒行逆施。

中华经典史评 宋论

论岳飞北伐

　　本篇为《宋论》卷十《高宗》第十一条。金军在进入中原之初,所到之处,特别是对无法占领的地区,一律予以杀光、烧光和抢光,并强制推行落后的奴隶制生产方式,使社会发生严重倒退。岳飞本是扶犁握锄的农家子,为反抗侵略,光复旧土,维护文明和进步,他投身抗金,将自己的后半生奉献于抗金沙场,并使岳家军成为南宋抗金的主力和中坚,独一无二地组织了四次北伐进攻战役。第一次是在宋高宗绍兴四年(1134)四至七月,收复了襄汉六郡,是南宋第一次收复大片失地。第二次是在绍兴六年七、八月,这是宋金开战十二年以来,南宋第一次堂堂正正的大规模的进攻战。同年冬季,岳飞又举行了第三次北伐。绍兴十年六至七月,岳飞第四次北伐,一路势如破竹,并在郾城、颍昌大败金军,击溃金军精锐骑兵,进军朱仙镇,迫使金军退出开封;不料宋高宗和秦桧破坏抗战,连下诏书命岳飞班师,北伐遂告夭折。但这仍是南宋历史上空前绝后的一次大胜利,也是岳飞生前最后一次北伐,岳飞还做好了乘胜前进、直捣金朝黄龙府的谋划。因而南宋以后,不断有人对岳飞北伐能否成功的问题进行种种推测和讨论,明朝时也有不少人认为岳飞北伐不会成功,本篇就是王夫之对这一问题的认识。

尽南宋之力,充岳侯①之志,益之以韩②、刘(原注:锜)③、二吴④,可以复汴京⑤、收陕右⑥乎?曰:可也。由是而渡河以进,得则复石晋所割之地⑦,驱女直于塞外;不得,亦据三关⑧,东有沧、瀛⑨,西有太原⑩,仍北宋之故宇乎?曰:不能也。凡得失之数,度之于彼,必察其情;度之于此,必审其势;非但其力之强弱也。情有所必争,力虽弱,未可夺也,强者勿论已;势有所不便,力虽强,未可恃也,弱者勿论已。

注释:

①岳侯:对岳飞的尊称。宋高宗绍兴四年,李纲在《与吕安老龙图书》中,称岳飞为"岳侯"。

②韩:指韩世忠,南宋初期武将,详见前文注释。

③刘锜(1098—1162):德顺军(治今甘肃静宁)人,字信叔。宋高宗建炎年间为陇右都护,为夏人所畏。张浚宣抚陕西,任为泾原经略使。后赴京领宿卫亲军。富平之战,力战有功。绍兴十年(1140)任东京副留守,率王彦旧部八字军赴任。至顺昌,突遇金兵来攻,遂守城拒战,大败金军。次年援淮西,与张俊、杨沂中于柘皋再败金军。旋被秦桧、张俊之忌,罢兵柄,出知荆南府。金海陵王完颜亮南侵,任江淮浙西制置使,守淮东,因老病不能视事,退至镇江,忧愤而死。

④二吴:指吴玠、吴璘,均为南宋初期武将。吴玠详见前文注释。吴璘(1102—1167)为吴玠弟,字唐卿,德顺军陇干(今甘肃静宁)人。少好骑射,十八岁从军,戍边御夏。宋高宗时,历官泾原路马步军副都总管、秦凤路经略安抚使、知秦州、行营右护军都统制、镇西军节度使、四川宣抚使等职。与兄吴玠在和尚原、仙人关,合力击败金军进犯。吴玠卒后,继其统兵守蜀,屡败金军,使之不敢度陇。金海陵王完颜亮南侵,他督师转战汉中,屡挫金军,收复秦凤、熙河、永兴三路所辖十六州军,声势大振。因朝廷主和,奉诏班师,新复州军被金人所取。守蜀二十余年,威名仅亚于其兄,封新安郡王。

⑤汴京:北宋都城,今河南开封。

⑥陕右:即陕西。

⑦石晋所割之地:指后晋高祖石敬瑭割让给契丹的燕云十六州地区,详见前文注释。

⑧三关:即瓦桥关(今河北雄县西南)、益津关(故址在今河北霸州市)、淤口关(今河北霸县东)。

⑨沧、瀛:即沧州(今属河北)、瀛洲(今河北河间)。

⑩太原：今属山西。

译文：

　　用尽南宋的全部国力，让岳飞的心志抱负得到尽情的发挥，再加上韩世忠、刘锜、吴玠、吴璘的援助，能够收复汴京和陕西地区吗？答曰：可以。由此而渡过黄河，向北推进，如果成功，就收复后晋石敬瑭当初割让给契丹的土地，把女真金朝驱逐到塞外；如果不成功，也可以占据三关地区，向东收复沧州、瀛洲，向西收复太原，恢复到北宋时代的疆土吗？答曰：不能。一般来说，战争胜利和失败的规律，从对方因素考虑，一定要考察他们的内心；从己方因素考虑，一定要审察所处的形势。这两方面都不只是力量的强弱问题。如果对方内心必然要争夺，那么即使力量弱小，也不可能从对方手里夺取，力量强的就更不用说了；如果己方形势不利，那么即使力量强大，也不值得依赖，力量弱的就更不用说了。

　　以河南①、陕右言之，女直之初起也，积怨于契丹而求泄，既胜以还，亦思夺其所有之燕②、云③而止。及得燕而俯视河朔④，得云而下窥汾、晋⑤，皆伸臂而可收也，遂有吞并关南之志。乃起海上，卷朔漠，南掩燕南，直数千里，斗绝而难于遥制，故乘虚袭取三河⑥、两镇⑦，而所欲已厌矣。汴、洛⑧、关陕⑨，宋不能守，势可坐拥神皋，而去之若惊，不欲自有，以授之叛臣⑩，则中原之土非其必争之地，明矣。朱仙一败⑪，卷甲思奔，非但其力之不足也，情不属也。而宋自收群盗以后，诸帅愤盈，东西夹进，东清淮⑫、泗⑬，略梁⑭、宋⑮，有席卷之机；西扼秦⑯、凤⑰，指长安⑱，有建瓴之势；岳侯从中而锐进，交相辅而不虑其孤，走兀术⑲，收京阙，画河以守新复之疆，沛然无不足者，故可必也。

注释：

①河南：黄河以南地区。
②燕：即燕京，今北京。
③云：即云州，今山西大同。
④河朔：泛指黄河以北地区。

⑤汾、晋：分别指汾州(今山西汾阳)、晋阳(今山西太原西南)。

⑥三河：黄河中游的河南、河东、河内地区。汉朝时以河内、河南、河东三郡为三河，即今河南洛阳市黄河南北一带。三河在宋时或可指三条漕河，则是开封一带。

⑦两镇：具体所指不明。

⑧洛：即洛阳，今属河南。

⑨关陕：指陕西地区。陕西古名关中，故称。

⑩叛臣：指刘豫，详见前文注释。

⑪朱仙一败：朱仙即朱仙镇，宋时在开封府西南四十五里处。宋高宗绍兴十年(1140)，岳飞率军北伐，乘郾城、颍昌战胜之威，在朱仙镇以五百骑兵击溃金军十万大军，迫使金军退出开封府。

⑫淮：即淮阳，即江苏邳县西南。

⑬泗：即泗州，今江苏盱眙北。

⑭梁：即梁州，今陕西汉中。

⑮宋：即宋州，今河南商丘南。

⑯秦：即秦州，今甘肃天水。

⑰凤：即凤州，今陕西凤县。

⑱长安：今陕西西安。

⑲兀术(？—1149)：即完颜宗弼，本名斡啜，又作斡出、晃斡出，金太祖完颜阿骨打第四子。早年从军，追袭辽天祚帝，并南攻宋朝。南宋建立后，宗弼等分道进攻，沿途攻占多处州县，逼宋帝入海。与韩世忠激战于长江黄天荡，败之。在陕西，与张浚战于富平，攻吴玠于和尚原，均败。进右副元帅，封沈王，进拜都元帅。奏请诛挞懒，收回给宋之河南、陕西地。金置行台于燕京后，以他为太保，领行台尚书、都元帅，总军事、民政大权于一身。再议南攻，自趋汴京，被岳飞多次击败，后与宋定"绍兴和议"。进拜太傅。率兵北攻蒙古。进为太师，领三省事，都元帅，领行台尚书省事如故。

译文：

从河南、陕西的情况来说：女真的最初兴起，是因为和契丹积累的怨恨太深，寻求发泄，战胜契丹之后，也曾想过夺取契丹所占有的燕云地区后就停止。等到占领燕京后向南俯视黄河以北地区，占领云州后向南窥视汾州、晋阳，发现都是一伸胳膊就可以占领的地方，于是才有了并吞三关以南地区的想法。但他们起自海上，席卷北部沙漠，南面横扫燕南，转战几千里，战斗虽然结束了，但很难遥相控制，因此趁着宋朝空虚，突袭占领了三河两镇地区，但其欲望也已经满足了。汴京、洛阳和陕西地区，宋朝不能防守，而其地理形势正好可以占有京师一带的良田，但女真却像受到惊吓一样离开了那里，他们不想亲自占领，而是交给了叛降的刘豫，显然，中原的土地不是他们必然要争夺的。朱仙镇战败之后，女真军队收

宋代用以毁坏城防设施的撞车

拾武器想要逃跑，这不只是他们力量不足，其内心也不在意这些地方。但宋朝自从收编了许多农民起义军后，诸位将领士气大振，东西夹攻，东面平定了淮阳、泗州地区，夺取了梁州、宋州，出现了全部占有东部的时机；西面扼制了秦州、凤州，直接指向了长安，出现了居高临下、不可遏制的势头；岳飞再从中部迅猛进攻，与东西两面互相辅助，而不必担心孤军深入的危险，那么，赶跑兀术，收复汴京，在黄河划分疆界，守住新收复的疆土，是完全可以做到的。因此说，收复汴京、陕西是一定能做到的。

以河北①、燕南言之，女直自败盟而后，力未能得，而胁割于众，以其为燕之外护也，以其为刍粮金帛之所取给也，以其士马之可抚有而弥强也。郭药师②一启戎心，而女直垂涎以歆其利，久矣为必争之地矣。军虽屡折，而宿将未凋，余威尚振。使宋渡河而北，则悉率海上之枭，决死以相枝拒，河阻其归，敌摧其进，求军之不覆没者，十不得一也。宋之诸将，位相亚，权相埒，力相等，功亦相次。岳侯以少年崛起而不任为元戎者，以张俊③之故为主将，从中而沮之也。韩、刘、二吴，抑岂折节而安受其指麾？则雁行以进，麇骇而奔，功不任受，咎亦无归。故五国合从之师衄于函关④，山东讨卓之兵阻于兖、豫⑤，九节度北伐之军溃于河南⑥，其不如刘

裕⑦孤军直进，擒姚泓⑧、俘慕容超⑨者，合离定于内，而成败券于外，未有爽焉者也。乃欲合我不戢，撄彼必争，当百战之骄虏，扼其吭而勿忧其反噬乎？若此，则虽高宗无疑畏之私，秦桧⑩无腹心之蠹，张俊、刘光世⑪无从旁之挠，且将忧为吴明彻⑫淮北之续，退且河南之不保；而遥指黄龙⑬，期饮策勋之爵，亦徒有此言，而必不能几幸者也。

注释：

①河北：黄河以北地区。

②郭药师：本为辽朝人，后降宋，又降金，引导金军灭亡北宋，详见前文注释。

③张俊：南宋初期武将，详见前文注释。

④五国合从之师衄于函关：公元前241年，赵、楚、韩、魏、燕五国组成联军，推楚为合纵长，向西攻秦。起初取得一些胜利，但逼近函谷关时，秦国反攻，楚军闻讯逃跑，其他各国军队也纷纷撤退，联合攻秦失败。

⑤山东讨卓之兵阻于兖、豫：东汉末年，董卓率兵入京师洛阳，拥立汉献帝，独揽大权。潼关、崤山以东的一些军阀、豪强不满董卓，又欲乘机争权夺地，遂以讨伐董卓为名，纷纷起兵，结成联盟，推举世家大族代表人物袁绍为盟主，组成联军，分别驻扎在河内、酸枣、南阳、颍川、邺等地（均属今河南省）。因董卓兵强，联军不敢进攻，只有曹操引兵进击，但很快被击败，士卒死伤甚多，曹操亦为流矢所中，乘夜色逃脱。但曹操逃到酸枣后，诸侯军十余万，仍是日置酒高会，不图进攻。山东即崤山以东。兖、豫即兖州、豫州，均为古九州之一，二州辖区包括今山东西南及河南全境。

⑥九节度北伐之军溃于河南：唐玄宗天宝十四年（755），"安史之乱"爆发。两年后，安禄山为其子安庆绪所杀。乾元元年（758），肃宗命郭子仪与李光弼等九节度使率六十万军队围攻相州（今河南安阳）等地，讨伐安庆绪。九节度使中，郭子仪、李光弼战功最多，威信最高，但肃宗担心功高震主，不愿把军权交给他们，遂不立统帅，使其各不统属，而以宦官鱼朝恩为观军容使，统帅大军，总揽全局。安禄山部将史思明率部十三万赶来救援安庆绪，次年与唐军激战。九节度缺乏统一指挥，鱼朝恩又不知用兵，致使唐军大败。

⑦刘裕：南朝宋武帝，详见前文注释。

⑧姚泓：十六国时后秦国君，详见前文注释。

⑨慕容超：十六国时南燕国君，详见前文注释。

⑩秦桧：南宋初期奸臣，详见前文注释。

⑪刘光世：南宋初期武将，详见前文注释。

⑫吴明彻(512—578)：南北朝时陈朝名将。秦郡(今江苏六合)人，字通照。齐时隶陈霸先，因功为使持节、散骑常侍、安东将军、南兖州刺史，封安吴县侯。陈霸先称帝后，拜为安南将军。此后历官右卫将军、安西将军、武州刺史、安南将军、江州刺史、豫章太守、镇东将军、吴兴太守、中领军、领军将军，授开府仪同三司，进爵为公。宣帝即位，为镇南将军，擢为侍中、镇前将军。因坚决支持宣帝讨伐北齐之策，被命为都督征讨诸军事，先后攻克北齐数十城。此后多次击败北齐。北周灭北齐后，宣帝又派他率军北伐，进围彭城。因孤军深入，为北周重兵击败，被俘，被封为怀德郡公，位至大将军。不久，忧愤而死。

⑬遥指黄龙：宋高宗绍兴十年(1140)六月，岳飞举行第四次北伐，一路势如破竹，七月又取得郾城和颖昌大捷，击破金军优势兵力，北方抗金义军也协同作战，胜利出击。岳飞为黄河南北的捷报所鼓舞，对部属说："今次杀金人，直到黄龙府，当与诸君痛饮！"黄龙府，今吉林农安，是辽金两代军事重镇和政治经济中心。

译文：

从河北、燕南的情况来说：女真自从背弃与宋朝订立的"海上之盟"以后，凭自己力量不能占据河北、燕南地区，于是就在那里强行建立了刘豫伪齐割据政权，把它作为燕京的外部护卫和粮草钱帛等物资的供给之地，以便他们可以占有这些地区的兵马，使自己更加强大。自郭药师提出侵略之心以来，女真就非常想贪图那里的财富，因而早就成为他们必然要争夺的地方了。他们的军队虽然多次被打败，但老将还没有死去，剩余的威力还能重新振作起来。如果宋军渡过黄河向北进攻，他们就会发动全国的将领，决一死战地来与宋军抗衡。到那时，宋军的退路被黄河挡住，前进又被敌人抑制，想要不全军溃灭，几乎是不可能的。宋军诸位将领，官位相同，权力相同，军力相同，功绩也相差不多。岳飞奋起时年纪轻轻，之所以没有被任命为主帅，是因为张俊过去曾是他的主将，不愿受他的指挥，故而在里面阻挠破坏。同样，韩世忠、刘锜、吴玠、吴璘等将领，又哪能委屈自己，甘愿接受岳飞的指挥呢？行军打仗，凡是多支部队齐头并进而没有统一指挥的，结果往往就会像麋鹿一样四散奔逃。功劳不因个人职责就可以得到，处罚也就没有对象。战国时，韩、赵、魏、燕、韩五国军队联合攻打秦国，结果败于函谷关；东汉末，山东州郡组成联军讨伐董卓，结果败于兖州、豫州；唐朝时，九位节度使率军联合攻打安禄山叛军，结果败于河南；但东晋时的刘裕，独自率领一支军队向前挺进，结果就生擒了姚泓、俘虏了慕容超；之所以会如此，是因为交战与否的大政方针必须由内部作出统一的决定，外部因素才能成为最后成功的保证，这一原则是丝毫不差的。岳飞竟然想将宋朝本不能协同作战的力量集合在一起，去进攻女真必然要争夺的地方，与善于作战的强大敌人直接对垒，扼制了敌人的咽喉，能不担心他们反咬吗？像这样的话，即使宋高宗没有猜忌畏惧武将的私心，秦桧没有在内部搞破坏，张俊、刘光世没有在旁边阻挠，岳飞恐怕也会成为南北朝时陈朝将领吴明彻在北伐中全军溃败于淮北的后继者，而一旦撤退，连黄河以南地区都保不住，他还远远地指着黄龙府，期望到那里饮庆功酒，这也不过是说说空话而已，是绝不可能有机会实现的。

是故《易》①惎鬼方之伐，忧其难为继也；《春秋》②许陉亭之次，谓其可以止也。自赵普③沮曹翰④之策，而燕、云不可问矣。自徽宗激郭药师之叛，而河北不可问矣。任诸帅阃外之权，斥奸人乞和之说，乘其所不争，攻其所不可御，东收徐⑤、兖⑥，西收关陇⑦，以环拱汴、洛而固存之；支之百年，以待兴王之起，不使完颜氏归死于蔡州⑧，以导蒙古⑨之毒流四海，犹有冀也。然抑止此而已矣。如曰因朱仙之捷，乘胜渡河，复汉、唐之区宇，不数年而九有廓清，见弹而求鸮炙，不亦诞乎！

注释：

①《易》：即《周易》，详见前文注释。

②《春秋》：春秋末期，孔子根据鲁国官方史书，参考周王室及各诸侯国史官的记载修成。是现存最早的编年体史书。记述自鲁隐公元年（前722）到鲁哀公十四年（前481）共二百四十二年的历史，内容为周王室及各诸侯国的政治、军事活动如朝聘、战争、会盟等，以及一些自然现象如日食、地震、水灾、旱灾、虫灾等。记事极简短，每条最多不过四十余字，最少仅一字。本为史书，西汉以来被儒家奉为经典，列为"五经"之一，故又有《春秋经》之称。

③赵普：北宋初期名相，详见前文注释。

④曹翰：北宋前期武将，详见前文注释。据一些史料记载：宋太祖曾在召见赵普时，

拿出一张攻取幽州的战图给赵普看,赵普仔细看过后说:"此必曹翰所画。"太祖问其何以知之,赵普答曰:"现在的这些将帅,才谋没有超过曹翰的。如果不是曹翰所画,别人是画不出来的。但问题是,虽然现在派曹翰去攻幽州,一定能拿下,但需要世世代代有曹翰这样的将领才能守住。您准备用谁去替代他呢?"太祖默然回宫,此后再也不提攻取幽州之事了。

⑤徐:即徐州,今属江苏。

⑥兖:即兖州,今属山东。

⑦关陇:函谷关以西、陇山以东地区。

⑧完颜氏归死于蔡州:1233年六月,金哀宗完颜守绪在蒙古进攻下逃往蔡州(今河南汝南)。十一月,宋军进至蔡州,与蒙古军联合攻城。次年正月,宋、蒙联军先后攻入蔡州,金哀宗自杀,金朝灭亡。

⑨蒙古:指1206年由蒙古族铁木真建立的大蒙古国,在元世祖忽必烈于1271年改国号为"元"以前,均用此国号。

译文:

因此,《周易》上认为讨伐鬼方的战争是疲乏困顿,担心它很难继续下去;《春秋》赞许驻兵陉亭,认为是可以停止了。自从赵普破坏了曹翰的策略,收复燕云的事情就不必再询问了;自从宋徽宗刺激郭药师叛降女真之后,河北地区的形势就不必再询问了。如果宋朝能够委任诸位将领以统兵在外的权力,斥责奸臣向敌人乞求和平的论调,占领女真不会争夺的地区,攻击他们不能抵抗的地区,东面收复徐州、兖州,西面收复函谷关以西、陇山以东地区,从而环绕汴京、洛阳,稳固地存在下去;这样支撑上百年左右的时间,以便等待有励精图治、勤于王业的君主出现,不使女真皇帝逃跑并死在蔡州,也不会引来蒙古对中原的侵略,那么它还是有希望的。但也只能是这样的结局。如果说什么还可以借着朱仙镇胜利的时机,乘胜北渡黄河,恢复汉、唐时代的疆域,时间不长就可以肃清天下,这简直与看到打鸟的弹丸就要吃烤鸮鸟一样,不是妄想吗?

■■■知识链接　　　　　　**郾城之战**

宋高宗绍兴十年(1140)六月,岳飞第四次率部北伐,很快胜利完成了对开封府外围的作战计划,但因孤军深入而又兵力分散,遂停止正面推进,向开封

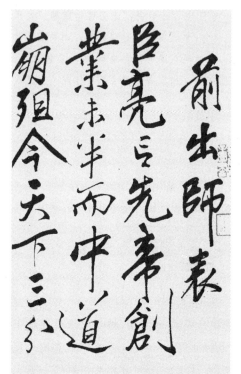

岳飞所书诸葛亮《前出师表》

府附近集结兵力。金将完颜兀术得知岳飞在郾城兵少的情报后，于七月八日，亲率主力十万，抢先发动大规模反攻，企图利用平原地形，充分发挥两翼骑兵"拐子马"的优势，消灭岳家军司令部。岳飞命儿子岳云迎战，要求他必胜而后返，否则斩首示众。下午，双方展开骑兵会战，岳云与杨再兴跃马驰突，运用巧妙战术，或角其前，或犄其侧，使"拐子马"不能发挥威力。岳飞则在战斗最激烈时，亲率四十骑突出阵前，左右开弓，箭无虚发，使岳家军士气倍增。兀术见不能取胜，又将重铠全装的精练亲兵"铁浮图"军投入战斗。此军号称铁塔兵，形容重甲骑士装束得如同铁塔一般，每三匹马用皮索相连，像一堵墙一样，进行正面冲击。因是一反"拐子马"迂回侧击的惯技，兀术自以为是"奇计"。岳飞当即命令步兵上阵，手持麻扎刀、提刀、大斧之类以步击骑的利器，专砍马腿，很快使其乱作一团。傍晚时分，金军一败涂地，狼狈溃逃。十四日，岳家军在颍昌府又以少击众，大败兀术。从此，金军中流传了一句著名评语："撼山易，撼岳家军难！"

论岳飞失于安身定交之策

　　本篇为《宋论》卷十《高宗》第十二条。自绍兴元年到七年(1131—1137),金朝主战派掌政,宋高宗乞和不成,不得不重用将帅。岳飞升迁最快,一时成为皇帝最器重的武将。他感激高宗,更渴望抗金成功,以为报答。绍兴七年春,高宗本已授给岳飞指挥全国大部分军队的权力,却又出尔反尔,迅即取消了成命。一心抗金的岳飞愤而辞职,未等高宗批准,就去庐山为亡母守孝。这引起皇帝很深的疑忌,但金朝威胁尚在,高宗还不敢解除岳飞兵权。不久,岳飞听说金朝欲立宋钦宗的儿子当傀儡,就上奏建议失去生育能力的高宗设皇储,结果高宗十分嫌恶,立即驳回。次年,岳飞要求增添兵力,高宗断然拒绝。此后围绕战与降、南北统一还是分裂,双方矛盾愈益尖锐。后来金将完颜兀术在几次大败后发来国书,声称只有先杀岳飞才可以答应宋方的求和要求。高宗为向杀父仇人表示信义和投降决心,遂在"绍兴和议"签订前,将岳飞投入大狱,之后将岳飞残忍杀害。王夫之在本篇中,主要是从岳飞自身方面探讨他被害的原因。认为,岳飞不明白宋朝帝王以猜忌待武臣的立国家法,对同僚之间也不懂与时沉浮之道,不能明哲保身。王夫之的分析有一定道理,但对专制皇帝的罪恶显然认识不足。

相臣而立武功，周公①而后，吾未见其人也。帅臣而求令誉，吾未知吉甫②之果能称焉否也。帅臣之得令誉也有三：严军令以禁掠夺，为软语以慰编氓，则民之誉归之；修谦让以谨交际，习文词以相酬和，则士之誉归之；与廷议而持公论，屏奸邪以交君子，则公卿百僚之誉归之。岳侯③之死，天下后世胥为扼腕，而称道之弗绝者，良由是也。唯然，而君子惜之，惜其处功名之际，进无以效成劳于国，而退不自保其身。遇秦桧④之奸而不免，即不遇秦桧之奸而抑难乎其免矣。

注释：

① 周公：即姬旦，详见前文注释。

② 吉甫：指李吉甫（758—814），唐赵郡（今河北赵县）人，字弘宪。唐德宗时任太常博士、州刺史等职。宪宗即位，征拜考功郎中，历任知制诰、翰林学士、中书舍人、中书侍郎同平章事、集贤殿大学士、监修国史等职，两次为相。曾参与策划讨平多处节度使叛乱，一年内改换三十六个藩镇节度使，削弱了藩镇势力。任淮南节度使三年，奏免欠租数百万石，并在高邮筑塘，灌溉农田近万顷。精简机构，裁减冗官八百员、吏一千四百员。建议讨伐淮西吴元济叛乱，并自请经略淮西以镇之，未行而卒。

③ 岳侯：对岳飞的尊称。宋高宗绍兴四年，李纲在《与吕安老龙图书》中，称岳飞为"岳侯"。

④ 秦桧：南宋初期奸臣，详见前文注释。

译文：

文官宰相而建立武功的，周公之后，我还没有发现有这样的。武官将领而寻求获得美好名声的，我不知道李吉甫是否真的能称得上是这样的人物。将帅得到美好名声的途径有三个：严明军纪，禁止士兵抢夺，用好话来安慰百姓，就会得到百姓的赞誉；遵循谦逊辞让的处世态度，与人交往谨慎，研习文章诗词，互相唱和，就会得到士人的赞誉；参与朝廷政事的议论，坚持公正的意见，排斥奸诈邪恶之人，与君子结交，就会得到三公九卿、文武百官的赞誉。岳飞被害以后，当时及后世的人都替他惋惜，对他的称颂赞美一直不断，就是由于这些原因。但也正因如此，后世君子为他惋惜，惋惜他身处功绩与美名之中，既没有给国家奉献出很大的功劳，又没能自我保全身家性命。他因遇到奸诈的秦桧而未能避免被害的灾难，但即使不遇到秦桧，他也很难避免被害的灾难。

《易》①曰："安其身而后动，定其交而后求。"谓名之不可亟居，功之不可乍获也。况帅臣者，统大众，持大权，立大功，任君父安危存亡之大计，则求以安身而定上下之交，尤非易易矣。身不安则志不宁，交不定则权不重。志不宁，权不重，则力不足以宣，而挠之者起。挠之者起，则欲忘身以救君父之危，而不能毕遂其事；非但身试不测之渊而逢其沉溺也。君非大有为之君，则才不足以相胜；不足以相胜，则恒疑其不足以相统。当世材勇之众既归其握，历数战不折之威，又为敌惮；则天下且忘临其上者之有天子，而唯震于其名，其势既如此矣。而在廷在野，又以恤民下士之大美竞相推诩。犹不审，而修儒者之容，以艺文抒其悲壮。于是浮华之士，闻声而附，诗歌咏叹，洋溢中外，流风所被，里巷亦竞起而播为歌谣，且为庸主宵人之所侧目矣。乃君之有得失也，人之有贤奸也，庙算之有进止也，廷臣无匡救之力，引己为援，己复以身任之；主忌益深，奸人之媢疾益亟，如是而能使身安以效于国者，未之有也。

注释：

①《易》：即《周易》，详见前文注释。

译文：

　　《周易》上说："君子要先安定自身的处境，然后才可以行动；先确定交情，然后才可以求助于人。"这是说名声不能急着去占有，功绩不会忽然就得到。何况做将帅的，是要统帅大军，掌握大权，建立大功，承担着为君主保护安全、消除危机、继续生存、挽救覆亡的重大谋划，因而想办法安定自身、确定与上级之间的交情，更不是很容易的事情。自身的处境得不到安定，心志就不会安宁；与上级之间的交情不能确定下来，得到的权力就不会很大。心志不安宁，权力不很大，个人力量就不能完全发挥出来，就会有阻挠的人出现。一旦有人阻挠，想要不顾个人安危的去挽救君主的危机,也不会完全成功,不仅仅是个人会遭受没有预料到的祸害。如果君主不是一个很有作为的君主,那么他的才能就不会胜过他人,不能胜过他人,就会常常担心自己不能控制他人。就岳飞来说,当时勇敢能干的人都服从他的领导,又有多次不败的威势,连敌人也很惧怕他,天下的人就会忘记在他上面还有君主,而只知道他的威名了。形势已经发展成这样了,朝内的官员和下层的百姓,又都赞扬他体恤百姓、恭敬待士的优秀品德。到此时他还不慎重,竟然以文人的形象来打扮自己,用诗词文章抒发壮烈的情怀。于是,一些虚浮不实的文人,听到他的诗词,就与他一起唱和,写诗作歌,唱叹不绝,广泛传播到朝野上下,风气所及,连小街小巷也都争着写些歌谣,但这些却被才能低劣的君主和小人所嫉恨。而且君主的作为有得也有失,大臣的人品有贤良也有奸邪,朝廷制定的克敌谋略有的正确有的不正确,朝廷上的大臣没有扶正补救的能力,就召他来做援助,他又亲自来承担;于是造成君主对他的猜忌越来越重,奸邪之人对他的嫉妒越来越厉害。到了这个地步,还能使自身安定而报效国家的,从来没有过呀。

故汉之功臣,发纵指示,一听之萧①、张②、绛③、灌④无文,不与随⑤、陆⑥争春华之美。郭子仪⑦身任安危,知李泌⑧、崔祐甫⑨之贤,而不与纳交以结君子之好;知元载⑩、鱼朝恩⑪之恶,而不相攻讦以触奸佞之机。李光弼⑫改纪其军政,而不竞其长;仆固怀恩⑬固属其部曲,而甘与为伍。乃以废斥之余,一旦跃起,而卒拯吐蕃⑭之难。以是动,而动罔不利也;以是求,而求无不得也。岳侯诚有身任天下之志,以奠赵氏之宗祊⑮,而胡不讲于此耶?

注释:

①萧:即萧何,详见前文注释。

②张:即张良,详见前文注释。

③绛:即周勃(? —前169),汉初武将。沛县(今属江苏)人。随刘邦起兵反秦,以功拜为将军,赐爵武威侯。楚汉战争时,屡建战功,先后攻取二十二县。汉朝建立后,封绛侯。继以讨平韩信,升太尉。吕后死,与陈平等合谋,一举消灭诸吕,拥

中华经典史评 宋论

立文帝。官至右丞相。

④灌：即灌婴（？—前176），汉初武将。睢阳（今河南商丘市睢阳区）人。原为商贩，后从刘邦起兵反秦，以骁勇著称。楚汉战争时，被刘邦选为骑兵将领，攻城略地，屡立战功。汉朝建立后，封颍阴侯。参加平定臧荼、韩王信、陈豨、英布等叛乱。后与周勃等拥立文帝，升太尉，并继周勃为相。

⑤随：即随何，西汉初人，以辩士称于时。楚汉战争时为刘邦谒者，奉命说服淮南王英布叛楚归汉。及灭楚，刘邦当众折辱之，称为腐儒，乃举前使淮南之功以对，得为护军中尉。

⑥陆：即陆贾，西汉初思想家、政治家。楚人。早年随刘邦平定天下，口才极佳，常出使诸侯。刘邦即帝位后，他受命出使南越，说服尉佗称臣奉汉，被任为太中大夫。建议重视儒学，行仁义，法先圣，提出"逆取顺守，文武并用"的统治方略。受命总结秦朝灭亡及历史上国家成败的经验教训，写成《楚汉春秋》一书。刘邦死后，吕氏称制，大封诸吕为王，他称病免职家居。后劝说丞相陈平结交太尉周勃，联络汉代大臣和宗室王侯，对诛杀诸吕、迎立文帝起了很大作用。孝文帝时，再使南越，使尉佗去帝制，归附汉朝。

⑦郭子仪：唐朝将领，详见前文注释。

⑧李泌：唐朝文臣，详见前文注释。

⑨崔祐甫（721—780）：唐京兆长安（今陕西西安）人，字贻孙。唐玄宗时进士。代宗时，累迁中书舍人。德宗时，拜门下侍郎、同中书门下平章事、中书侍郎。性刚直，遇事不阿。荐拔人才，无复疑滞，多称允当。

⑩元载（？—777）：唐凤翔岐山（今陕西岐山）人，字公辅。家本寒微，随母嫁景氏，冒姓元氏。嗜学善文。唐玄宗时，举老、庄、列、文子高第。肃宗时，历官户部侍郎、转运使等，结附宦官李辅国，拜同中书门下平章事。代宗立，拜中书侍郎，仍同平章事。后以谋杀宦官鱼朝恩有功，自以为一时无两，结党营私，堵塞言路，卖官纳贿。但颇知边事，曾用马璘、郭子仪屯边御吐蕃。后以权势过盛，为代宗所杀。

⑪鱼朝恩（722—770）：唐泸州泸川（今四川泸州）人，宦官。唐玄宗时，入内侍省，给事黄门。肃宗时，九节度使讨安庆绪于相州，不立统帅，以他为观军容使，致使九节度使被叛军击溃。后又屡促李光弼反攻，招致大败。代宗时，吐蕃攻陷长安，代宗东逃至华阴，遇其军，由是深加宠异，用为天下观军容宣慰处置使，专典神策军。贪掠无厌，私置刑狱，残害百姓。粗通书计，自谓有文武才，任判国子监事，为大臣百官讲学。屡谗毁郭子仪。后以专横过甚，被代宗所杀。

⑫李光弼：唐朝将领，详见前文注释。

⑬仆固怀恩(？—765)：唐铁勒仆固部人。世袭都督。以善战、通晓番情著称。唐玄宗时，从郭子仪、李光弼讨伐安史之乱，屡立战功。肃宗即位后，随郭子仪入朝，嫁女与回纥，请兵结好，引回纥兵从郭子仪收复两京。任朔方行营节度使，封大宁郡王，从李光弼守河阳，每战皆摧锋陷敌，功冠诸将。又进收东京。以功迁河北副元帅、朔方节度使。后为宦官所谮，上书自诉，求与代宗和解未果，遂发动叛乱，为郭子仪所败。又引回纥、吐蕃入寇，中途暴卒。一门死王事者四十六人，平安史之乱，其功甚大。代宗闻其死，恻然曰："怀恩不反，为左右所误耳！"

⑭吐蕃：七至九世纪时，藏族在青藏高原建立的第一个统一政权。七世纪初，在其赞普(即首领)松赞干布时期崛起，不仅统一了青藏、康藏高原，而且占有今四川西部、滇西北等地。安史之乱后，向东、南扩展，取得了唐朝大片土地。八世纪后期至九世纪初，疆域达到极盛。九世纪中叶，发生内乱，国势衰落，统一政权瓦解。

⑮宗祊：宗庙。

译文：

因此，汉初的功臣们，指挥作战的事情全都听从于萧何、张良，武将出身的周勃、灌婴没有文才，不与文臣随何、陆贾比试文采。唐代安史之乱时，武将郭子仪率军平叛，承担着安定国家、挽救危急的重任，虽然知道李泌、崔祐甫是贤能之人，但也不与他们结成君子之交；知道元载、鱼朝恩是奸恶之人，也不攻击他们，以免触犯奸邪谄媚的危险。李光弼改变治理军队的方法，不以自己的长处与人相争；仆固怀恩本来是他的部属，他也甘愿与之为同列。最终在被降职之后，再度被起用，击退了吐蕃的入侵。用这样的原则来做事，就会无不成功；用这样的原则来寻求援助，就会无不求得。岳飞既然有亲自承担国家大任的志向，要巩固赵宋的统治，为什么不重视这个原则呢？

宋氏之以猜防待武臣，其来已夙矣。高宗之见废于苗、刘①而益疑，其情易见矣。张浚②之褊而无定，情已见乎辞矣。张俊③、刘光世④之以故帅先达不能相下，其隙已成矣。秦桧之险，不可以言语争、名义折，其势已坚矣。而且明张纪律，柔声下气，以来牛酒之欢迎；而且缀采敷文，网罗文士，以与张九成⑤等相为浃洽；而且内与谏臣迭相扬诩，以辨和议之非；而且崖岸自矜，标刚正之目，以与奸臣成不相下之势；而且讥评张俊，历诋群将,以折张浚之辨。合宰执⑥、台谏⑦、馆阁⑧、守令⑨之美,而皆引之于身,以受群言之赞颂。军归之,民归之,游士⑩、墨客⑪、清流⑫、名宿⑬莫不归之。其定交盛矣,而徒不能定天子之交;其立身卓矣,而不知其身之已危。如是而欲全其社稷之身以卫社稷也,庸可得乎?

注释:

① 高宗之见废于苗、刘:建炎三年(1129)三月,武将苗傅、刘正彦在杭州发动兵变,宋高宗被软禁,并被逼传位于幼子。后被韩世忠等率兵平定,高宗得以复位。

② 张浚:南宋初期文臣,详见前文注释。

③ 张俊:南宋初期武将,详见前文注释。

④ 刘光世:南宋初期武将,详见前文注释。

⑤ 张九成(1092—1159):杭州钱塘(今浙江杭州)人,字子韶,号横浦居士,又号无垢居士。少游京师,从杨时学。宋高宗时进士。授镇东军签判,因与上司意见不合,弃官归乡讲学。后应召为太常博士,历任宗正少卿、侍讲、权礼部侍郎兼刑部侍郎。为官不附权贵,主张抗金,反对议和,为秦桧所忌,谪守邵州,不久又革职,复以"谤讪朝政"罪名,谪居十四年。秦桧死,重新起用,知温州。因直言上疏不纳,辞官归故里。研思经学,杂以佛学。对经学有独创见解,后形成"横浦学派"。

⑥ 宰执:宋朝宰相与执政的统称。宋前后以同中书门下平章事、同平章事、上书左右仆射、左右丞相、侍中为宰相,以参知政事、门下侍郎、中书侍郎、尚书左右丞、枢密使、枢密副使、知枢密院事、同知枢密院事、签书枢密院事等为执政。

⑦ 台谏:即御史台、谏院的官员。御史台为监察机关,掌纠察官邪、肃政纲纪、大事廷辩、小事奏弹。谏院,掌规谏朝政缺失的中央官署。宋代谏官并不专任谏职,也掌弹劾大臣,而御史台的御史,也并非专察官僚,言事御史(殿中侍御史)即主要是向皇帝进言,其职责类同谏官。宋代常以"台谏"并称。

⑧ 馆阁:宋时有昭文馆、史馆、集贤院,称三馆,分掌图书、经籍、修史等事。又有秘阁、龙图阁、天章阁,主要是藏经籍、图书及历代御制典籍。统称馆阁。三馆、秘阁官员和集贤殿修撰、直龙图阁统称馆职,为文臣清贵之选。

⑨ 守令:郡守、县令等地方官的通称。

⑩ 游士:从事游说活动的人。

⑪ 墨客:旧时对文人的别称。因文人要用笔墨写诗文,故称。

⑫清流：旧时用以指负有时望的清高的士大夫。

⑬名宿：素来有名望的人。

译文：

宋朝用猜忌防范的态度对待武将，已经由来已久。宋高宗经过被苗傅、刘正彦废黜的事件后，对武将更加怀疑。这种情况已经很容易看出来了。张浚气量狭小，又没有确定的见解，这种情况已经在他的话语中表现出来了。张俊和刘光世凭借自己过去是岳飞主帅和前辈的身份，不愿意服从岳飞的领导，他们之间的裂痕已经形成。秦桧奸诈阴险，不能用言论和他争辩，也不能指望用名誉和道义使他折服，他的权势已经很牢固了。岳飞自己又治军纪律严明，对人温和谦逊，以致人们都用牛、酒等物资来欢迎他；他又写诗词文章，召集读书能文之人，与张九成等情意融洽；又在朝廷内与谏官们互相称颂，争辩与女真讲和的错误；又高傲自负，标举刚毅正直的名义，与奸邪的大臣形成互不让步的局势；又谴责张俊，逐个批评众将，驳斥张浚的辩论。这样一来，他就把原本属于宰执大臣、御史台和谏院官员、三馆和秘阁官员、知州、知府、知县等的美誉，都集合到他一个人身上了，从而受到众人的交口称誉。士兵拥护他，百姓爱戴他，说客、文人、负有时望的清高士大夫、素来有名望的人，没有不拥护他的。他定立的交情可谓盛大了，但却唯独不能与皇帝定立交情；他自我树立可谓卓越了，但却不知道自身已经危险了。如此，还想保全他的爱国之身来保卫国家，又怎么能做得到呢？

呜呼！得失成败之枢，屈伸之间而已。屈于此者伸于彼，无两得之数，亦无不反之势也。故文武异用，而后协于一。当屈而屈者，于伸而伸，非迫求而皆得也。故进退无恒，而后善其用。岳侯受祸之时，身犹未老。使其弢光敛采，力谢众美之名，知难勇退，不争旦夕之功；秦桧之死，固可待也，完颜亮之背盟①，犹可及也。高宗君臣，固将举社稷以唯吾是听，则壮志伸矣。韩②、刘（原注：锜）③、二吴④不惩风波之狱⑤，而共畜余威以待时，承女直内乱以蹴归师，大河以南，无难席卷。即不能犁庭扫穴以靖中原，亦何至日蹙月削，以迄于亡哉？故君子深惜岳侯失安身定交之道，而

中华经典史评 宋论

尤致恨于誉岳侯者之适以杀岳侯也。悠悠之歌诵，毒于谤讪，可畏矣夫！知畏之，则所以弭之者，亦必有其道矣。

注释：

① 完颜亮之背盟：宋高宗绍兴十一年（1141）十一月，宋金订立"绍兴和议"，双方停战。三十一年（1161）九月，金主完颜亮撕毁盟约，发兵南侵。

② 韩：指韩世忠，南宋初期武将，详见前文注释。

③ 刘锜：南宋初期武将，详见前文注释。

④ 二吴：指吴玠、吴璘，南宋初期武将，详见前文注释。

⑤ 风波之狱：指岳飞被害事件。实际上，岳飞是在监狱中被拉胁而死，也有史料说是被毒酒毒死；后世传说死于风波亭，但现存宋代史料中无此记载，不可信。

译文：

唉！是得是失、是成功还是失败，关键就在于是否能随时进退，忍耐于一时。在此处忍耐退让，就会在他处得到伸展前进，没有两个方面都可兼得的道理，也没有不相反相成的发展势头。因此，文武各有不同的用处，然后才能统一到一起来。该忍耐退让的时候就要忍耐退让，该伸展前进的时候就要伸展前进，不急着强求就都会得到。前进和退让并没有一成不变的模式，然后才能妥善地加以利用。岳飞被害的时候，年龄还不大。如果他能隐藏才能，不使外露，尽力辞让各种美好的名誉，知道难为就果断地退让，不去争夺短期的功绩，那么，秦桧的病死，他自然可以等到，女真皇帝完颜亮的背弃盟约、率兵南侵，也还可以赶上。到那时，宋高宗和大臣们，自然要把国家重任交给他来处理，于是他那宏大的志愿也就可以得到实现了。韩世忠、刘锜、吴玠、吴璘没有岳飞被杀的前车之鉴，积蓄遗留的威力，等待时机，趁女真军队内乱、后退之时，追击他们，那么，黄河南北是很容易全部占有的。即使不能彻底摧毁敌人、平定中原，又何至于一天天地疲敝削弱下去，以至最后灭亡呢？因此，后世君子非常惋惜岳飞不讲究安定自身、确定交情的原则，更对那些赞誉岳飞而反过来正好害了岳飞的人表示怨恨。无穷无尽的赞美，比诽谤还要害人，太可怕了！明白了赞美的可怕，那么对于应该怎样消除它，也就必须要讲究合适的方法和原则了。

岳飞之死

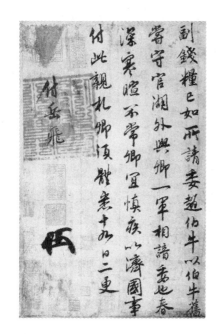

宋高宗给岳飞手札

宋高宗和秦桧本就处心积虑地要削夺武将兵权，金将完颜兀术发来的国书，又使罢兵权与乞和连在一起，于是他们更加紧了收兵权的步伐。绍兴十一年(1141)四月，他们以调虎离山、明升暗降的阴谋手段，削夺了岳飞等三大将的兵权，随后将韩家军、岳家军肢解。七月，秦桧唆使其死党万俟卨弹劾岳飞。八月，岳飞上表辞位，恳求高宗"保全于始终"。但高宗已决意下毒手，因而他虽批准了韩世忠的辞官要求，但却把岳飞留于闲职，以便任意宰割。随后，张俊接受秦桧指使，胁迫岳飞部将王贵、王俊，诬指张宪与岳飞串通谋反。高宗遂下旨，特设诏狱审理此案。十月，他们用阴谋手段将岳飞、岳云投入大狱。几次审讯后，主审官何铸良心未泯，主动向秦桧力辩岳飞无辜。秦桧即奏请高宗，改由万俟卨审理。面对酷刑逼供，岳飞愤然写下"天日昭昭！天日昭昭"八个大字。早已杜门谢客、口不言兵的韩世忠，不顾安危，去当面质问秦桧，被答以"此事体莫须有"。眼见年终临近，高宗想轻松度过春节，于是秦桧胡乱结案，拟将岳飞处斩刑，岳云徒刑，张宪绞刑。但高宗这个独夫民贼并不满足，而是特意下旨：岳飞"赐死"；岳云和张宪依军法，在闹市处斩。从此，每年腊月二十九日，就成了三位民族英雄的忌日。

中华经典史评 宋论

论秦桧之奸

　　本篇为《宋论》卷十《高宗》第十四条。秦桧出身门第不高，其父举进士后，做过几任地方官，皆以清白闻名。他自己也以进士入仕。北宋灭亡时，他力主抗金，反对割地，向金人上书，表现了一定的民族气节，因而被金人掳掠北去。但很快变节投降，甘愿为金朝侵略充当马前卒，遂被放回南宋。见到宋高宗后，他当即献上停止抗战、对金乞和的策略，受到高宗极度赞扬，很快跃居相位，但一年后获罪罢去。几年后，他因各种因缘复相。此时金朝正对南宋采取诱降政策，他积极遥相呼应，力主和议。在高宗支持下，他将反对者全部逐去，代替高宗对金朝使臣行跪拜礼，与金人达成了第一次和议。不料金朝内部主战派上台，撕毁和约，发兵南侵。南宋军民忍无可忍，奋起抗战，取得自立国以来最为辉煌的胜利。秦桧和高宗急忙从中破坏，随后又以阴谋手段解除诸将兵权，制造岳飞冤狱，与金人达成屈辱的"绍兴和议"。金人要求由秦桧任终身宰相，高宗一口应承。紧接着，秦桧诬谄善类，清洗抗战派，高宗则不断给秦桧加官进爵，最后竟达到"无官可酬"的地步。秦桧病重时还妄图由其养子世袭相位，遭到早就有怒不敢言的宋高宗的拒绝，一气死去。王夫之本篇，就是对秦桧罪恶一生所作的分析评论。

势无所藉,几无所乘,一念猝兴,图度天下,而期必于为天子者,自古迄今,未之或有。帝王之兴也,无心干禄,而天命自归,先儒之言详矣,非虚加之也。帝尧①之世,岳牧②盈廷,九男非皆败类,耕稼陶渔者,而谓帝将禅我乎? 武王③养晦,年已耄④矣,使大命未就而崩,非不寿也,冲人方弱,保国不遑,而况及天下? 然且俟之十三年,而后秉钺以麾。假之年而赞其精魄,天也,非武王之可必也。故圣王无取天下之心,而乘时以御,因之而已。圣人且不可必,而况下此者乎?

注释:

①尧:传说为上古帝王,详见前文注释。

②岳牧:相传尧舜时有四岳、十二州牧分管政务和方国诸侯,合称岳牧,后泛指封疆大吏。

③武王:即西周武王姬发,周文王子。用姜子牙、周公旦等辅政,以商纣王暴虐无道,率师灭商,建立周朝,两年后死。

④耄(mào):八十、九十岁,一说七十岁。也泛指老年。

译文:

没有势力可以凭借,没有机会可以利用,突然产生一个念头,就想去夺取天下,而且满怀希望,认为必然能够做君主,这样的事情,从古到今,还没有过。帝王的兴起,不是他们有意去求官求富,但上天却很自然地属意于他,对此,前代学者已经讲得很详细了,决不是随随便便加在他们身上的。尧帝的时候,官员有四岳、十二州牧,九个儿子也不都是品行恶劣的人,农民、手工业者和渔民会说尧帝将让位给我吗? 周武王隐居待时,年龄已经很老了,即使没有完成建立周朝的大任就已死去,也不能说不是长寿了。当时他的儿子还小,力量也衰弱,保卫本土都来不及,何况要去夺取整个天下呢? 但他仍等待了十三年,然后才执掌兵权,指挥灭商。借给他年龄、帮助他精神的,是上天,不是武王自己能一定做到的。因此,圣明的帝王并没有夺取天下的想法,他只是趁着时机而控制天下的,是借机会罢了。圣人都不能必然做到,更何况不如圣人的人呢?

一介之士,策名于当时者,或为偏裨,或为文吏,目之所规,心之所成,虽拓落而不可涯量,而其大概可知也。生死屈伸,荣辱贵贱,且乘于不测之数。志所至者,望之而不能必至;志所未至者,姑试之而渐进焉,非其所期也。使方小得志之日,遽踸踔以跃起,曰:"吾将奄有方国,南面以驭四海之英尤,使俯首而称臣妾。"非狂人其孰念及此? 藉其有此,必蹶然一起而疾就诛夷。故以知乱臣贼子之成乎篡夺者,亦初无此固获之情也。曹操[1]之自言,"死而题征西将军之墓",岂尽欺人哉? 桥玄[2]未尝期以天子,而操感其知己,则出身仕汉之初,无窥夺刘宗[3]之志,明矣。知此,则人主之驭臣,防其所不必防,而不防其所防者,非明于豫防之道者也。

注释:

①曹操(155—220):即魏武帝。沛国谯县(今安徽亳州)人,字孟德,小名阿瞒。初举孝廉,任洛阳北部尉,迁顿丘令。后在镇压黄巾起义和讨伐董卓的战争中,逐步扩充军事力量。建安元年(196),迎汉献帝都许(今河南许昌),从此用其名义发号施令,先后削平吕布、袁绍等割据势力,逐渐统一中国北部。后进位丞相,率军南下,在赤壁被孙权、刘备联军击败。进封魏王。子曹丕称帝后,追尊为武帝。他在北方屯田,兴修水利,解决了军粮缺乏的问题,对农业生产的恢复有一定作用;用人唯才,罗致地主阶级中下层人物,抑制豪强,加强集权。所统治的地区社会经济得到恢复和发展。精兵法,善诗歌,散文亦清峻整洁。

②桥玄(109—183):东汉梁国睢阳(今河南商丘南)人,字公祖。少为县功曹,举孝廉,曾为豫章从事。汉桓帝时历任齐相、上谷太守,后为度辽将军,击退鲜卑、南匈奴。灵帝初,累迁司空,转司徒。后拜太尉,以疾罢。为人清廉无余财,举贤不避仇怨,时人称之。

③刘宗:指东汉政权,因东汉为刘秀所建,故王夫之称之为"刘宗"。

译文:

一个普通的士人,在当时出仕为官,或者是偏将,或者是文职小官,眼里所规划的,心里想成就的,即使宽广而不可限量,但其大致情况还是可以推知的。况且生与死、失意与得意、光荣与耻辱、富贵与贫贱,还有偶然因素在起作用。心里认为能做到的,是希望实现但不能保证必然做到;心里认为不能做到的,可以姑且试试而逐渐去做,但不是他希望必然要得到的。如果在志愿刚稍稍有所实现的时候,就跳跃而起说:

"我就要包有州郡，南面称帝，控制全国各地的英才，让他们向我低头称臣。"如果不是狂妄的人，有谁会想到这些呢？即使他有此想法，一定也会突然发起而又迅速被平定下去。由此可知，那些造反作乱、最终能实现篡夺皇位的人，最初也没有这种必然成功的想法。曹操自称，"我死后就在墓碑上题写'汉朝征西将军之墓'"，这话哪里全是骗人的呢？桥玄对他从未以君主相期望，这使曹操感到桥玄是真正了解自己的人，显然他刚在汉朝当官时，并没有窥伺刘氏汉家天下的想法。明白了这些，也就知道，君主控制臣子，防范其所不必防范的，不防范其所该防范的，是不懂得预先防范的原则。

秦桧①专政之暮年，大起刑狱，将尽杀张②、赵③、胡④、洪⑤诸公，逮及宗室⑥。当斯时也，诸公窜处遐方，不得复进一议，论和议之非，于桧无忤也。和已成，诸将之兵已解，桧总百揆，膺世禄，其所欲者无不遂也。桧死，而高宗急释赵汾，召还迁客，则桧之深甚诸公，非必逢君也。桧之诛逐异己，不欲憖留一人者，岂仅快一时之忿忮哉？遍置其党于要津，而不使宋有一亲臣之可倚，骨鲠已空，发蒙振落者疾起而收之，桧之厚植其势者，势无不成也。高宗之年已耄矣，普安⑦拔自疏远，未正嫡嗣之名；一旦宫车晏驾，桧犹不死，则将拔非所立之冲幼暂立之，旋起夺之；外有女直以为援引，内有群奸以为佐命，赵氏宗祊⑧，且在其心目之中，易于掇芥。桧之志，岂待吹求而始见哉？

注释：

①秦桧：南宋初期奸臣，详见前文注释。

②张：指张浚，南宋初期文臣，详见前文注释。

③赵：指赵汾，赵鼎之子。赵鼎于绍兴十年（1140）被秦桧唆使人弹劾，宋高宗遂将他一贬再贬，七年后，流放在海南岛的赵鼎为保全赵汾及一家，被迫不食而死。二十五年，秦桧又唆使人诬告赵汾与宗室赵令衿过从甚密，有谋反意，高宗将二人下狱。赵汾在大理寺狱中被拷掠无全肤，并被胁迫自诬与张浚、李光等谋大逆。幸秦桧病死，冤狱才中辍。但高宗虽将他释放，仍给予降二官处分。

④胡：指胡寅（1098—1156），建宁崇安（今福建武夷山）人，字明仲，学者称致堂先

中华经典史评 宋论

生。宋徽宗时进士。钦宗时，除秘书省校书郎。北宋灭亡，弃官归家。高宗即位后，召为驾部员外郎，历官起居郎、中书舍人、礼部侍郎兼侍讲、直学士院等，曾上书高宗，陈抗金大计，论苟安议和之非，反对遣使入金。秦桧当政，深忌之，以讥讪朝政落职，安置新州。桧死，复旧官。生平志节豪迈，多次上疏论恢复中原。

⑤洪：指洪皓（1088—1155），饶州鄱阳（今江西波阳）人，字光弼。宋徽宗时进士。高宗时，以徽猷阁待制、假礼部尚书出使金朝，以不屈被扣押。力拒金人官职，屡以敌情辗转上达，十五年后始还。除徽猷阁直学士，提举万寿观，兼权直学士院。在朝大义凛然，因忤秦桧，屡遭贬。博学强记，善诗词，多怀念家国之作。

⑥宗室：古代皇族之人。这里指赵令衿（？—1158），他是宋太祖长子赵德昭玄孙，号超然居士。宋徽宗时中舍选，钦宗初为军器少监，因言事忤旨，免官。高宗时，召为都官员外郎，因请留抗战派张浚罢官。后知泉州。绍兴二十五年（1155），坐谤讪秦桧入狱。秦桧欲置之死地，唆使人诬告他与赵汾过从甚密，有谋反意，又诬告他与张浚等谋大逆。幸秦桧病死，冤狱才中辍。复爵，授明州观察使，加庆远军承宣使。

⑦普安：指普安郡王赵昚（shèn），高宗养子，后即位为孝宗。

⑧宗祊：宗庙。

译文：

　　秦桧专权擅政的晚年，滥施刑罚，制造冤狱，想要全部杀掉张浚、赵汾、胡寅、洪皓等人，并连累到皇族之人。当时，这些人被贬逐到荒远的地方，不能再上奏任何言论，批评与女真讲和的错误，已经触犯不到秦桧了。和议完成之后，诸位大将的兵权已经被解除，秦桧统领百官，与儿孙一起享受禄位，只要他想做就没有做不成的事情。秦桧死后，宋高宗很快释放赵汾，召回被逐的官员，可见秦桧残酷毒害这些人，不一定是迎合高宗的意思。秦桧诛杀、贬逐政敌，不想遗漏一人，难道仅是为了痛快地发泄一时的怨恨和嫉妒吗？他把党羽全部安排在朝廷显要的职位上，不让高宗有一个亲近大臣可以依赖，朝廷上已经没有了正直大臣，他只要轻而易举地迅速收拾局面，以他培植的雄厚势力，势必没有什么做不成的。高宗年龄已老，普安郡王赵昚是从远亲中选拔来的，还没有被正式确立为太子的名号；一旦高宗死去，秦桧还没有死，秦桧就会另外选拔一位并非高宗确立的太子人选的小孩，暂时立为皇帝，不久他自己就起来抢夺皇位；国外有女真为他做援助，国内有众多奸臣为他做辅佐,抢夺赵氏皇朝,就会在他心目中比捡起一根小草还要容易。秦桧的志向,还用吹毛求疵才能发现吗?

乃当靖康之年,始立台端,与马伸等共请女直立赵后①,未尝念及此也。及其自虏来归,受挞懒②旨,力主和议,亦祇求和成而居功受赏已也。即至逢高宗之欲,班北伐之师,解诸将之兵,独立百僚之上,犹未能遽取必于邪逆之成也。已而诸贤窜矣,岳侯③死矣,韩世忠④谢事闲居,刘锜⑤、二吴⑥敛手听命,张俊⑦总领诸军之愿不遂,而亦废处矣。所欲为者,无不可为;所不可致者,无不致也。周回四顾,知天下之无能如己何,高宗亦惴惴然不知所以驭己;然后睥睨神器,而以诛逐先试其凶威。势之所激,鼠将变虎,亦奚待操心已久而后成乎大恶哉?故《易》⑧曰:"履霜,阴始凝也;驯致其道,至坚冰也。"驯致者,初非所至而渐以成乎至也。

注释:

① 与马伸等共请女直立赵后:宋钦宗靖康二年(1127),金灭北宋后,建立张邦昌傀儡政权,监察御史马伸在御史台倡议对此事公开表态,并亲自起草了一份议状,请求金人立皇族赵氏后人,号召众人签名。御史中丞秦桧身为御史台之长,在同僚的督促下,不得已才签名。但他又担心言词过于激烈,会得罪金人,于是便以朝散郎、试御史中丞致仕的名义单独上状,不仅删除了马伸原件中所有较为激烈的言辞,而且降格为仅求立赵氏宗室中没有参与过策划背弃与金盟约之人。但当时金军志在消灭赵宋政权,根本不予考虑,并在撤兵时将秦桧夫妇等一并驱虏北上。后来这份议状成了秦桧的政治资本,秦桧回到宋朝后还加工作伪,以致宋金双方存在两份内容并不相同的同一个文件。

② 挞懒(? —1139):即完颜昌,女真名挞懒。早年参与对辽作战,追袭辽帝,屡败辽将,为奚六路军帅,平定中京境内各郡县。金太宗时对宋作战,取山东诸地,自元帅左监军升右副元帅。后为左副元帅,封鲁国王。力主立宋降臣刘豫为齐皇帝,将汉奸秦桧纵归南宋,后又促使金廷废刘豫傀儡政权,力主以河南、陕西之地归还宋朝,诱使宋朝向金称臣。与完颜宗磐、完颜宗隽等结纳,专横跋扈,遭到完颜希尹等强烈反对。完颜宗磐、宗隽等被杀,他被贬为行台尚书左丞相,出守燕京。后被诬谋反,自燕京南逃,被完颜宗弼(即兀术)追捕处死。

③ 岳侯:即岳飞,详见前文注释。

④韩世忠:南宋初期武将,详见前文注释。

⑤刘锜:南宋初期武将,详见前文注释。

⑥二吴:即南宋初期武将吴玠、吴璘,详见前文注释。

⑦张俊:南宋初期武将,详见前文注释。

⑧《易》:即《周易》,详见前文注释。

译文:

在北宋靖康二年亡国时,秦桧刚到御史台做官,和马伸等人共同请求女真册立赵氏后人为帝,还没想到要夺赵氏皇位。等到他从女真回来时,接受了挞懒的命令,极力主张向女真求和,他也只是希望讲和成功而因功领赏罢了。就是到了正赶上高宗实现求和的欲望,撤回北伐的军队,解除众将的兵权,他独自为相,位在百官之上时,仍没有立即想到一定会篡位成功。不久,诸位贤良大臣被贬逐出朝廷,岳飞被害,韩世忠辞官家居,刘锜、吴玠、吴璘恭顺地听从命令,张俊统辖全国军队的心愿没有实现,而且也罢官落职了。他所想做的,没有什么不能做的了;原来所不能做到的,也没有什么做不到的了。环顾四周,他知道天下人已经不能把他怎么样,高宗也恐惧害怕得不知道如何控制他。至此以后,他开始窥伺皇位,并先以诛杀、贬逐大臣,尝试着施行其凶恶的淫威。被形势激发,老鼠也将变成老虎,更何况是已经考虑了很长时间之后才形成的大罪恶呢?因此《周易》上说:"踩到霜时,就要想到,阴气已经开始凝结,顺着这个趋势继续发展下去,就会出现坚硬的冰了。"继续发展下去的意思是,起初并没有形成,而是逐渐才形成的。

呜呼!宋之猜防其臣也,甚矣!鉴陈桥之已事①,惩五代之前车,有功者必抑,有权者必夺;即至高宗,微弱已极,犹畏其臣之强盛,横加锄削。乃桧以文墨起家,孤身远至,自可信其无他。而罅从中决,成巨浸以滔天,成乎萧衍②、杨坚③之势。高宗藏刃靴中④,思与争死,而莫能自振,固非前此所能逆睹。则欲辨霜冰于早,亦奚辨而可哉?

注释:

①陈桥之已事:指宋太祖赵匡胤在陈桥驿发动兵变,夺取后周政权之事。

②萧衍(464—549)：即南朝梁武帝，南兰陵中都里人(今江苏省武进县西北)，字叔
　　达。仕齐，历官宁朔将军、雍州刺史。后乘齐乱，篡而自立。在位四十八年，勤政
　　爱民。晚年，因诸皇子争夺皇位继承权，内部矛盾日趋激化。东魏降将侯景等发
　　动叛乱，攻入建康，他被囚饿死。博学能文，即位后重用文士，提倡文学创作，又
　　工书法，通音乐。笃信佛教，曾三次舍身同泰寺。
③杨坚(541—604)：即隋文帝，弘农华阴(今陕西华阴东)人，世居武川(今内蒙古武
　　川西)。仕北周，袭父爵为隋国公，以左大丞相总揽朝政。先后平定多处叛乱，进
　　爵隋王。后自立为帝，改国号隋。在位期间，结束南北朝分裂局面，统一全国。
　　改革官制，建三省六部制，改南北朝以来的州郡县三级制为州县两级制，收州郡自
　　选僚佐权于中央，废九品中正制。颁行《开皇律》。继续推行均田制，兴修水利，
　　开通漕路，整顿户籍，减轻徭役赋税，统一货币和度量衡。使国势强盛，经济繁
　　荣，人丁大增。他勤于政务，自奉甚俭，但崇信佛教，任人出家，大建寺塔。晚年
　　靡费财力，大兴土木，累死丁夫数万，加以用法严峻，社会矛盾加剧。后被太子杨
　　广杀死。
④高宗藏刀靴中：宋金"绍兴和议"以后，秦桧把持政权，权势欲不断膨胀，企图把宋
　　高宗变成一个完全由自己摆布的傀儡皇帝。高宗与他明争暗斗，但因缺乏有效
　　的制约手段，遂在每次接见秦桧时，膝裤中总是藏有匕首，以防不测。

译文：

　　唉！宋朝猜忌防范大臣，实在是太厉害了！它取鉴于陈桥兵变的
往事，惩戒五代时武将跋扈夺位的教训，对有战功的人一定压制，对有
兵权的人一定削夺；就是到了高宗时，国力弱小到了极点，仍然害怕武
将的势力强大起来，对他们大肆剥夺。但秦桧是以文章写作出仕做官
的，又是一个人从遥远的女真地区来到朝廷，自然可以相信他没有其他
想法。不料缝隙从内部裂开，形成大水以至漫天，形成萧衍、杨坚那样
篡夺政权的趋势。高宗在靴中藏刀，想在受到威胁时和秦桧拼命，但却
不能自我振奋起来。这当然不是此前所能预料和看到的。如此，想要
早早地分辨出霜和冰，需要怎样分辨才可以呢？

　　夫霜非冰也，而阴森惨冽之气，一夕流空，则怆然怀栗之情，自感人之
志气，欲辨之，亦何难辨之有乎？不可辨者，志也；所可辨者，人也。志，无
定者也。志于正者，势溢而志或以淫；志于邪者，力穷而志因以诎。人，有

定者也。贤者之志虽已移，而必有所惮不敢为；奸人之志虽未萌，而必有所恃以操其利。故察之于始，桧非有操①、懿②之心，勿容苛论也。考之于其所行，不难为石敬瑭③、刘豫④之为者，岂有察之而不易知者乎？

注释：

①操：即曹操，详见上文注释。

②懿：即司马懿（179—251），河内温县（今河南温县西南）人，字仲达。出身豪族。早年为郡小吏，后被曹操辟为文学掾。曹丕被立为太子后，他任太子中庶子，为曹丕"四友"之一，是曹丕智囊团的主要人物。曹丕代汉称帝后，他任丞相府长史，又为督军御史中丞。魏明帝继位，他以顾命大臣迁抚军大将军，统领禁军。又任骠骑大将军，都督荆、豫二州军事，主持对吴攻战。齐王曹芳继位，他与曹爽共同辅政。后诛杀曹爽及其党羽，夷其三族。两年后死，其子司马师、司马昭辅政。其孙司马炎称帝后，追尊他为"宣帝"。

③石敬瑭：五代时期后晋高祖，详见前文注释。

④刘豫：南宋叛臣，金朝册立的伪齐皇帝，详见前文注释。

译文：

霜不是冰，但它阴暗惨淡寒冷的气势，一旦在晚上从空中传布开来，悲伤恐惧的情调就会影响到人的志气，想要分辨，又有什么困难呢？不能分辨出来的，是志向；能分辨出来的，是人品。志向是不确定的。志向端正的人，势力强大后，志向或许有所改变；志向奸邪的人，没有势力时，志向会因之屈服。人品是确定的。贤良之人，即使志向有所改变，但一定有畏惧不敢做的事情；奸邪之人，即使志向尚未产生，但一定有所依赖以控制利益。因此从最初的情况考察，秦桧没有曹操、司马懿那样篡位的想法，这是不能予以苛刻的批评的。但考察他的所作所为，很容易看出，他做的就是石敬瑭、刘豫所做的事情，又怎么会考察后还不能容易地知道这一点呢？

其被囚而北也，与何桌①、孙傅②、司马朴③同系，而独不见杀；其羁于女直也，与洪皓④、朱弁⑤同留，而不与同拘；其脱身以返也，保有其妻孥，而尽室以安归；则其狃凶狠之骄疠，使帖然听己之徜徉者，可畏也。张浚⑥、赵鼎⑦、李纲⑧、胡寅⑨皆高宗患难之君臣，屡退屡进，而莫能相舍；朝野兵民众望所归，而共倚其成；桧一得志，而屏息窜逐，莫敢与争者，可畏也。岳侯所收群盗，力战中原，将士乐为之死；而削之、斥之、囚之、杀之，曾莫有敢为之鸣控者，可畏也。韩世忠抚数万之众，脱高宗于幽絷⑩，上得君心，下孚群望；而独于桧不能一词相拒，俯首解兵，苟以自全者，可畏也。张俊位望最隆，与桧合谋⑪，夷岳氏之族⑫，思得其兵；而桧转盼相违，夺兵去位，曾不能以夙约责桧，而帖耳伏从，尤可畏也。挟此数可畏之才，欲为则为之，为之甫成而又进为之；力甚鸷，机甚巧，其锐往而无定情也甚狡，其执持扼要而操以必得也甚坚；则不必久怀篡夺之心，乘乎可篡而篡焉，复何所戢而中止乎？

注释：

①何㮚(1089—1127)：仙井监(今四川仁寿)人，字文缜。宋徽宗时进士。官秘书省校书郎，提举京畿学事，历起居舍人、中书舍人、御史中丞。因弹劾王黼，出知泰州。钦宗立，复以中丞召，寻迁翰林学士，进尚书右丞、中书侍郎。力阻割地，请建四道总管，使统兵入援。拜尚书右仆射兼中书侍郎，请以康王赵构为天下兵马大元帅。北宋灭亡，随徽、钦二帝被掳北去，至金营后绝食而死。

②孙傅(1078—1128)：兖州泗水(今属山东)人，一说海州(今江苏连云港)人，字伯野，一字圣求。宋哲宗时进士。徽宗时，中词学兼茂科，历礼部员外郎、秘书少监、中书舍人，后被贬。钦宗即位，任兵部尚书。上章乞复祖宗法度，认为祖宗法惠民，神宗时期新法惠国，徽宗时期新法惠奸。拜尚书右丞、同知枢密院事。金军围京师，他亲冒矢石御敌，但尊信术士郭京。汴京陷落后，拒不签名推戴张邦昌。后从太子至金营，卒于金。

③司马朴：陕州夏县(今属山西)人。司马光兄司马旦孙。少时养于外祖范纯仁家，以外祖遗恩入仕，调晋宁军士曹参军。钦宗即位，入为虞部、右司员外郎，兵部侍郎。金军次汴郊，受命为使。城陷，贻书金人请存立赵氏，为金人挟掳北去。金人命为行台左丞，辞不受。至燕京，闻徽宗卒，服斩衰，朝夕哭。曾遣人以金朝情实归报。

④洪皓：南宋前期文臣，详见上文注释。

⑤朱弁(1085—1144)：徽州婺源(今属江西)人，字少章，号观如居士。高宗时，自愿使金，以诸生补修武郎，擢任通问副使，随王伦赴金，言和战利害甚悉，被金人拘

留。金人迫仕伪齐,誓死不屈,被留十七年始得南归。劝高宗勿失恢复时机,被沮于秦桧,终奉议郎。善文章,在金思念故国之诗,深切婉转。

⑥张浚:南宋初期文臣,详见前文注释。

⑦赵鼎:南宋初期文臣,详见前文注释。

⑧李纲:南宋初期名相,详见前文注释。

⑨胡寅:南宋初期文臣,详见上文注释。

⑩韩世忠抚数万之众,脱高宗于幽絷:高宗建炎三年(1129)三月,武将苗傅、刘正彦等在杭州发动兵变,将高宗软禁,并逼其让位于幼子。韩世忠等起兵平叛,杀苗傅、刘正彦等,拥立高宗复位。

⑪张俊与桧合谋:绍兴十一年(1141)四月,宋高宗和秦桧解除岳飞、韩世忠、张俊三大将兵权。此前,张俊与秦桧约好:罢三大将兵权后,把全国兵权交张俊一人掌管。于是在罢兵权时张俊率先拥护,此后更是与秦桧沆瀣一气,残害忠良。但岳飞死后,秦桧唆使党羽弹劾张俊,说他有图谋皇位的野心。宋高宗出面保他无谋反之事,但却趁机将他罢职赋闲。

⑫夷岳氏之族:按照秦桧等原拟判决,岳飞处斩刑,其子岳云徒刑,部将张宪绞刑。但宋高宗下旨:岳飞"赐死";岳雲和张宪依军法,在闹市处斩。岳飞、岳雲遂全部遇害。

译文:

秦桧被女真人囚禁、带到北方,路上与何㮚、孙傅、司马朴被囚禁在一起,却唯独没有被杀;他被羁押在女真军营中时,与洪皓、朱弁一同被拘留,但没有和他们拘押在一起;他离开女真军营返回时,带着妻子随从,全家安全地回到南宋,这些都说明,他与凶恶狠毒的敌人的关系非常亲近,能够使他们顺从地听由自己自由自在地行走,这是秦桧令人畏惧的一个方面。张浚、赵鼎、李纲、胡寅都是与高宗一起度过困难和危险的大臣,虽多次被罢官,但也多次复出任官,高宗不能舍弃他们不用,朝野上下、士兵百姓都信任他们、依靠他们;但后来秦桧得势以后,这些人或是畏惧他而不敢出声,或是被贬逐出朝廷,竟没有人敢和他争辩,这是秦桧令人畏惧的一个方面。岳飞所收编的农民义军,和岳飞一起在中原奋战,将领和士兵都愿意为岳飞拼死战斗;但秦桧削夺了岳飞的兵权,继而又将岳飞斥退、囚禁和杀害,竟没有人敢为岳飞鸣冤控诉,这是秦桧令人畏惧的一个方面。韩世忠掌握着几万人的军队,又曾将高宗从拘禁中解救出来，上得皇帝信任，下得民众拥护，但唯独对秦桧不能有任何抵抗，顺顺当当地解除了兵权，才暂且保全了自己，这是秦桧令人畏惧的一个方面。张俊官位最高、声望最盛，与秦桧共同密谋，杀害岳飞父子，想要得到岳飞原有的军队；但秦桧很快反过来违背了二人的约定，将张俊削夺兵权，罢去官职，张俊也未能用原来的约定来斥责秦桧，而是乖乖地听从摆布，这就更加令人畏惧了。秦桧依仗着这些使人畏惧的才能，想做什么就做什么，刚做成一件事又继续做另一件事。他的势力极其强大，心机极其奸诈，他锐意前进而没有确定的心意，可谓极其狡猾，他控制要害而持必须获得之心也极其坚定，因此，他不需要经过长时间的怀有篡夺皇位的想法后才去篡夺，而是趁着可以篡夺的时机实施篡夺，又怎么会有所收敛而中途停止呢？

主和议者，前有汪①、黄②，后有汤③、史④，而人敢与争者，有可争之势也；君不固信者，无可信之术也。故旋用旋黜，而终不胜公论之归。桧独尽钳天下之口，尽反数十年之为，狡夷且入其牢笼，六军皆安其解散，爪牙角距⑤，岂一旦之能快搏噬哉？当其时，觌其面目，观其设施，闻其言说，苟有庸心于鉴微知著者，奚问其志哉？即其人而知之有余矣。坚冰者，非霜志也，势也。或驯致之，或不终致之，存乎辨之者尔。弗庸猜防也，弗庸禁制也，尤弗进而问其心也，固已辨矣。胡康侯⑥之为桧欺也，据目前之志，忘驯致之变，宜其惑已。

注释：

①汪：即汪伯彦，南宋初期文臣，详见前文注释。

②黄：即黄潜善，南宋初期文臣，详见前文注释。

③汤：即汤思退（？—1164），处州青田（今属浙江）人，字进之。宋高宗时，举博学宏词科，除秘书省正字。以依附秦桧，官至签书枢密院事兼权参知政事。秦桧死，擢为相，效法秦桧所为，旋被劾罢。孝宗北伐失败后，复为相，排斥主战派张浚，力主和议，许割海、泗、唐、邓四州，并撤除战备。又密遣人谕敌以重兵胁和。及金兵渡淮，言官论其求和撤备之罪，责居永州。太学生七十二人上书论其奸邪误国，请斩之，忧悸而死。

中华经典史评 宋论

④史：即史弥远(1164—1233)，明州鄞县(今浙江宁波)人，字同叔。宋孝宗时进士，历官大理司直、枢密院编修官、提举浙西常平、起居郎等。宁宗时，上书反对韩侂胄对金用兵。后与杨皇后等谋杀韩侂胄，函首送金请和，进礼部尚书。嘉定元年(1208)，拜右丞相兼枢密使，从此执掌朝政，独相宁宗十七年。曾恢复秦桧王爵、谥号，追复赵汝愚，追谥朱熹等人。宁宗死后，他矫诏拥立宋理宗，又独相九年，拜太师，专擅朝政。

⑤角距：牛角与鸡距。比喻武器或精锐部属，也比喻党羽。

⑥胡康侯：即胡安国，字康侯，详见前文注释。

译文：

主张与女真讲和的人，秦桧以前有汪伯彦、黄潜善，以后有汤思退、史弥远。人们敢和他们争论，因为有可以争论的时势，皇帝没有坚信他们，因为他们自己没有让皇帝相信的手段。因此，他们一会儿被任用，一会儿被罢黜，最终不能战胜公众评论的趋向。唯独秦桧完全控制了天下人的议论，将几十年的作为全部反过来，连凶暴的敌人都被他笼络住，全国军队都安心被他肢解分散，他的党羽众多，哪会短时间内就能满足于他的打击陷害呢？在当时的情况下，观察他的表情，考察他的人品，就足以了解他了。坚冰不是霜的志向，而是发展趋势，但有的是继续发展下去形成了，有的则没有最终形成，这就要看分辨的人的作用了。不需要猜忌防范，不需要禁止控制，更不需要进一步考察内心，就已经能够分辨清楚了。胡安国之所以被秦桧欺骗，是因为他只是根据眼前所看到的情况，忘记了继续发展下去的变化，因此他被迷惑也就是很正常的了。

■■知识链接　　　　　　　　**秦桧的子孙**

秦桧中进士后，娶名门望族之女王氏为妻。王氏非常妒悍，自己没有生养儿子，但绝不许秦桧纳妾。一位怀有秦桧骨肉的婢女被王氏赶出家门后，嫁到林家生子，此即秦桧亲子林一飞。北宋灭亡时，秦桧夫妇被金人掳去。于是，他的一位妻兄便把自己的一个被妻子赶出家门的私生子取名秦熺，作为其养子和后嗣。四年后，秦桧作为汉奸被金人纵放回来，得知此事，大为高兴，视秦

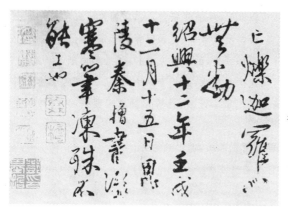

秦桧手迹

熺如亲生。秦桧专权后,秦熺官运亨通,但林一飞也迫不及待地找上门来。秦桧很快偏向亲子,而对养子越来越嫌恶。遂有亲信劝他让林一飞认祖归宗,取代秦熺,但他妻子王氏不许。秦桧无法,只能重用林一飞,让他实际掌管了宰相的日常事务。秦桧死后,其党羽想帮他把林一飞改回秦姓,宋廷也为此询问王氏,但王氏坚决否认林一飞是秦桧之子。很快,宋高宗清除秦党,林一飞被贬死岭南,其后代湮没无闻,于是作为秦家第三子的秦桧这一支,遂不知所终。但秦熺后人却一直繁衍下来,他的一位曾孙秦钜,还在抗击金朝侵略的战斗中,与两个儿子一起,奋勇杀敌,壮烈牺牲!但显而易见的是,秦钜虽然姓秦,实际却是秦桧妻兄王氏的后人,因而这三位抗金死义、为国捐躯的民族英雄,和当初投降金人的卖国汉奸、民族败类秦桧,没有任何的血缘关系!

卷十一 孝宗①

论隆兴北伐

　　本篇为《宋论》卷十一《孝宗》第一条。绍兴三十二年(1162)六月,宋高宗传位于养子宋孝宗。孝宗是南宋历史上唯一一位有作为的皇帝,在做太子时就坚决主张抗金,即位后很快将岳飞昭雪并追复原官,表示了锐意抗金的态度。七月,孝宗又将被贬谪中的主战派老臣张浚召到朝廷,商议抗金之事。张浚志大才疏,太上皇宋高宗劝孝宗不要信其虚名,孝宗不听。张浚劝孝宗先发制人,主动北伐。隆兴元年(1163)正月,孝宗任命张浚为枢密使兼都督江淮军马,负责主持北伐事宜。四月,李显忠、邵宏渊受命出兵。进军之初,连连得胜。但邵宏渊心胸狭隘,争强好胜,不服主将李显忠的节制,张浚又听之任之,遂使宋军无法统一作战。李显忠自己也产生了轻敌心理,又在犒赏士兵时未能公平对待,造成军心浮动。孝宗和张浚察觉到措置失当,连忙下令撤军,但为时已晚。金军很快组织反攻,邵宏渊临阵动摇军心,又拒不增援,其子也率部先逃,李显忠孤军作战,最后只好撤退,在符离被金军击溃,李显忠、邵宏渊侥幸逃脱,历时二十天的北伐遂告失败。本篇就是王夫之对这次北伐的分析评论。

汉之于匈奴也，高帝围②，吕后嫚③，掠杀吏民，烽火通于甘泉，文帝④顾若忘之，而姑与款之。垂及于景帝⑤，休养数十年，人心固，士马充。武帝⑥承之，乃始举有余之力，拔将于寒微，任其方新之气，以绝幕穷追，而匈奴破败以遁。东晋之势，弱不能支，祖逖⑦死，桓温⑧败，廷议不及中原者数十年。谢安⑨端默凝立，声色不显，密任谢玄⑩练北府之兵⑪，而苻坚⑫百万之师披靡以溃。刘裕⑬承之，俘姚泓⑭，斩慕容超⑮，拓拔⑯、赫连⑰无能与竞。使孝宗而知此，亦何至苻离⑱一败，萎苶而不复振，以迄于宋之亡哉？

注释：

①孝宗：即南宋第二位皇帝赵眘（1127—1194），宋太祖七世孙，太祖次子赵德芳六世孙。初名伯琮，后改名瑗，赐名玮，字元永。宋高宗儿子早夭，遂在绍兴二年（1132）将他养于宫中。后封普安郡王、建王。三十二年被立为太子，改名眘，寻受禅。即位之初，追复岳飞，起用张浚北伐中原，但被金军击败，被迫与金签订"隆兴和议"。此后倚重虞允文、王淮等以谋北伐，但终无成效。太上皇宋高宗死后，孝宗为服三年之丧，让太子赵敦参预政事。两年后禅位。在位二十八年（1163—1189）。

②高帝围：汉高祖七年（前200），刘邦在敌我力量不明的情况下，冒然率三十万大军北伐匈奴，结果中了匈奴诱敌深入之计，被包围于白登（今山西大同西北）七昼夜，后用陈平计，通过贿赂匈奴阏氏，才得以逃脱。

③吕后嫚：汉高祖死时，匈奴势力正处于极盛时期，于是单于派人向吕后下书求婚。面对这一带有侮辱性的无理要求，汉廷经过争论，认为与匈奴开战不利，遂以吕后名义回信，忍气吞声地予以回绝。单于见信后，很快派使者前来，表示歉意。一场一触即发的战争就此化解。

④文帝：即西汉文帝刘恒（前202—前157），汉高祖中子。高祖破陈豨叛军，定代地，立他为代王。吕后死，周勃等平定诸吕之乱，迎立他为帝。在位期间，继续执行汉初与民休息和轻徭薄赋政策，重视农业生产，多次下诏劝课农桑，开放原来归国家所有的山林川泽，废除过关用传的制度。逐步削弱诸侯王势力，以加强中央集权。驻军北方，增强北方的防御力量。对少数民族则注意怀柔，不轻易动兵，尽力维护和睦相安的局面。提倡俭约，不许贵族官僚滥事搜刮。废除肉刑，将沿用秦代的墨刑、劓刑和荆刑改为笞刑。使汉朝的统治逐步趋向稳定，阶级矛盾缓和，社会呈现富庶景象。他死后，儿子景帝即位，继续推行宽松开明的政策，史称"文景之治"。

⑤景帝：即西汉景帝刘启（前188—前141），汉文帝长子。他继续推行文帝发展农业生产的政策，节俭爱民，与民休养生息，减轻田赋，大力兴办水利事业。采用晁错之策，着手削弱诸侯国势力，引起七国之乱。在错杀晁错之后，派周亚夫率军平叛。之后，把诸侯王任免官吏的权力收归中央。加强军事力量，反击匈奴的侵袭和骚扰，同时又采取和亲政策，将公主嫁给匈奴单于，维护和平局面。历史上把他和汉文帝统治时期并称为"文景之治"。

⑥武帝：即西汉武帝，详见前文注释。

⑦祖逖（266—321）：东晋初期有志于恢复中原而致力北伐的将领。字士稚，范阳遒县（今河北涞水）人，士族出身。少轻财好侠，后折节读书，枕戈待旦，闻鸡起舞，慨然有澄清天下之志。西晋末年，匈奴族刘曜攻陷都城洛阳，中原大乱，祖逖率亲邻避难南下，被镇东大将军司马睿任命为徐州刺史，不久征为军咨祭酒，移居京口（今江苏镇江）。上书司马睿，力请北伐。北渡长江后，深得民心，北方晋室将领李矩等也愿听从指挥，九年即收复黄河以南的大部分土地。后东晋王朝内部矛盾激化，王敦擅政。他忧虑王敦和东晋政权对立，内乱爆发，北伐难成，竟忧愤而死，收复的土地也很快失去。

⑧桓温（312—373）：东晋大将，谯国龙亢（今安徽怀远）人，字符子。少有大志，向往刘琨、陶侃事迹。先后任琅琊太守、荆州刺史、征西大将军等，封临贺郡公。多次请求北伐，未果。后朝廷派殷浩北伐，以此与他抗衡，但殷浩败归，他遂掌大权。此后曾三次北伐，因各种原因全都失败。后改立简文帝，以大司马专权，文帝死，他有代晋之谋，但不久病死。

⑨谢安：东晋宰相，详见前文注释。

⑩谢玄：东晋武将，详见前文注释。

⑪北府之兵：即北府兵，详见前文注释。

⑫符坚：十六国时前秦皇帝，详见前文注释。

⑬刘裕：南朝宋武帝，详见前文注释。

⑭姚泓：后秦皇帝，详见前文注释。

⑮慕容超：南燕皇帝，详见前文注释。

⑯拓拔：这里指由鲜卑族拓跋部建立的北魏政权。

⑰赫连：这里指十六国时由赫连勃勃建立的夏国。

⑱符离：今安徽宿县。宋孝宗隆兴元年（1163）派军队北伐，在此战败。

译文：

　　汉朝与匈奴之间，汉高祖曾被他们围困，吕后曾被他们侮辱，他们大肆掳掠和残杀汉朝官吏百姓,战火一直蔓延到甘泉宫附近,但汉文帝却采取视而不见的态度,就像是忘记了匈奴的进攻一样,姑且与他们讲和。到景帝时,汉朝已经休养了几十年,民心安定,兵马充足。武帝继承皇位后,开始发动强大的武力,从地位低微的社会下层选拔将领,发挥他们新锐的气势,渡过沙漠,对匈奴狠狠打击,紧追不放,使匈奴溃败逃跑。东晋的国势,衰弱到简直不能支撑下去的地步,祖逖忧愤而死,桓温北伐失败,朝廷议论政事,几十年中不敢提收复中原的事情。谢安沉着安定,在说话、表情上决不显露内心情感,而是秘密地派谢玄训练北府兵,最后在淝水之战中,将苻坚的百万军队打得溃散而逃。刘裕接续谢安之后,俘虏了后秦国君姚泓,擒杀了南燕国君慕容超,拓跋氏建立的北魏政权和赫连氏建立的夏国都不能与他对抗。如果宋孝宗知道这些,又何至于在符离的一次战败之后,就永远萎靡衰败下去,再也不能重新振作起来,以致宋朝的最后灭亡呢?

孝宗初立,锐志以图兴复,怨不可旦夕忘,时不可迁延失,诚哉其不容缓已。顾当其时,宋所凭借为折冲者奚恃哉? 摧折之余,凋零已尽,唯张德远①之孤存耳。孝宗专寄腹心于德远,固舍此而无适与谋也。然而德远之克胜其任,未可轻许矣。其为人也,志大而量不弘,气胜而用不密。量不弘,用不密,则天下交拂其志,而气以盛而易亏。故自秦桧②擅权以来,唯盛气以争得失,而不早自图惟:虏盟已败,桧奸已露之余,事权一旦归我,而何以操必胜之术? 兵孰老而孰壮? 将孰贤而孰奸? 刍粮何取而不穷? 马仗何从而给用? 呼而即应者,何以得吏士之心? 合而不乖者,何以成同舟之济? 谋之不夙,则临事四顾而彷徨;信之不坚,则付托因人而即授。乃自其一窜再窜、颠倒于奸邪之手,君情不获,群望不归,观望者徙倚而谅其志之难成,娼嫉者侧目而幸其功之不就。当其飘摇远徙,祸切焚身,避影销声,于当世无周爱之咨访;虽曰老臣,而拔起迁谪之中,犹新进也。一旦勃兴,与天子订谋于内,遂欲奋迅以希莫大之功,率一往之情,无可继之略,岂秉麾建旆,大声疾呼,张复仇仇、驱匪类之义声,遂足以抗百战不摧之骄虏哉? 一败而终不复兴,固其所必然者也。

注释:

①张德远:即张浚,字德远,南宋初期文臣,详见前文注释。

②秦桧:南宋初期奸臣,详见前文注释。

译文:

　　孝宗刚即位的时候,想要振兴国家、恢复北方的志向非常坚决,国仇任何时候都不能忘记,时间也不能白白地拖延而浪费掉,确实是不能再等下去了。但当时的情况,宋朝能依靠谁来击退敌人呢? 在经历各种打击挫折之后,人才已经差不多死光了,只剩下张浚一个人还在世。孝宗把希望全都寄托在张浚身上,确实是除了他之外也没有别人可以一起谋划国事了。但张浚是否能胜任这个重任,却不是可以轻易地表示赞同的。张浚这个人,志向很大但气量不大,勇气可嘉但办事不周密。气量不大,办事不周密,天下的人就不会顺从他的志向,他的勇气也会因太旺盛而容易受到挫伤。因此自从秦桧独揽大权以来,他只知道愤怒地去争论得失,却不能早早地自我考虑一下:敌人背弃盟约、秦桧奸计暴露之后,处置国事的权力如果归我,我该怎样谋划取胜的策略? 士兵谁老弱谁健壮? 将领谁贤能谁奸邪? 粮草怎样才能不匮乏? 战马兵器怎样才能足够使用? 对于一呼就来的将士,怎样才能得到他们的拥护? 对于联合在一起的将士,怎样才能同舟共济? 不早做谋划,遇到事情就会四下观望、犹豫不决;不坚定信心,重任就会因人不同而随便授予。自从他一贬再贬、被奸诈邪恶之人多次打击以来,皇帝不重用他,众人不归服他,看热闹的人留连徘徊而体谅他志向的难于实现,嫉妒的人怨恨而希望他不能成就功业。当他被贬到远处的时候,灾祸切身,隐匿形迹,在当时没有受到周到的咨询。但他是从被贬中重新起用的,因而也就像新引进的一样。起用之后,他与皇帝商议好策略,就想精神振奋地迅速获得最大的功绩,仅凭着自己的一腔热情,却没有可以接续的谋略。难道指挥作战,大声急切的呼喊,打出报仇雪耻、驱逐异类的名义,就能抵抗每战必胜的强大敌人吗? 他一次战败之后,再也没能重新振作起来,这本来就是必然的啊。

　　夫孝宗而果为大有为之君,德远而果能立再造之功也,则处此固有道矣。完颜亮①南犯而自殪矣，完颜雍②新抚其众而不遑远图，未有寻盟索赂之使，渡淮而南。则固可急修内治，择帅简兵，缮备积储，而从容以求必胜之术也。汤思退③可逐而未逐；尹穑④、王之望⑤可窜而未窜；史浩⑥可戒之以正，而听其浮沉；虞允文⑦、陈康伯⑧可引与同心，而未遑信任；朱元晦⑨、刘共父⑩可使秉国成，而尚淹冗散。如其进贤远奸，成画一之朝章，则国是定，而无伏莽之宵人乘小挫而进其邪说。于是而庙议辑矣，人心翕矣，犹无事遽尔张皇迫于求获也。杨存中⑪、吴璘⑫虽老，犹可就访所托之偏裨；张、韩、刘、岳⑬部曲虽凋，犹可求惯战之材勇。将未得人，草泽不无英尤之士；兵虽已弛，淮、襄、川、陕⑭自多技击之材。罢湖山之游幸，以鼓舞人心；严渔侵之奸欺，以广储刍粟。缮淮、泗、襄、汉⑮之城堡，进可战而退可凭；简西南溪峒之蛮兵，气用新而力用壮。经营密定于深宫，威信无猜于阃外，竭十年生聚教训之劳，收积渐观衅乘时之效。然后绝其信使，责以驳奔。彼且怀忿而起不戢之兵，我固坚立以待狂兴之踬。如是以图之，燕、云⑯即未可期，而东收汴、洛⑰，西扫秦、川⑱，可八九得矣。此之弗虑，猝起德远于摧抑之余，积不平之志气，视举朝如醉梦，而己独醒；却众议以愤兴，而激其妒忌。孝宗企足而望澄清，德远攘臂而争旦夕。孤遣一军，逍遥而进，横击率然之腰，姑试拚蜂之螫。李显忠⑲万里初归，众无与亲；邵宏渊⑳百战未经，怀私求试。则符离之溃，虏不蹑迹而相乘，犹其幸也。

注释：

①完颜亮：即金海陵王，详见前文注释。

②完颜雍(1123—1189)：即金世宗。本名乌禄，金太祖孙。初封葛王，完颜亮称帝时两次任东京留守。正隆六年(1161)九月，完颜亮南侵宋朝，十月他在辽阳称帝，占据中都(今北京)，随后南征军也杀完颜亮北归。即位后，多次派兵镇压各族起义，击败宋军，后与宋议和。广泛吸收各族官员参预军政，增损官制，注重守令之选，严密监察之责。重视农桑之利，放免二税户与奴婢，广开榷场，规定商税法，铸造铜钱，取消坑税。一时号称"小尧舜"。

③汤思退：南宋前期文臣，详见前文注释。

④尹穑：兖州(今属山东)人，南宋建立后侨居信州玉山(今属山西)。字少稷。宋高

宗时，为枢密院编修官。博学有文，赐进士出身。孝宗时，历官监察御史、右正言、殿中侍御史、谏议大夫等。隆兴元年(1163)北伐失败后，力主和议。在汤思退指使下，弹劾主战派张浚拥兵跋扈，攻击反对撤兵割地的官员。后被劾罢去。

⑤王之望(？—1170)：襄阳谷城(今属湖北)人，寓居台州。字瞻叔，号汉滨。宋高宗时进士，曾任处州教授、知荆门军、提举湖南常平茶盐公事、潼川府路转运判官、总领四川财赋军马钱粮等职。孝宗即位后，历任户部侍郎、川陕宣谕使、江淮都督府参赞军事、直学士院、参知政事兼同知枢密院事、知福州兼福建路安抚使、资政殿大学士等。依附汤思退，力主和议，专以割地啖敌为得计。

⑥史浩(1106—1194)：明州鄞县(今浙江宁波)人，字直翁，自号真隐居士。宋高宗时进士，历余姚尉、温州教授、太学正、国子博士、秘书省校书郎、宗政少卿、起居郎兼太子右庶子等职。孝宗即位，累官中书舍人、翰林学士、知制诰、参知政事。隆兴元年(1163)，拜尚书右仆射、同中书门下平章事兼枢密使，曾申岳飞之冤。因反对张浚北伐，被弹劾，罢知绍兴府。后判福州，召为侍读学士，拜右丞相，不久以事去。拜少傅，充醴泉观使，以太保致仕。封魏国公。光宗即位后，进官太师。

⑦虞允文(1110—1174)：隆州仁寿(今属四川)人，字彬甫。宋高宗时进士，通判彭州，权知黎州、渠州，累官中书舍人、直学士院。金海陵王完颜亮南侵，他参谋江淮军事，犒师采石，临时指挥宋军击溃金军。充川陕宣谕使，与大将吴璘共谋进取，收复陕西数处州郡。不久朝议主和，多次上疏力争，未被采纳。孝宗时，累迁参知政事兼知枢密院事、右相兼枢密使、左相兼枢密使。两度出为四川宣抚使，进封雍国公。少有大志，以文学致身台阁，出入将相垂二十年，留心人才，所举多为宋代名臣。

⑧陈康伯(1097—1165)：信州弋阳(今属江西)人，字长卿。宋徽宗时进士。累迁司勋郎中。与秦桧在太学有旧，秦桧当权，绝不阿附。桧死，召为吏部侍郎，请节用宽民，平反秦桧所构冤狱甚多。后为参知政事，迁右相，进左相。时金主完颜亮欲南侵，他疏请早为预备，并建四策。及战事起，力赞抗金，荐虞允文参谋军事。孝宗即位，兼枢密使。后以病请辞，除少保、观文殿大学士，判信州。不久，再任左相兼枢密使。

⑨朱元晦：即朱熹，字元晦，详见前文注释。

⑩刘共父：即刘珙(1122—1178)，建宁崇安(今福建武夷山)人，字共父。宋高宗时进士，监潭州南岳庙，迁为诸王宫大小学教授、权秘书省校勘、中书舍人。后以忤秦桧罢职。秦桧死后召还，累迁中书舍人、直学士院。孝宗时，历官集英殿修撰、知衢州、翰林学士、知制诰兼侍读、同知枢密院事、参知政事等。因论事激切，出

知隆兴府、江西安抚使、知荆南府兼荆湖北路安抚使、知潭州兼湖南安抚使、知建康府兼江东安抚使等。病危时，手书别朱熹等人，以未能为国雪耻为恨。

⑪杨存中(1102—1166)：代州崞县(今山西代县西南)人，本名沂中，字正甫。宋高宗绍兴间赐今名。祖、父皆抗金战死。高宗时，从张俊抗金，迁御前中军统制，历官保成军节度使、殿前都指挥使等。曾大败伪齐军于藕塘，与张俊、刘锜等破金军于柘皋。秦桧专政，唯桧命是从，权宠日盛，任殿帅二十余年，封同安郡王。孝宗时，都督江淮军马，协调诸将，坚持不能弃淮保江。以太师致仕。

⑫吴璘：南宋初期武将，详见前文注释。

⑬张、韩、刘、岳：即张俊、韩世忠、刘光世、岳飞，详见前文注释。

⑭淮、襄、川、陕：分别指淮阳(今江苏邳县西南)、襄阳(今湖北襄樊市襄阳区)、四川、陕西。

⑮淮、泗、襄、汉：分别指淮阳(今江苏邳县西南)、泗州(今江苏盱眙北)、襄阳(今湖北襄樊市襄阳区)、汉口(今湖北武汉市汉口区)。

⑯燕、云：指燕京(今北京)、云州(今山西大同)，这里代指燕云十六州地区，详见前文注释。

⑰汴、洛：分别指汴京(今河南开封)、洛阳(今河南洛阳)。

⑱秦、川：秦指陕西，因辖区在春秋战国时为秦国所在，故称。川指四川。

⑲李显忠(1110—1178)：绥德军青涧(今陕西清涧)人，初名世辅，字君锡，一作公弼。出身将门。十七岁随父从军抗金。金人陷陕西，被迫任金职，知同州。计擒金帅撒离喝，推之堕山崖下，奔夏，终于南归，家属二百余口为金军所害。宋高宗赐名显忠，授枢密院都统制、三京招抚司前军都统制，屡败金军，拜保信军节度使。因忤秦桧，被排挤降官赋闲。后任殿前司选锋军都统制、建康府御前诸军都统制。完颜亮南侵时，拒战有功。孝宗时，以御前都统制兼淮西招抚使，北伐攻金，收复多处失地，授殿前都指挥使。金军反扑，他苦战不已，终因副使邵宏渊妒功不救，蛊惑士卒，涣散军心，酿成符离之败，坐责散官，筠州安置。

⑳邵宏渊：大名(今河北大名东)人。以韩世忠荐，为阁门舍人。宋高宗时，曾败金军于真州。孝宗时，与李显忠共同北伐。但以心胸狭隘，争强好胜，不服主将李显忠节制，又临阵动摇军心，拒不增援，使李显忠孤军战败，侥幸逃回。官终定远军节度使。

译文：

如果孝宗真想做大有作为的君主，张浚真想做出重建宋朝的功绩，那就必须讲求做这些事情的策略。完颜亮南侵，但自己被部下杀死，完颜雍刚刚即位,需要安抚民众,顾不上南侵,没有重申旧约、索取财物的女真使者渡过淮河南来。这时就应该赶紧修明政治,挑选将帅和士兵,整治军备,积蓄粮草,不慌不忙地考虑战胜敌人的策略。汤思退应该驱逐出朝廷而没有驱逐;尹穑、王之望应该贬官而没有贬;史浩应该劝诫以正直,但却听顺其随波逐流;虞允文、陈康伯应该作为志同道合的人引进,但还尚未相信;朱熹、刘珙二人,应该让他们掌握处理国家政务的权柄,但还处于多余闲散的职位上。如果他们能引进贤良,疏远奸邪,制定出整齐划一、明白清楚的朝廷典章,国家大计就会确定下来,就不会有潜藏的小人趁着稍微受挫的机会兜售其奸恶的言论。这样一来,朝廷的谋划就会一致,人心就会团结,就不用突然惊慌地去急于求成了。杨存中、吴璘虽已年老,但还可以通过他们去访寻他们所托付的将佐;张俊、韩世忠、刘光世、岳飞的军队虽已衰弱,但还可以从中访求善战的士兵。将领中没有合适的人选,但平民百姓中不是没有杰出特异的人才;士兵虽已衰弱,但淮阳、襄阳、四川、陕西地区却自来就有很多武艺高超的人才。取消下湖登山之类的游玩,增强人们的信心;严厉查处掠夺、侵占之类的奸诈欺骗行为,大量积蓄粮草。修缮淮阳、泗洲、襄阳、汉口的城池堡垒,使前进能够作战,后退可以据守;挑选西南溪峒的少数民族士兵,发挥他们新锐的勇气、强壮的力量。朝廷制定周密的规划,不猜忌在外统兵将帅的威望和信誉,用十年的时间发展生产、积蓄力量和训练士兵,寻求逐渐积累、伺机而趁势行动的功效。然后杜绝女真使者的往来,将他们赶跑。女真就会心怀愤怒,控制不住而发兵来打,我方则坚决防守,等待他们因急躁出兵而受到的挫折的到来。如此来谋划,即使不能收复燕云地区,但向东收复汴京、洛阳,向西扫平陕西、四川地区,还是很可以做到的。但宋朝却不考虑这个策略,而是仓猝起用了被压制打击之后的张浚,此时张浚内心充满了愤慨不满的怨气,把整个朝廷都看成是醉生梦死一般,唯独他自己一人清醒;于是他不接受众人的建议,愤激而起,从而激起了别人的嫉妒。孝宗殷切盼望北伐成功,张浚振奋而争分夺秒。但却孤单单地派遣一支军队,大摇大摆地向前挺进,妄图像在中间斩断率然蛇的腰一样地去和拼了命的有毒蜜蜂比试。主将李显忠刚从遥远的西夏回来,众将士都不和他亲近;

副将邵宏渊战场经验不足，又怀有私心，想要被重用。这样看来，宋军符离溃败后，敌人没有在他们后面紧追不舍，还是他们的幸运了。

萧思话①一溃，而刘宋②日削；吴明彻③一奔，而陈氏④旋亡；契丹之送死于女直，女直之舆尸于蒙古，皆是也。宋之不亡，其能几乎？人言和而我言战，义足以相胜，名足以相压。而强敌窥见其无成谋，则气益振；异己者坐待其无成绩，而互相摇；天下亦共望其有成功，而终不可得。史浩曰："一失之后，恐陛下不得复望中原。"未必非深识之言也。孝宗在位二十七年，德远虽没，未尝不可有嗣以图功者，惜哉其一仆而终不能兴矣。情愈迫者，从事愈舒；志愈专者，咨谋愈广；名愈正者，愈尽其实；断愈坚者，愈周其虑。大有为之君相，务此而已矣。

注释：

①萧思话(406—455)：南朝宋南兰陵(今江苏常州西北)人。好书史，有令誉，历官郢州刺史、尚书左仆射等。先后历十二州，爱才好士，人咸归之。赠征西将军。工书，学于羊欣，得其体法，行、草势不断绝，笔力差弱。

②刘宋：即南朝宋政权，为刘裕所建，故称刘宋。

③吴明彻：南北朝时期陈朝名将，详见前文注释。

④陈氏：即南北朝时期陈霸先建立的陈政权。

译文：

萧思话溃败之后，南朝刘宋政权就开始逐渐削弱下去了；吴明彻后退之后，陈朝很快也就灭亡了；后来契丹被女真灭亡；女真被蒙古灭亡，都是一样的。宋朝不灭亡，可能吗？别人主张讲和而我主张武力抗战，道义上完全胜过他们，名誉上也占压倒性优势。但强大的敌人却看出我方并没有确定的谋划，于是他们的气势就越发振作起来；己方政见不同的人则坐着等待对方无功而返，相互动摇信念；天下的人也都盼望着能取得成功，但最终却没有成功。史浩说："这一次失败之后，恐怕皇帝您再也不能指望恢复中原了。"这不能不说是见识深远的话啊。孝宗作了二十七年的皇帝，张浚虽然去世了，但还可以找别人来继续谋划北伐的事情，可惜他一次跌倒之后，竟最终没能振作起来。心情越是急迫时，做事就该越是沉着；志向越是专一，咨询谋划就该越是广泛；名誉越是正当，就该越是做到实处；判断越是坚定，就该越是考虑周密。大有作为的皇帝和宰相，必须致力于此啊！

■■■知识链接　　　　　**"烛影斧声"之谜**

自北宋第二位皇帝宋太宗篡夺政权以来，皇位一直在太宗这一支传承，因此没人敢提他如何杀兄夺位的情况。宋高宗建立南宋，但因儿子早夭、自己丧失生育能力、直系兄弟都在北宋亡国时被金人俘虏而去，只好找来宋孝宗这个宋太祖后代做继承人，于是南宋也从第二位皇帝起，皇位又重新恢复到了太祖这一支。因此，史学家们就公然把太宗杀兄的情况披露出来。原来，宋太宗在作藩王之时，就已经骄纵不法，结交豪俊，多养力士，招纳亡命，蓄谋不轨，但表面上与太祖关系极好，因而备受宠信。开宝九年(976)十月，正当太祖的亲信将领出征北汉之际，宋太宗认为下手时机已到，正好太祖十九日晚邀他进宫饮酒。二人屏退太监、宫女，边饮边谈。早已在江湖郎中的调教下，善于在酒中下毒来谋害政敌的宋太宗，趁太祖稍不留意，在酒中做了手脚。很快，毒性发作，太祖明白自己遭到了暗算，急忙拿起随身的柱斧拼死相搏，但已是力不从心，随即倒地而亡。屋外的太监、宫女虽不知道里面发生了什么事情，但却听到了柱斧落地的声音，看到了窗上摇曳的烛影。在早已勾结好的宦官的帮助下，太宗将太祖尸体匆匆洗净。天亮后，招来近臣观看，以示正常死亡。随后，太宗在灵前即位，此事遂无人敢再提，故称"烛影斧声"之谜。

宋代鎏银鱼龙纹铁斧

论宋金"隆兴和议"

　　本篇为《宋论》卷十一《孝宗》第四条。宋孝宗隆兴元年北伐失败后，主和派趁机弹劾张浚，要求与金重新议和；作为太上皇的宋高宗本来就反对孝宗的抗金态度，这时也不断向孝宗施加各种压力。金朝提出割让四州土地的议和要求，孝宗断然拒绝。但孝宗虽内心不甘失败，却已经失去主见。他既对张浚表示了继续信重的态度，也派出使臣与金洽谈和议之事，并重新起用了一些坚决主和的官员出任宰执，开始在战与和中摇摆不定，后又主动放弃了四州之地。张浚在主和派的攻击排挤下，心力交瘁，于隆兴二年(1164)四月辞官致仕，八月病逝。十月，金军又开始大举进攻，以战迫和。宋军不能有效抵抗，孝宗只好答应金朝提出的要求，于十二月与金订立"隆兴和议"，割让四州土地给金朝，金与宋在名分上由"绍兴和议"确定的君臣之国改为叔侄之国，每年送给金的岁币也由银、绢各25万两、匹，减为20万两、匹，宋朝的屈辱程度稍有降低。王夫之认为，宋金之所以签订"隆兴和议"，是由于双方都不能战胜对方，自己内部又危机四伏，不得已，只好以休养生息为名，议和和停战，并非是像当时人所吹捧的什么双方君主仁心爱物、要使百姓免于战争之苦。本篇就是他对此进行的分析评论。

乾道元年,和议再成①,宋与女直无兵革之争者四十年。论者谓二主皆以仁恕宅心,而天下咸被其泽。呜呼!此偷安之士,难与虑始之民,乐怀利以罢三军,而不恤无穷之祸。流俗之言一倡,而天下交和,夫孰能听之哉?宋之决于和,非孝宗之心也。孝宗嗣立以来,宴寝不忘者,兴复之举,岂忍以割地终之?完颜雍②雄心虽戢,然抑岂有厌足之欲,顾江左而不垂涎者?故和者皆其所不得已,而姑以息民为名。贸贸者从而信之,交起而誉之,不亦愚乎?宋与女直,相枕而亡,其几兆于此矣。

注释:

①乾道元年,和议再成:宋金"隆兴和议"签订于宋孝宗隆兴二年(1164)十二月,次
  年为乾道元年。此后双方无战争四十余年。

②完颜雍:即金世宗,详见前文注释。

译文:

　　宋孝宗乾道元年,与女真再度达成和议,从此双方四十年间没有发生战争。于是有评论者认为,这是双方君主都心存仁爱宽容,使天下苍生都享受到了他们的恩惠。唉!说这话的人,其实是不顾将来、只求眼前安全的人,是很难和他们一起谋划开创事业的,他们只是高兴于通过结束战争而取得利益,并不考虑将来是否会有没完没了的祸患。这一世俗之人的言论一经提出,天下的人都跟着附和,但有谁能相信呢?宋朝决定与女真讲和,并非孝宗的本心。孝宗继承皇位以来,连吃饭睡觉时都念念不忘重新振兴、收复中原的事情,怎么会忍心于割让土地给女真就结束了呢?女真皇帝完颜雍的野心虽然收敛了,但他的欲望又哪有满足的时候,看到江南的繁华而不眼馋呢?因此他们双方的讲和,都是没办法才做出的,只是姑且以让百姓得到休养为名罢了。轻率鲁莽的人却跟着相信了,相互之间还称赞此事,这不是很愚蠢吗?宋朝与女真的相继灭亡,就是以此为征兆的。

　　宋自秦桧①持权,摧折忠勇,其仅免于死亡者,循墙而走,不敢有所激扬,以候国家他日干城②之用。诸帅老死,而充将领者,皆循文法、避指摘之庸材。其士卒,则甲断矛挠,逍遥坐食,抱子以嬉,视荷戈守垒之

劳，如汤火之不可赴。其士大夫，则口虽竞而心疲，心虽愤而气荼；不肖者耽一日之娱嬉，贤者惜生平之进止；苟求无过，即自矜君子之徒，谈及封疆，且视为前生之梦。如是，则孝宗虽踸踔以兴，疾呼心亚，固无如此充耳无闻者何也。故符离小衄③，本无大损于国威，而生事劳民之怨谤已喧嚣而起。及其稍正敌礼，略减岁币，下即以此献谀，上亦不容不以自安；无可奈何，而委之于命，而一仆不能再起，奄奄衰息，无复生人之气矣。

注释：

①秦桧：南宋初期奸臣，详见前文注释。

②干(gān)城：干，盾；城，城郭。二者都起捍御防卫作用。也用以比喻捍卫者和御敌立功的将领。

③符离小衄：指宋孝宗隆兴元年(1163)北伐时，宋军在符离(今安徽宿县)被金军打败之事。

译文：

　　宋朝从秦桧掌权以来，打击倾轧忠心勇敢之人，剩下几个没被迫害死的，也都恭敬小心，不敢作出什么令人激动振奋的事情，以等待国家将来起用他们御敌立功。诸位大帅已经年老去世，充任将领的人，都是遵循法令、想方设法避开被别人挑毛病的庸劣之人。军队中的士兵，任凭盔甲断裂、武器毁坏，自由自在地坐等吃饭，抱着孩子嬉游玩乐，把拿起武器、守卫堡垒的分内之事，看得像跳入沸水烈火中一样不愿去做。士大夫们嘴上虽然强劲，但内心已经疲软，心里虽然愤怒，但气势已经衰弱；其中，不正派的小人沉迷于一天天的欢乐游嬉之中，贤良之人担心自己一生官位的进退去留；他们如果能不犯过错，就以君子自相夸耀，谈到边疆的事情，都看成是前世的梦幻一般。像这些情况，即使宋孝宗迅速振兴起来，急喊心急，但对这些不愿听话的人却是无可奈何。因此虽然符离的一场小小失败，本来对国家的声威没有什么大的损伤，但制造事端、使民疲劳的怨言诽谤却已乱七八糟地叫嚣起来。等到稍稍修正了对待敌人的礼节，略微减少了一些岁币，下面的人就以此阿谀奉承，孝宗也不得不以此自我安慰。没有办法可想，只好推托是命该如此,一次失败后再也不能振作起来,气息微弱,衰惫喘息,简直不再有活人的气势了。

　　女直之初起也,以海上之孤军,跳梁而不可御,骎骎而有中夏^①者,恃其力之强也。以力立国者,兴衰视乎其力。至完颜亮^②之时,枭雄之将,敢死之兵,或老或死,而存者仅矣。逆亮又以猜忌之威,虔刘其部曲,牵率以南犯者,皆疲弱离心之下驷也。故采石^③问渡,虞允文^④以不教之兵折之而有余。完颜雍虽为众所推,实篡弑也。乘机委顺,徇众志以藏身,而幸保其富贵;夫岂能秉钺一麾,操生死以制人,使冒白刃以驰荡乎天下者?众胥曰:"逆亮之毒我,而藉尔以图安也。"雍亦曰:"吾亦惩亮之佳兵^⑤而安尔也。"遑问江左乎? 且以海滨穴处之众,浮寄于中华,衣锦含甘,笙歌燕婉,荡其犷雏之心。雍方四顾彷徨,无可托以骋雄心而窥江海。则延首以待王之望^⑥之来,与宋共谋姑息,无可奈何之情,犹之宋也。讲敌国之礼,得四州^⑦之地,为幸多矣,而抑又何求!

注释:

①中夏:中原地区。

②完颜亮:即金海陵王,详见前文注释。

③采石:今属安徽马鞍山市。

④虞允文:南宋初期文臣,详见前文注释。宋高宗绍兴三十一年(1161)九月,金海陵王完颜亮南下侵宋,十一月南渡长江时,被前来犒师的虞允文在采石临时指挥宋军击败。

⑤佳兵:指好用兵。佳,善。兵,兵器。

⑥王之望:南宋前期文臣,详见前文注释。

⑦四州:指唐州(今河南唐河)、邓州(今河南邓县)、海州(今江苏连云港)、泗州(今江苏盱眙北)。

译文:

　　女真刚刚兴起的时候,凭借着自己孤立无援的军队,竟然强横得无人能够抵御,迅速占领了中原地区,这是依赖于他们军力的强盛。依赖军力建国的,兴盛和衰败都要靠他的军力情况。到完颜亮的时候,女真中凶狠专横的将领和不怕死的士兵已经老的老、死的死，在世的没几个了。完颜亮又猜疑嫉妒，杀害了很多部属，被他牵制着南下侵略宋朝的军队，都是些疲弊衰弱、不能齐心合力的才能低劣之人。因此他们在采石渡江的战斗中，虞允文依靠没有经过训练的士兵即把他们打得大败。完颜雍虽然被部下推举为皇帝，但实际上是篡位夺权。他趁此机会无为而治，顺从部下的心意，得以隐藏自己，侥幸保住了有钱有势的地位，他有什么能力掌握兵权，指挥军队，通过手中的生死大权来制服士兵，让他们顶着锋利的刀刃，去争夺天下呢？他的部下都说："过去完颜亮残害我们，现在我们依赖您来求得平安。"完颜雍也说："我也要以完颜亮喜好用兵为借鉴，让你们安定下来。"如此一来，他哪有时间考虑侵略江南呢？况且他们本是海边穴居的民族，来到中原寄居后，穿着锦绣衣服，吃着甘美食物，奏乐唱歌，宴饮欢乐，连他们小孩的心志都已经放纵起来了。完颜雍正处于四下观望、犹豫不决的时候，没有可以托付施展远大抱负、侵略江南的人才。因此，他殷切地等待宋朝使臣王之望的到来，向往与宋共同谋划苟且偷安之事。他这种没有办法的心情，就像宋朝一样。最后能和宋朝达成对等国家的礼节，得到宋朝四个州的土地，已经是相当幸运了，还会要求其他什么呢！

是则宋之为宋，一女直也；女直之为女直，一宋也。相效以趋于销铄，何贤乎？而岂果有不忍斯民之情，使脱干戈以安衽席乎？君为之名曰："吾以息民也。"下之贡谀者金曰："息民者，大君之仁也。"贸贸之民，偷旦夕之安，争效其颂曰："吾君与当国者之能息我也。"汝欲息，而有不汝息者旁起而窥之。一息之余，波流日靡，大不可息之祸，亘百余年而不息，自其所必致者，奚待祸之已烈而始知哉？乃害已烈，而论者犹不知其兆先于此矣，则甚矣，古今之积惑不可瘳也！故曰："天下虽安，忘战必危。"安而忘战，其危可必；况在危而以忘战为安乎？

译文：

由此可见，宋朝作为宋朝，简直就是一个女真，女真作为女真，简直就是一个宋朝。两者互相仿效，最后都奔向削弱灭亡，有什么好与不好的呢？哪是真的不忍心于百姓的疾苦，让他们摆脱战争，安静地过日子呢？君主做出的解释说："我是要使百姓得到休养。"下面阿谀的人都说："使百姓到休养，这是天子的仁德啊。"轻率的百姓也不顾将来，只求眼前短暂的安全，都争着称颂说："我们的君主与执政者能让我们休养啊。"你想休养，但有不让你休养的人在旁边正窥伺着你。一旦修养之后，世风就会逐渐变坏，就会有严重的、不可遏止的灾祸，延续达一百多年而不会止息，这是自然要出现的必然结果，还用等到祸害已经严重时才会知道吗？可是竟有祸害已经严重了，谈论的人还不知道其征兆在此之前早已出现了。唉！古往今来积累而成的疑惑，真是不见好转啊！所以古人说："即使天下安定了，忘记战争也一定会很危险的。"安定以后忘记了战争，危险都会必然到来，何况本身就处在危险之中，而把忘记战争当作安定呢？

女直则去其故穴，尽部落以栖苴于客土，耽卤获之乐，解骄悍之气，据广斥之中原，无江、淮之米粟，其危也如彼。宋则冀、代①之士马不存，河山之险阻已失，抚文弱之江东，居海陬之绝地，其危也又如此。危之不惩，亡将何恃？系之苞桑，犹恐不固，而系之春华浮艳之卉草，奚待有识而后为之寒心邪？以既衰之女直，而宋且无如之何，则强于女直者，愈可知矣。以积弱之宋，而女直无如之何，则苟非女直，固将能如之何也。女直一倾，而宋随以溃，奇渥温氏②谈笑而睥睨之，俟其羽翮之成而已。羽翮成而复能以旦夕延哉？

注释：

①冀、代：冀指冀州，今河北冀县；代指代州，今山西代县。

②奇渥温氏：元太祖铁木真姓奇渥温氏，这里代指元朝。

译文：

女真人离开他们原有的居住地，把整个民族全都迁居栖息于异乡，沉湎于土地收成的享乐，消除了凶暴勇猛的气势，占据了广阔的中原，没有淮河、长江流域的粮食，是那样的危险。宋朝没有了冀州、代州的兵马，大河与山脉的艰险阻塞之地已经失去，占据了文雅柔弱的江南地区,居住在海角的极远地方,是这样的危险。危险但不引以为戒,想不灭亡又靠什么呢? 与稳固的根基相连,还怕不坚固,却与空虚无实的小草相连,还用等有了卓识远见之后才为此感到惊心吗? 对已经衰落了的女真,宋朝都无可奈何,对于比女真强大的势力,就更不用说了。对长期衰弱的宋朝,女真无可奈何,但如果不是女真,则对宋朝就一定会有办法对付。女真一覆灭,宋朝也随着瓦解了,蒙古人一边说说笑笑一边窥伺着他,就等着自己的翅膀长成了。一旦他们的翅膀长成,宋朝还能延续几时呢?

使宋能深入以伐女直,则威伸于北方,而踵起者亦有惧心。宋不能大逞志于女直,而女直之兵不解,则女直日习于战,而不自弛其备。即使女直能窥宋而犯江、淮①,宋亦知警而谋自壮之略,尚不至蒙古之师一临,而疾入于海以亡。故兀术②之南侵亟,而岳、韩、刘、吴③之军日增其壮。迫之者,激之成也。拓拔氏④通好于齐、梁⑤,宴坐洛阳⑥,缘饰文雅,而六镇寇起⑦,元氏⑧之族以赤。骄之者,陷之溺也。乍然一息,而国既危,民且终不保其生。此有通识者之洞观,非流俗之所得与知也。

注释:

①江、淮:即长江、淮河。

②兀术:即金将完颜宗弼,详见前文注释。

③岳、韩、刘、吴:即岳飞、韩世忠、刘光世、吴玠,详见前文注释。

④拓拔氏:指鲜卑族拓跋部建立的北魏政权。

⑤齐、梁:指南朝齐、梁政权。

⑥洛阳:今河南洛阳。北魏孝文帝在位时,将都城由平城(今山西大同)迁到洛阳。

⑦六镇寇起:指北魏末年的北方六镇起义。北魏在北方边区设置沃野镇、怀朔镇、武川镇、抚冥镇、柔玄镇、怀荒镇等六个军镇,以防御柔然族南下。孝明帝正光五年(524),因不堪忍受镇将和豪酋的残酷奴役和歧视,沃野镇人破六韩拔陵聚众起兵,北方六镇的各族兵民纷起响应,关陇地区的氐、羌各族人民也纷纷起事,迅速发展到数十万人。北魏政府派大军前往镇压,均被击败。孝明帝下诏改镇为州,安抚六镇,随后勾结北方柔然族势力,联合剿杀。两年后,破六韩拔陵被杀。六镇降兵二十多万人被押送到冀州、定州、瀛州。冀州鲜卑族人葛荣率领起义军

攻陷瀛州,号百万军,建国号齐。三年后失败,葛荣被杀。但由此展开了北魏末期大规模起义的浪潮,不久北魏分裂为东魏、西魏。

⑧元氏:即北魏皇族拓跋氏。北魏孝文帝进行汉化改革时,将胡姓改为汉姓,其中把拓跋氏改为元氏。

译文:

　　如果宋朝能够大举进攻女真,其声威就会传扬到北方,继女真而起者也就会产生恐惧的心理。宋朝没能对女真大举进攻,女真军队不解散,就会天天练习作战,而不会自己放松武备。就算女真能窥伺宋朝,进犯江淮地区,宋朝也会知道戒备,就会谋划如何壮大自己的策略,还不至于蒙古军队一到,吓得赶紧逃亡到海中。因而完颜兀术南下侵略越急,岳飞、韩世忠、刘光世、吴玠的军队就越是日渐壮大。逼迫者恰好激励了对方的成长。拓跋氏建立的北魏和敌对的齐、梁政权往来交好,没有战争,整天在洛阳闲坐,用艺文礼乐修饰自己,结果六镇爆发起义,拓跋氏家族被诛灭无余。放纵者恰好陷害对方于沉迷不悟之中。忽然一休息,国家就危险了,百姓也最终未能保住性命。这是有通达见识的人能够清楚地看到的,不是一般世俗之人所能了解的。

■知识链接　　　　　　**作茧自缚的宋孝宗**

　　宋孝宗本人精明干练,而又励精图治,志在有为,因而爱惜人才,思贤若渴。常言"选择人才,治道之急",并常常虔诚地焚香祷告,希望上苍多降下一些辅助国家的贤才。他在书桌上写有一个大大的"将"字,渴望得到像唐朝薛仁贵那样的良将,在重文轻武的"立国家法"下,主张文武并用,对人才也不求全责备。这自然可以使他能够获得更多人才,对其施展作为大有裨益。但不无讽刺意味的是,孝宗用人却是一向不专,与他口头上所说的"用人久任"正好相反。最突出的表现,就是他鉴于秦桧长期独相专权的教训,频繁更换宰相,以免大权旁落。在他在位的 28 年里,宰相更换 17 人、参知政事(即副宰相)34人;宰相任期最长的不足 7 年,最短的三个月,参知政事任期超过四年的只有 1人,不足一年的 18 人。包括宰相在内的大臣任期短暂,自然就不能专权,但其

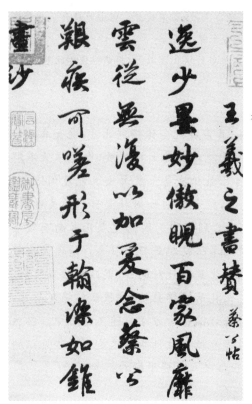

孝宗手书《蔡公贴》

才能也不能得以尽情施展而有所作为。既希望人才辅助自己，又不愿意给他们做事的权力，孝宗从一开始就陷入了自己设置的自相矛盾之中，从而使得这位南宋历史上唯一有作为的皇帝，最终也没有做出大的作为，真可谓作茧自缚了。

卷十二 光宗①

论宋孝宗传位光宗之非

本篇为《宋论》卷十二《光宗》第一条。宋高宗绍兴三十一年(1161)秋,金海陵王完颜亮发兵南侵,不料在采石渡江时被虞允文临时指挥宋军击败,随后金军内讧,杀完颜亮撤军。但生于忧患而溺于享乐、三十几年前被金兵吓得丧失了生育能力的宋高宗,这次又被吓得不敢再做皇帝,遂于次年六月传位于养子宋孝宗,自己则做起了可以继续享受皇帝尊容、而又免于国事忧勤之苦的太上皇。孝宗淳熙十四年(1187)十月,自言在位时期"失德甚多"的宋高宗终于死去,孝宗痛不欲生,决心为禅位于己的养父服丧三年。十六年正月,金章宗即皇帝位,宋朝自然要去庆贺,但按照"隆兴和议",六十三岁的宋孝宗必须称二十二岁的金章宗为叔父。内心一直存有抗金志向的孝宗当然不愿意,加上他对收复中原已感力不从心,遂在二月禅位于儿子光宗,自己也做起了太上皇。但很快光宗对他越来越冷落,甚至一连几个月也不去探视。深感寄人篱下、对儿子一片疼爱的孝宗积郁成疾,于绍熙五年(1194)病逝。王夫之认为,孝宗传位光宗,不论是对宋高宗还是对他自己,都是错误的,因而他最后因光宗不孝而抑郁死去,也是自遗伊戚。本篇就是王夫之对孝宗传位光宗这一历史事件的分析和评论。

孝宗急传位于其子，何为者也？春秋方盛，国步未康，廷无心膂之臣，子有愚蒙之质，而遽以天下委之，诚不知其何为者也。以谓高宗崩，哀慕切，欲执三年之丧，谢绝庶政，日奉几筵，曾是以为孝，非其饰辞，则愚甚矣。古之宅忧于谅阴^②者，总百官以听冢宰^③，六官之常职无与闻耳。至于宗社安危、生民生死、大臣进退之大政，则天子固居大位，操大权，而不敢以先君之付畀委之人，而孤致其哭踊。且所听之宰，抑必绰有余裕于负荷之亲臣。夫岂不欲专致其哀哉？尽道以尽孝，初不相为妨也。况乎高宗之恩^④，均于生我者，唯其以天下授己也。则所以慰高宗于冥漠者，亦唯以社稷有主，为精爽之所凭依。则孝宗之视天下也，如视高宗，亦殚心竭力以奠安天下，而以报高宗者至矣。若夫几筵之侍，必躬必亲，则但不息心以燕处，不分志于声色，罢昏祭之吉礼^⑤，停庆赏之覃恩，正自有余日余力以伸馈奠。奚必塞耳闭目，一不与物相接，而后可终丧纪哉？故以为哀之至而不能复居天位者，吾未之能信也。

注释：

①光宗：即南宋第三位皇帝赵惇(1147—1200)，孝宗子。即位前封恭王、判临安府。淳熙十六年(1189)孝宗禅位于他。次年，皇后李氏请立皇子嘉王赵扩为太子，孝宗不许，他惑于李后之言，怀疑孝宗有废立之意，从此不朝孝宗，孝宗死时亦不服丧，朝中骚动。宗室赵汝愚和外戚韩侂胄经太皇太后吴氏允许，逼迫他退为太上皇，由嘉王赵扩即皇帝位，是为宁宗。

②谅阴：也称亮阴、凉阴，指天子、诸侯居丧。后仅用于皇帝。

③冢宰：一称大宰，周代官名，为六卿之首。后也称吏部尚书为冢宰。

④高宗之恩：指宋高宗禅位于宋孝宗之事。

⑤吉礼：祭祀之礼。

译文：

孝宗急切地把皇位传给儿子，这是为什么呢？他当时正值盛年，国家命运也还没有走上健康发展的道路，朝廷上没有亲信骨干的大臣，儿子资质愚昧不学，他却突然把国家交给这个儿子，真不知道他要做什么。如果说是因为高宗去世，特别悲伤想念，想要守丧三年，不理各种政务，每天侍奉在高宗灵位旁，就算他真的以此为孝道，没有虚情假意，但也是太愚蠢了。古代天子守丧,只是让冢宰来统领文武百官,六部的日常事务不参与过问罢了,至于国家的安全与危急、百姓的生存与死亡、大臣的任命与罢黜等重大政事,仍然由天子居于重要职位,掌握大权,不敢把已故君主托付给他的国家大任再委托给别人,自己去遵守丧礼的仪式。而且所信任的冢宰,也必须是对承担重任绰绰有余的亲信大臣。谁不想一心一意地去守丧呢? 但恪尽治道与恪尽孝道,起初也并不互相妨碍。况且高宗对孝宗的恩德,和孝宗生父相等的,只是把皇位传给了孝宗。因此可以用来告慰高宗在天之灵的,也只有使国家有称职的君主,使其魂魄有所依托。这样,孝宗对待国家,就会像对待高宗一样,也会费尽心思、用尽精力地来安定国家,以此报答高宗,是最好不过的了。至于侍奉高宗灵位,一定要亲自前往,其实只要不留恋于宴饮享乐,不沉迷于歌舞女色,取消子女朝夕问安和祭祀的礼节,停止欢庆赏赐的广施恩惠,自然还是有时间和精力来举行祭典的。何必要对外界事物不闻不问,完全不和外界事物接触,然后才算是完成了丧事呢? 因此,称孝宗是因为太悲伤而不能再做皇帝的说法,我是不能相信的。

夫身未耄倦,而遽传位于子,以自处于一人之上,于古未之前闻,始之者赵主父①,继之拓拔弘②而已矣。斯皆蔑礼败度,以褒大位者也。若高宗之内禅③也,则又有说:己未有嗣④,而孝宗以久废之宗支,七世之疏属,拔之于幼冲⑤,膺元良之休命。高宗年垂六十(原注:内禅时五十有七),为三代以后人君之所希有。国无可顾命之宗臣,一旦危病至而奸邪乘之,不容不早防其变。且于时女直寒盟,兵争复起⑥,衰年益馁,抑无以支不固之封疆。知孝宗之可与有为也,用其方新之气,以振久弛之人情,则及身之存,授以神器,亦道之权而不失其中也。自非然者,天子者,既至尊而无尚矣,积累而上之,又有人焉,以俯而相临,则天位不尊,而事权相错,持两端者,得起而售其奸矣。亦唯孝宗之犹堪负荷也,故高宗得优游于琴书花鸟之侧,而国事一无所问。则两宫之欢,无有从中间之。非此,而理乱安危不能尽释诸怀抱,小有箴砭,遂授宵人以离间之隙。基累者必倾,栋隆者且挠,大鼋之嗟,焚如之咎,必不能保其终矣。又况光宗者,愚顽之声音笑貌，千载而下，犹可想见其情形，抑非有杨广⑦之奸，可矫饰以欺其君父，则其不可以高宗之付己者付光宗，灼然易见。而何造次之顷，遽委神器于浮沉邪？

注释：

①赵主父：即赵武灵王(？—前295)，名雍，战国时赵肃侯之子，赵国的第六代国君。在位二十七年，革新图强，实行胡服骑射，为赵国开疆拓土，使赵由弱变强。后传位给幼子何，即赵惠文王，自号"主父"，封其长子公子章为代安阳君。惠文王四年(前295)，公子章争位作乱，主父之弟公子成等起兵镇压。公子章败逃至主父处，公子成等围主父所居沙丘宫，公子章死后三月余，主父也饿死在沙丘宫。

②拓拔弘(454—476)：即北魏献文帝，鲜卑族。初即位，冯太后临朝听政。后亲政，赏罚严明，使吏治好转。攻取南朝宋州郡多处。后禅位于太子宏，自称太上皇。为冯太后毒死。

③内禅：古代帝王让位给内定的继承人。后多指帝王身在而传位于子弟。

④己未有嗣：宋高宗在建炎元年(1127)五月即皇帝位，六月得子赵旉。其母潘氏在原康王府没有名位，因而北宋灭亡时没有被金军俘虏北去，但怀孕时正是金军攻破汴京前后，整天提心吊胆，生活艰难，造成赵旉先天不足，体弱多病。三年二月，高宗由扬州逃到杭州，此时赵旉与隆祐太后已先行到达。三月，"苗刘之变"发生，叛军逼迫高宗传位赵旉，由太后垂帘听政。四月，叛乱被平定，高宗复位。七月，赵旉患病，一宫女不慎踢倒地上一只鼎，赵旉被响声吓得惊搐不止，高宗立即将宫女斩首，但不过片刻，赵旉即死去。而在此前逃离扬州时，高宗被金军吓得丧失了生育能力，此后虽请良医诊治，但再未生养一儿半女，高宗遂绝嗣。

⑤孝宗以久废之宗支，七世之疏属，拔之于幼冲：孝宗是宋太祖赵匡胤的七世孙，五岁时被高宗选育于宫中。自北宋第二位皇帝太宗以来，皇位继承人都是太宗一支。高宗死后，宋太宗一支遂绝，皇位又回到了太祖一支。

⑥女直寒盟，兵争复起：指宋高宗绍兴三十一年(1161)秋，金海陵王完颜亮不遵守宋金"绍兴和议"，发兵南侵之事。

⑦杨广：即隋炀帝，详见前文注释。

译文：

身体还没有年老倦怠，但却突然传位给儿子，自己在他上面做太上皇，这样的事情在古代以前没听说过，最早开始于赵武灵王，后继者有拓跋弘。这都是蔑视礼教、败坏法度、衰渎王位的人。至于高宗的禅

中华经典史评 宋论

位,却是另有说法:他自己儿子早死,孝宗出自长期闲废的宗室支属,已经是相隔七代的疏远亲属了,从小孩时就被选拔出来,接受天子的大命。高宗年龄快要六十岁了(禅位时已经五十七岁),这是夏、商、周三代以后的君主中极少有的。国家没有可以托付临终遗命的同宗大臣,一旦自己有什么凶险或疾病到来,奸诈邪恶之人就会乘机作乱,因而不能不早早地预防变乱的发生。况且当时女真已经撕毁盟约,双方又开始了战争,高宗因年老而更加气馁,也没有办法支撑本来就不巩固的边疆。他知道孝宗能够有所作为,发挥他正当新锐的气势,可以使长期懈怠的人心振作起来,因此在有生之年把皇位传给他,既是治道的权宜之计,也不失为正当的做法。如果不是这样的话,天子已经是最尊贵无比的了,在他上面又有太上皇来俯身相压,那么天子就得不到尊崇,处理政事的权力也会在他们两人之间混乱起来,脚踩两只船的小人就会乘机出来兜售他的邪恶计谋。也正是因为孝宗还能够承担重任,因而高宗才能悠闲自得地以弹琴写字、画些花鸟安度余年,对国家大事根本不必过问。从而高宗和孝宗父子之间的融洽关系,没有人能从中离间。如果不是这样,高宗心里对政治清明还是混乱、社会安定还是危急等问题仍不能全部放下,稍微作出一点儿规谏,就会给小人造成离间的机会。如此一来,根基积累得再深厚也必然会倾倒,栋梁再高也会弯曲,年老之人的嗟叹,火灾的罪过,都一定不能保全他们的终老。又何况光宗愚昧而且顽固,他说话时的声音容貌,就是一千年后,仍可想像得出是什么样子,他又没有杨广那样的奸诈,能够以假象掩盖本真、欺骗父皇,因此孝宗不应该把高宗托付给自己的皇位再托付给光宗,这是非常明显、容易看得出来的。但他为什么还在仓猝之间,传位给光宗,使皇位处于飘浮不定之中呢?

与子之法,定于适长①,诚大常之经矣。然而汉武②舍燕王旦③而立昭帝④,光武⑤舍东海王彊⑥而立明帝⑦,卒以允臧。则变而能通,未为失也。晋武帝⑧拒卫瓘⑨之谏以立惠帝⑩,贾氏之恶以宣⑪;唐太宗⑫徇长孙⑬之请以立高宗⑭,武氏⑮之祸以烈。则守而不变,未为得也。夫光宗之视晋惠,差辨菽麦耳,其于唐高,犹在层累之下也。孝宗即守成宪,而不以意废置乎,则辅以正人,导以正学,惩其宵小,饬其宫闱,迨及弥留之际,简德望之大臣,受顾命而总百揆;即有雷允恭⑯、任守忠⑰之内蛊,无难施窜殛之刑;光宗虽闇,亦何至灭绝天彝,贻宗社以阽危之势哉?教之无方也,辅之无人也,俟之不待其时也,昏懦之习不察也,悍妻⑱之煽无闻也。俄而使参国政矣,俄而使即大位矣。己已处于贵而无位、高而无民之地,乃恶李氏⑲而有废之之语,嚅嗫于闲宫,以激其悖逆,岂非教不肖者以冥行乎?菀结而不永其天年,亦自贻之矣。

注释:

①适长:即嫡长。古代王位传承实行嫡长子继承制,王位和爵位由正妻所生的长子继承。但因条件限制,这一制度未能长期实行,后世多用广义的嫡长继承制,即"有嫡立嫡,无嫡立长"。始于商朝末,至周初正式确立。此后延续两千多年的封建王朝,大多遵循这一制度来制定继承法和选立储君。

②汉武:即西汉武帝,详见前文注释。

③燕王旦:即西汉武帝子刘旦(?—前80)。被封为燕王,博学经书杂说,好星历术数,招致游士。卫太子和齐怀王死后,他自以为按次第当立为太子,上书求入宿卫。武帝不许,而立少子为太子,后即位为昭帝,由霍光辅政。他与上官桀等人密谋杀霍光、废帝自立,事败自杀。

④昭帝:即西汉昭帝刘弗陵(前94—前74),武帝少子。年幼即位,由霍光辅政。继承武帝政策,移民屯田,多次出兵击败匈奴、乌桓。曾召开盐铁会议,问民疾苦。

⑤光武:即东汉光武帝刘秀,详见前文注释。

⑥东海王彊:即东汉光武帝长子刘彊(25—58),为郭皇后所生,立为皇太子。郭后废,他不自安,自请出就藩国,封为东海王。

⑦明帝:即东汉光武帝第四子刘庄(28—75)。他统治期间,派王景等治理黄河,筑堤千余里。好刑理,法令严切。尊崇儒术,亲自讲说经书。曾派人到天竺求佛法,建白马寺,使佛教开始在中国流传。

⑧晋武帝:即司马炎(236—290),河内温县(今河南温县西)人,字安世。初仕魏,封北平亭侯,后继父位为相国、晋王。不久代魏,即皇帝位,建立西晋。灭吴,统一全国。大封宗室,加强世族门阀制度,颁布新修律令,实行户调式,规定按官品等级占田数额等。晚年耽于逸乐,立痴呆儿子司马衷为太子,酿成身后大乱。

⑨卫瓘(220—291):西晋河东安邑(今山西夏县西北)人,字伯玉。三国魏末任尚书郎,转廷尉卿,监邓艾、钟会伐蜀。蜀灭,钟会反,以计平之,并追杀邓艾。入晋,

累官司空。性严整,以法御下,为政清简,有声誉。为杨骏所谮,逊位。惠帝立,与汝南王司马亮共同辅政,为贾后所杀。

⑩惠帝:即西晋惠帝司马衷,详见前文注释。

⑪贾氏:即西晋惠帝贾皇后(257—300),平阳襄陵(今山西临汾东南)人,名南风。武帝时册为太子妃,惠帝即位立为皇后。太后父杨骏辅政。贾后使楚王司马玮杀杨骏,以汝南王司马亮为太宰。又矫诏使司马玮杀司马亮,不久以擅杀罪杀司马玮。从而激起八王之乱。擅政十年,荒淫放恣,酷虐暴戾。又杀愍坏太子,遂绝众望。为赵王司马伦所杀。

⑫唐太宗:即李世民(599—649)。初仕隋,后劝父起兵,征服四方,成统一之业。唐高祖时,以功封秦王。发动玄武门之变,杀兄李建成及弟李元吉,被立为太子。寻受禅即帝位,尊高祖为太上皇。在位前期,励精图治,明于知人,善于纳谏,崇尚节俭,轻徭薄赋,改革政治制度,提倡学术文化,巩固国家统一,使海内升平,威及域外,史称"贞观之治"。但后期骄傲自满,纳谏、治政均不如以前,而且大兴土木,劳民伤财,对边疆用兵不断,造成百姓不堪重负而纷纷反抗。宫廷内又出现废立太子之争,加以疾病缠身,遂服"延年之药",中毒暴亡。

⑬长孙:即唐代文臣长孙无忌(?—659),河南洛阳(今属河南)人,字辅机。唐太宗长孙皇后兄。参与策划玄武门之变,辅佐唐太宗即皇帝位。累官尚书左仆射、司空、司徒,封赵国公。博涉书史,曾参与纂修《隋书》,修定《唐律》。辅立高宗,进太尉、同中书门下三品。奉命与律学之士条释《唐律》,撰成《唐律疏议》。因反对高宗废王皇后、立武则天为后,被削爵流黔州,自缢死。

⑭高宗:即李治(628—683),唐太宗第九子,字为善。即位前封晋王。即位后,多承太宗旧制。派军击败西突厥,进攻高丽。废王皇后,立武则天为后,贬逐元老重臣。后以多病,由武后临朝称制。

⑮武氏:即武则天(624—705),并州文水(今属山西)人。十四岁被唐太宗选入后宫,充当才人,赐号"武媚"。太宗死后,到长安感业寺落发为尼。高宗王皇后暗中把她接进宫来,很快由才人晋升为昭仪。后诬告王皇后,使高宗废之而立自己为后。她自幼聪慧,素多智计,兼涉文史,对政事很感兴趣,权势欲很强。地位巩固之后,便逐渐干预政事,利用高宗庸懦无能,政无大小,皆参与裁决。高宗死后,中宗即位,尊之为皇太后,政事咸取决于她。后废黜中宗为庐陵王,立其弟睿宗,由她临朝称制。天授元年(690)九月,宣布革命,改唐为周,自称圣神皇帝,降唐帝为皇嗣。此后又多次改元,凡在位十五年。期间,重视发展生产,继续推行轻徭薄赋、与民休息的政策;广开言路,注意纳谏;整顿吏治,严惩贪官污吏,擢拔贤才;镇压反对势力,打击旧门阀士族,扶植庶族地主出身的官僚,发展科举制;

注意开发边疆,巩固边防,维护多民族封建国家的统一。把唐朝国势逐步推向极盛。

⑯雷允恭(? —1022):北宋宦官。开封(今属河南)人。初为黄门,后迁西京作坊使、普州刺史、内侍省押班。宋仁宗即位后,真宗刘皇后垂帘听政,他与丁谓勾结,机密事都由他传达禁中,权倾中外。真宗葬,为山陵都监,以擅作主张、改变陵穴,处死。

⑰任守忠:北宋宦官,详见前文注释。

⑱悍妻:指宋光宗的皇后李氏(1145—1200)。名凤娘,相州安阳(今属河南)人。光宗为恭王时聘为妃,生子嘉王赵扩。光宗即位后,册为皇后。性妒悍。因内宴请立嘉王为太子,孝宗不许,即出言不逊,退而诉于光宗,谓孝宗有废立意,使光宗惑于其言。黄贵妃有宠,她乘间杀之,使光宗闻而成疾。光宗受制于她,长期不朝孝宗,以致孝宗死时光宗也不执丧。光宗被废,她被尊为太上皇后,五年后病死。

⑲李氏:即光宗皇后李氏。

译文:

传位给儿子的制度,必定是立嫡立长,这确实是伦常大道的原则。但是西汉武帝舍弃燕王刘旦而传位给昭帝,东汉光武帝舍弃东海王刘疆而传位给明帝,结果都很好。可见,不拘恒常,随宜变通,并不是什么失误。西晋武帝拒绝了卫瓘的进谏,传位给晋惠帝,导致了贾皇后罪恶行径的发生;唐太宗听从了长孙无忌的请求,传位给高宗,导致武则天祸害极大。可见,固守成法,不知变通,也算不上合适。宋光宗和晋惠帝相比,也就是能分辨出豆子和麦子而已,和唐高宗相比,还是远在唐高宗之下。孝宗即使固守一成不变的制度,不愿意凭自己的心意废黜和扶立,那就应该派正直大臣去辅助光宗,用儒家学说去引导他,惩戒他身边的小人,整顿他的后宫,等到病重快要死时,挑选德高望重的大臣,接受临终遗命,统率百官;如此,即使有雷允恭、任守忠之类的宦官小人,也不难于将他们贬逐诛杀;光宗虽然愚昧,又何至于完全丧失天伦,给国家造成危险的形势呢?孝宗对光宗,没有用好的方法去教导,没有选派合适的大臣去辅佐,不在合适的时候等待他,不能察觉他昏聩懦弱的本性,不能听到他蛮横妻子李氏的煽动蛊惑。不久让光宗参与国家大政,又不久让他继承了皇位。此时,孝宗自己已经处在尊贵但没有权位、高高在上但没有人手的地步，竟然讨厌起李氏，说什么要废掉她的话，在冷清的宫里吞吞吐吐，反而激起光宗做出违乱忤逆的行为，难道这不是对不孝之子的教导不得门径吗？孝宗最后抑郁成疾而死，也是他自己造成的呀。

高宗经营密勿者数十年，裁之以道，审之以宜，举以授之于己；己乃无所图维，急遽以授不肖之子，而坐视其败；孝宗之于孝也，抑末矣。汶汶无择，与其在位之用人行政，殊不相肖。由今思之，诚不测其何心。意者嗣位之初，锐意有为，而功堕不就，故不欲居此位也已久；特以高宗在，而不容释，甫在苫次①，迫欲脱屣，愤耻之余，激为卤莽。诚然，则亦悁悁悻悻，非君子之度矣。在位二十七年，民心未失，国是未乱，自可保遗绪以俟后人之兴。功不自我成，而能得守所付畀者，即其功也。亦何用此卞躁为也！

注释：

①苫(shān)次：居亲丧的地方。

译文：

　　高宗规划创业、勤勉努力了几十年，他用治道原则来规划，用适宜的方法来安排，最后把皇位传给孝宗；孝宗竟没做什么考虑，急切地就把皇位传给了不孝的儿子，在一旁静观其失败。孝宗对于孝道，也只是做到了枝节问题呀。他在选立继承人问题上的昏暗不明、不会选择，与他当皇帝时期的任用大臣、处理政事相比，太不相像了。就是到现在想来，也真的推测不出他是什么心思。有人认为，他刚继承皇位的时候，一心一意要有所作为，但却没有做出什么功业，因此已经早就不想在皇位上坐下去了；只是因为养父高宗还在世，他不能放弃皇位，高宗一死，他就急着想退位，因愤恨于没能有所作为的耻辱，一下子激发出轻率的举动来。这种说法，即使符合事实，但也不过是愤恨不平，并非君子的气度。孝宗当皇帝二十七年，没有失去百姓的拥护，国家大政也没有混乱，自然可以保住遗业，来等待后继者的兴起。我虽没有做出什么功业，但我能保住先皇托付给我的基业，这本身就是功业。还用什么急躁的行为吗!

宋孝宗虽是高宗养子,但对养父极尽孝道,被称为自有帝王以来第一人,但他亲生儿子宋光宗却对他极为不孝,大有物极必反的意味。孝宗幼子、长子先后亡故,二子、三子同为嫡出,但他认为三子"英武类己",遂废长立幼,将三子立为太子。十几年后,一直恪尽孝道的太子不见父亲有传位意向,就委婉表示了取而代之的意思,但当即被委婉拒绝,此后孝宗明确表示:太子还需历练。淳熙十六年(1189)二月,太子终于得到禅位,此即光宗。起初,光宗经常向父亲问安示孝,看到儿子果然"类己",孝宗大为高兴。但不久光宗即冷落下来。又经过皇后李氏的挑拨离间,光宗对父亲越来越无端猜忌。加上皇后蛮横妒悍,绍熙二年(1191)十一月,光宗患上了精神疾病。此后,孝宗更加疼爱儿子,但光宗向父亲问安的次数越来越少,甚至假造孝宗免去他前往问候的诏书。绍熙五年,孝宗染病,被皇后完全控制的光宗拒不探望,孝宗抑郁悲哀,病情加重,每天询问儿子是否来过,但光宗仍无动于衷。六月孝宗病死,光宗拒绝参加丧礼。已经愤怒了几年的群臣再也无法忍受,于七月将光宗废黜,拥立宁宗。此即"绍熙内禅"。被迫即位的宁宗一心尽孝,但光宗不肯接受儿子取而代之的不孝行为,继续疯癫了五年后死去。

卷十三　宁宗①

论南宋对金的和战之争

　　本篇节选自《宋论》卷十三《宁宗》第五条。宋钦宗靖康二年(1127)四月,金军灭亡北宋后撤兵,五月,宋高宗即皇帝位,建立南宋政权。金朝闻讯后,迅速发兵南下,妄图乘南宋立足未稳之际,彻底消灭赵宋政权。从此,直到宋理宗端平元年(1234)宋蒙联合灭金之前,南宋一直未能摆脱金朝的军事压力,因而对金是和是战的问题,也一直是南宋政权要处理的头等大事。宋高宗是彻头彻尾的主和派,任何时候都对金朝极尽摇尾乞怜之能事,即使在金朝不接受他投降的时候,他也是利用抗战派的武装斗争,为自己争取投降时机。因而在他统治时期,抗战派虽也曾一度势力大振,但最后却是投降派得势,不但与金订立了屈辱的"绍兴和议",而且残杀岳飞等抗金将领,将韩世忠罢职闲废。宋孝宗即位初期,力主北伐抗金,起用抗战派,驱逐朝中的秦桧余党,对其他主和派官员的意见也不予重视,弥漫朝野的妥协投降气氛一扫而空,但因措置失当,北伐很快失败。此后孝宗虽仍志在抗金,但也起用了主和派官员出任宰执大臣,对金是和是战的争论再度兴起,并一直持续到金朝灭亡。王夫之反对空言争论,主张必须以实政振兴国家,本篇就是他对南宋对金和战之争问题的集中讨论。

宋自南渡以后，所争者和与战耳。当秦桧②之世，言战者以雪仇复宇为大义，则以胜桧之邪也有余。当韩侂胄③之世，言和守者，以固本保邦为本计，则以胜侂胄之邪也有余。于是而为君子者，不遗余力而言之，以是而忓权奸，获罪罟；而其理之居胜者，煌煌奕奕，莫有能掩之者矣。乃诚如其言，绌秦桧而授之以兵柄，其遂能雪仇复宇邪？抑否也？斥侂胄而授之以国政，其果能固本保邦邪？抑否也？奚以知其未之逮也？其言也，至于胜桧与侂胄而止，而既胜之后，茫然未有胜之之实也。执桧之说，则可以胜侂胄矣，桧未尝不以固本保邦求当于君也。执侂胄之说，则可以胜桧矣，侂胄未尝不以雪仇复宇昌言于众也。反桧而得侂胄，反侂胄而又得史弥远④。持之皆有故，号之皆有名，而按以其实，则皆义之所不许，名之所不称。故桧死，和议不终，符离之师，先侂胄而沮败⑤。侂胄诛，兵已罢，宋日以坐敝而讫于亡。无他，操议者但目击当国者之非，遽欲思反，而退求诸己，所以扶危定倾之实政、足以胜彼而大服其心、使无伺我之无成以反相嗤笑者，一无有也。不世之功，岂空言相胜之可坐致乎？侂胄倡北伐之谋，而岳飞之恤典行，秦桧之恶谥定⑥；弥远修讲好之说，而赵汝愚之孤忠显，道学之严禁弛⑦；是宜足以大快人心者，而人心益其危惧。徒相胜者，一泄而无余，天下亦何恃此清议哉？

注释：

①宁宗：即南宋第四位皇帝赵扩（1168—1224）。光宗子。即位前曾为少保、武宁军节度使，进封平亲王。光宗被废，他被宗室赵汝愚和外戚韩侂胄拥立即位。以赵汝愚为相，不久罢免，专任韩侂胄，使其专权达十四年。其间，采纳韩侂胄建议，追封岳飞为鄂王，削去秦桧所封王爵。并下诏攻金，因受挫，向金求和，在史弥远主持下，与金签订宋朝历史上最屈辱的"嘉定和议"。此后一直到他死，朝政为史弥远操纵。在位三十一年（1194—1224）。

②秦桧：南宋初期奸臣，详见前文注释。

③韩侂胄：南宋中期文臣，详见前文注释。

④史弥远：南宋中期文臣，详见前文注释。

⑤和议不终，符离之师，先侂胄而沮败：指宋孝宗不遵守宋金"绍兴和议"，于隆兴元年（1163）北伐及在符离（今安徽宿县）战败之事。

⑥侂胄倡北伐之谋，而岳飞之恤典行，秦桧之恶谥定：韩侂胄为巩固权位，提出北伐

以笼络人心。在他的建议下，宋宁宗嘉泰四年（1204），追封岳飞为鄂王；开禧二年（1206），削夺秦桧王爵，将其谥号由"忠献"改为"谬丑"。

⑦弥远修讲好之说，而赵汝愚之孤忠显，道学之严禁弛：宋宁宗庆元元年（1195），在韩侂胄策动下，赵汝愚被罢相，随后韩侂胄将支持赵汝愚的理学人士定为"伪学"。三年，又定赵汝愚、朱熹等人为"伪学逆党"，史称"庆元党禁"。直到嘉泰二年（1202）始驰党禁，追复赵汝愚原官。嘉定元年（1208），史弥远主持与金定立和议，升为右相。为改变自己形象，史弥远倡导理学，追复赵汝愚，表彰朱熹，引用理学人士，并对不符合赐谥条件的朱熹等五位理学大师先后赐谥，此后还曾多次追封朱熹，以争取理学人士的支持。

译文：

南宋政权自从渡过长江以后，所争论的就是对金讲和还是抗战的问题。在秦桧把持政权的时候，主张抗战的人以报仇雪耻、恢复旧有疆土为正道，完全可以凭此战胜秦桧的奸邪。在韩侂胄把持政权的时候，主张对金讲和与防守的人，以巩固根基、保卫国家为根本大计，完全可以凭此战胜韩侂胄的奸邪。当时的君子们，毫无保留地使出全部力量，倡言抗争，因而触怒了有权有势的奸臣，陷入法网之中；但他们所坚持的道理却处于胜利者的一方，其光辉高大，没有谁能掩盖住。但即使真的像他们所说的那样，罢黜秦桧，把兵权交给他们，他们就能报仇雪耻、恢复旧疆吗？还是不能。贬斥韩侂胄，把国家政事交给他们处理，他们就一定能巩固根基、保卫国家吗？还是不能。怎么知道他们做不到呢？因为他们的主张，只是到战胜秦桧和韩侂胄就停止了，至于战胜他们之后应该怎么做，却是模糊不清，没有战胜他们的实际措施。用秦桧的言论，也可以战胜韩侂胄，因为秦桧也是用巩固根基、保卫国家的论调来寻求与皇帝相适应的。用韩侂胄的言论，也可以战胜秦桧，因为韩侂胄也是用报仇雪耻、恢复旧疆的论调，当众公开表白的。反对秦桧的论调，出现了韩侂胄，反对韩侂胄的论调，又出现了史弥远。所持的论点都有根据，所提的口号都有名义，但考察其实际，都是道义上所不能允许的，名号上所不能称颂的。因此秦桧死后，与金订立的讲和盟约也不能维持下去，但符离的北伐宋军，在韩侂胄之前就失败了。韩侂胄被杀后，宋军已经疲惫不堪，宋朝一天天地坐着衰败下去，一直到灭亡。

这不是别的，提出议论的人只看到执政者的错误，急着想反正过来，但反躬自问，可以扶助危急、安定倾覆的实际政治作为，完全能够战胜执政者，使他们极为心服，而不会看到自己没有成功就反过来加以嘲笑的举措，全都没有。世上少有的功绩，哪能靠着虚浮不实的言论战胜对方，就可以坐着得到呢？韩侂胄倡议北伐金朝的谋划后，为岳飞举行了葬礼，为秦桧定下了坏的谥号；史弥远提出对金讲和的论调后，赵汝愚孤立无援、不得支持但忠心耿耿的心迹得以彰显，对道学的严厉禁止和打击也得以解除。这些本来都是完全能使人们心里非常高兴的事情，但却使人们心里感到更加危急恐惧。只是为了战胜对方的人，他的言论说出来之后，就什么都没有了，治理国家又怎么能依靠这种议论呢？

呜呼！宋自仁宗以后，相胜之习愈趋而下，因以相倾，皆言者之气矜为之也。始以君子而求胜乎小人，继以小人而还倾君子，继以君子之徒自起相胜，继以小人之还自相胜而相倾。至于小人之递起相倾，则窃名义以大相反戾，而宗社生民皆其所不恤。乃其所窃之名义，固即前之君子所执以胜小人者也。

译文：

  唉！宋朝自从仁宗以后，战胜对方的风气越来越向坏的方面发展，并借此互相倾轧，这都是评论者们心气傲慢造成的。起初是君子们想要战胜小人，接着是小人反过来排挤君子，接着是君子们内部互相求胜，接着是小人内部互相求胜而互相倾轧。至于小人们相继兴起、互相倾轧，都是窃取名誉、正义的称呼而实际却完全相反，对国家和百姓的利益全都并不在意。但他们所窃取的名誉、正义的称呼，却就是此前君子们所用以战胜小人的那些。

言何容易哉？言而不自省于心，为己之所有余，则是之与非，曲之与直，正之与邪，其相去也不远。何也？义在外，则皆袭取以助气之长者也。故君子知为之难而言之必切。岂悬一义以为标准，使天下后世争诵之，遂足以扶三纲①、经百世、无所疚于天人乎？熟虑之于退思，进断之于密勿，舍之而固有所藏,用之而实有所行。持至是之术,充至直之用,尽至正之经。有弗言也,言之斯可行之。经之纬之,斡之旋之,道备于己,功如其志。则奸邪之异己者不能攻,相倾者不能窃,斯以为贞胜也矣。

注释:

①三纲:即"君为臣纲,父为子纲,夫为妻纲",要求为臣、为子、为妻者必须绝对服从于君、父、夫,同时也要求君、父、夫为臣、子、妻作出表率。反映了封建社会中君臣、父子、夫妇之间的一种特殊的道德伦理关系。

译文:

发表言论哪是容易的事呢?随便说话,而不在心里好好地自我考虑,就成为自己所多余的了。那么正确与错误、有理与无理、正派与邪恶之间,就相差不远了。为什么呢?道义在表面上,就会都沿袭采取,以便帮助自己的气势更加有力。因而,君子们知道做事不易,说话就一定谨慎。哪里能提出一个道理作为标准,让天下和后世的人都争相称诵,就完全可以扶持纲常伦理道德、治理百代以后的社会,而对上天和人世都不会造成痛苦呢?仔细考虑和退一步思考,积极进取判断和勤勉努力,不用它们就要有隐藏的办法,使用它们就要做出实际效果。掌握最正确的方法,做到最有理的使用,坚持最正确的原则。有时不发表言论,但说了就能实行。规划治理,扭转调解,原则全在自己掌握之中,功绩达到志向所预期的那样,那么奸诈邪恶的反对者就无法攻击,想要倾轧的人也无法找到借口,这才可以御万变而无不胜。

■知识链接　　　　儿戏开场惨痛收的开禧北伐

宋宁宗即位后,有合谋拥立之功的宗室赵汝愚和外戚韩侂胄之间,立即因分赃不均而勾心斗角,半年后赵汝愚被贬出朝廷而死。韩侂胄则步步高升,连宰相也要看他眼色行事,以致当时有"姓赵不如姓韩"的说法。为巩固自己的权位,韩侂胄又利用民众希望抗金雪耻的心理,奏请北伐,但他并未作充分准备,而是只要有人报告说金朝衰弱、就要灭亡之类的话,就予以重用,逆耳忠言则一概不听,最终在开禧二年(1206)四月冒然发兵北伐。起初,因金军仓惶应

宋代攻守常用的
三弓床弩(模型)

战,宋军取得了一些胜利,但很快金军反攻,腐败的宋军迅速败退下来,川陕战场又发生了将领投敌叛变的事情。韩侂胄眼见北伐失败,连忙嫁祸于亲信,声称自己并无用兵之意,并遣使向金求和。金朝虽已无力再战,但提出斩杀首谋者方可议和。韩侂胄遂中断和议,准备整军再战。不料宁宗杨皇后却加紧了报复韩侂胄曾反对立自己为后的往事,竟串通韩侂胄的政敌史弥远等人,在次年十一月将韩侂胄袭杀。金朝要求交出韩侂胄的首级,史弥远完全答应了金方的要求,与金签订了宋朝历史上最为屈辱的"嘉定和议"。儿戏般开场的北伐闹剧,终致落得个惨痛结局!

卷十四　理宗[①]

论南宋联蒙灭金策略之失

　　本篇为《宋论》卷十四《理宗》第三条。1206 年,铁木真建立大蒙古国,随后向临境发动进攻。1211 年,南宋得到了蒙古已崛起于漠北并直接威胁金国的确切消息。1213年,金朝迫于蒙古的进攻,将都城南迁开封。次年,宋朝在真德秀建议下,停止向金输纳岁币。1217 年,金宣宗为补偿对蒙战争的损失,南下侵宋,但遭到坚决抵抗。金哀宗即位后,为集中兵力对抗蒙古,主动结束了侵宋战争,并派使臣到宋通好。1232 年十二月,蒙古派王檝来到京湖,商议与宋联合,夹攻金朝。京湖制置使史嵩之上报朝廷,宋理宗表示同意,并让史嵩之负责攻金事宜。金哀宗得知后,也派使者到宋,竭力陈述唇亡齿寒的道理,力图争取南宋的支持,但遭到拒绝。1233 年六月,金哀宗在蒙古进攻下逃往蔡州。随后宋军也多次击败金军,于十一月进至蔡州,与蒙古军联合攻城。1234 年正月,宋、蒙军队先后攻入蔡州,金哀宗自杀,金朝灭亡。宋军按照事先约定,进军河南,收复开封,但因孤军深入,很快在洛阳被毁约的蒙古军击败。蒙古随后转入对南宋的进攻,并在四十余年后灭亡南宋。王夫之认为,南宋联蒙灭金,与北宋联金灭辽一样,都是错误的。本篇就是他对这一问题的分析评论。

会女直以灭契丹，会蒙古以灭女直，旋以自灭，若合符券。悬明鉴于眉睫而不能知，理宗君臣之愚不可瘳，通古今天下，未有不笑之者也。虽然，设身以处之，理宗之应此也亦难矣。

译文：

北宋联合女真来灭亡契丹，南宋联合蒙古来灭亡女真，很快自己也都跟着灭亡，就好像把符信合在一起一样，丝毫不差。往事失败的历史教训就在眼前，但竟没有认识到，宋理宗和大臣们的愚蠢，真是不可救药，古往今来，天下人没有不嘲笑他们的。但即使如此，如果我们设想自己处在那个时候，就会明白，宋理宗应付当时的情况，确实也是很难的。

会女直以灭契丹，非女直之为之也。女直无藉援于宋之情，亦无遽思吞宋之志。童贯②听赵良嗣③间道以往约，而后启不戢之戎心。使宋闭关以固守，则女直不能测宋之短长以思凌夺。且宋之于契丹也，无君父之仇，则援而存之以为外蔽，亦一策也。不此之虑，而自挑之，其咎无可委也。会蒙古以灭女直，则宋未有往迎之心，而王檝④自来，其势殊矣。蒙古之蹂女直也，闻之则震，当之则靡，左驰右突，无不逞之愿欲。其将渡河而殄绝之，岂待宋之夹攻而后可取必？然且间道命使，求之于宋者，其志可知矣。女直已归其股掌，而涎垂及宋，殆以是探其情实，使迟回于为欣为拒之两途，而自呈其善败。故曰：宋之应此亦难矣。

注释：

①理宗：南宋第五位皇帝赵昀（1205—1264）。宋太祖赵匡胤十世孙。嘉定十七年（1224），宋宁宗病死，宰相史弥远废皇位继承人赵竑，拥立理宗，自己把持朝政。九年后，史弥远死，理宗始亲政。次年，与蒙古联合灭金。继而谋收复河南，遂与蒙古交兵。在蒙古严重的军事威胁面前，理宗沉湎声色，重用权奸丁大全、贾似道等，政治腐败。表彰《四书》，尊崇理学，确立了理学的统治地位。在位四十一年（1224—1264）。

②童贯：北宋末奸臣，详见前文注释。

③赵良嗣：即马植，详见前文注释。

④王檝(1184—1243)：金元间凤翔虢县(今陕西宝鸡)人，字巨川。金末特赐进士出身，授副统军。兵败为蒙古铁木真所俘，授都统，令召集溃兵从征。以功授宣抚使，兼行尚书六部事。后兼判三司副使，掌归附工匠。窝阔台汗时，从攻关中及汴京。寻奉命使宋，凡五往，病卒宋境。

译文：

北宋联合女真来灭亡契丹的事情，不是女真先提出来的。女真不需要向北宋寻求帮助，也没有立即考虑吞并北宋的志向。童贯听从了赵良嗣提出的渡海到东北联合女真的建议，之后女真才产生了肆无忌惮的侵略野心。如果北宋闭塞关口，坚决守卫，女真就不可能推测出北宋的虚实而想要侵略了。况且北宋与契丹之间，没有杀父弑君之仇，因此救援契丹，使它生存下去，把它作为自己的外部屏障，也是策略之一。但北宋不考虑这个策略，却自己去挑起事端，它自己的过错是无法推卸的。但南宋联合蒙古灭亡女真的事情，南宋并没有去请求蒙古的想法，而是蒙古派王檝前来的，这个情况是不同的。蒙古对女真的践踏，使女真一听到就害怕，一抵挡就失败，蒙古人四处攻击，没有不能实现的欲望。他们将渡过黄河，灭亡女真，难道还用等南宋来联合夹击，然后才能去做吗？但他们还暂且从小路派使者来，向南宋寻求帮助，他们的志向就此就能够了解了。他们灭亡女真之后，就会对南宋眼馋，因而他们只是以此来试探南宋的心理，让南宋徘徊于赞同和拒绝两条路之间，自己呈现出成败的形势。因此说，南宋应付这种局面，确实也是很难的。

藉不许其约而拒之与？则必有拒之之辞矣。有其辞，抑必有其践之之实矣。拒之而不以其理，则辞先诎；如其辞之不诎，而无以践之，则为挑衅之媒，而固荼然不敢尽其辞。

译文：

假使不答应蒙古的相约而拒绝他们，行不行呢？那就必须有能够拒绝他们的言辞。有了言辞，也必须有能够履践的实际措施。拒绝但没有合适的理由，言辞就先行屈服了；如果言辞没有屈服，但却没有能够履践的实际措施,那就成了挑起冲突的媒介,因此疲弱的南宋不敢尽情地表达其言辞。

将应之曰:"金,吾与国也,世与通好,盟不可寒。今穷而南依于我,固不忍乘其危而规以为利。"如是以为辞,而我诎矣。君父囚死于彼①,宗社倾覆于彼,陵寝发掘于彼,而以迫胁要盟之约为信,抑将谁欺?明恃女直为外护,以缓须臾之祸,而阳托不忍乘危以夸志义;怯懦之情不可掩,而使其谋我之志益坚,则辞先诎,而势亦随之以诎矣。惟其不可,故史嵩之②亦无可如何,宁蹈童贯败亡之轨而不容已于夹攻之约。昏庸之臣主,势所不能自免也。

注释:

①君父囚死于彼:指宋徽宗和钦宗被金军俘虏后,囚禁而死于金朝。

②史嵩之(? —1256):庆元鄞县(今浙江宁波)人,字子由,一作子申。宋宁宗时进士,曾任光化军司户参军、通判襄阳府、军器监丞兼权知枣阳军兼制置司参议官、京西转运判官兼提举常平兼安抚制置司参议官、大理少卿兼京西湖北制置副使、大理卿兼权刑部侍郎、知襄阳府、刑部侍郎等职。理宗时,一度归养田里。起知隆兴府兼江西安抚使。历任权刑部尚书、知平江府、淮西制置使兼沿江制置副使、兼知鄂州、兼湖广总领兼淮西安抚使、京西荆湖安抚制置使、参知政事,拜右丞相兼枢密使、都督江淮京湖四川军马。因主和议,为公论所不容,闲居十三年。后授观文殿大学士。

译文:

如果回答蒙古说:"金朝是我国的友邦,世代和我们友好往来,我们不能撕毁和他们的盟约。现在他们走投无路,南来依靠我们,我们真的不忍心趁他们危急而和你们商量攻打他们。"如果像这样和蒙古讲,南宋就理屈了。徽宗、钦宗被囚禁死在女真,北宋政权被女真灭亡,皇帝祖坟被女真挖掘,却还把被胁迫订立的和约作为信用,南宋又想欺骗谁呢?明明是依赖女真为外来的护卫,以便拖延很快就会到来的祸患,但表面上却以不忍心趁别人危急作托词,来夸耀自己的大义;其实是胆怯懦弱的心里已经不能掩饰,只能是使蒙古图谋南宋的志向更加坚定,如

中华经典史评 宋论

此一来，言辞先行屈服，国势也就随着屈服了。正是因为这个方法行不通，因此史嵩之也没有办法可想，宁可重走童贯使北宋灭亡的老路，而不能回绝蒙古提出的联合夹击女真的相约。糊涂愚蠢的臣子和君主，自然不能避免自我灭亡的祸患。

诚欲拒之而善其辞，必将应之曰："金，吾世仇也，往者我有不令之臣，听其诈诱，资之兵力以灭辽，谓举燕、云①以归我；辽命既剿，猝起败盟，乘我不备而倾我宗社，吾之不与共戴天久矣。徒以挫折之后，国本未固，姑许之和，以息吾民而用之。今者生聚于数十年之余，正思悉率师武臣力以洒前耻，而天假于彼，驱之渡河，使送死于汴、蔡②。今河北③之地，彼且渐收之以入版图，河南④为吾陵寝之土，我固将起而收之，俘守绪⑤而献之祖庙。定河北者，在彼有余力而可不须我也；河南者，固在我运筹之中，而抑可不重烦于彼。吾视吾力以进，各以所得为疆域；待之金孽尽殄，封畛相联，然后遣使修好，讲睦邻之盛事。今方各有中原之事，未遑将币，信使之来，钦挹嘉问，敬闻命矣。"如是以答之，则我义既伸，彼奸亦摘。辞不诎矣，而实不足以践之，狡焉思逞之猾虏，岂可以虚声詟服者哉？志不定，胆不充，固呐焉不能出诸口也。

注释：

①燕、云：即燕京(今北京)和云州(今山西大同)，此处代指燕云十六州地区。

②汴、蔡：即汴京(今河南开封)、蔡州(今河南汝南)。金宣宗在蒙古攻击下，于1213年将都城南迁汴京，二十年后，金哀宗又被迫逃往蔡州。

③河北：黄河以北地区。

④河南：黄河以南地区。

⑤守绪：指金哀宗完颜守绪(1198—1234)。初名守礼，金宣宗子。即位后，起用抗蒙有功将帅掌军政，改变宣宗分攻宋、夏的战略，集中兵力抗击蒙古，曾出兵山西，收复太原等重镇。但很快被蒙古军击败，放弃汴京，逃往蔡州。在宋蒙联军合击下，蔡州被攻破，他传位完颜承麟后自缢死，承麟旋为乱兵所杀，金朝灭亡。

译文：

果真想要拒绝蒙古而找到合适的言辞，一定就会回答他们说："金朝是我国累世的仇人，以前我国有不合时令的臣子，听信了他们的欺骗，资助给他们军队，灭亡了辽国，说把燕云十六州归还给我们；辽国被灭掉后，他们却突然撕毁盟约，趁我们没有防备而灭亡了我们国家，我们和他们仇恨极深，已经有很长时间了。只是因为失利以后，国家的根本没有得到巩固，才暂且答应他们议和，好使我们的百姓得到休养，以便将来使用。现在我们已经繁衍生息、积蓄物资几十年了，正想着率领全部军队和武将洗雪耻辱，恰巧上天借着你们，驱赶他们向南渡过了黄河，使他们到汴京、蔡州来自寻死路。现在，黄河以北地区，你们就要逐渐收取到自己的疆域里了；黄河以南地区，是我们皇帝祖坟所在之地，我们坚决要收复那里，生擒金哀宗完颜守绪，用他祭祀祖先。平定河北地区，对你们是绰绰有余，完全可以不需要我们帮助；黄河以南地区，本来就在我们的谋划里边，也可以不再麻烦你们了。我们就以我们自己的力量前进，各自以获得的地区为国家领土；等到金朝余孽全部殄灭，你我双方疆界相连，然后互派使臣友好往来，商讨邻国和睦相处的盛大事情。现在你我双方都各自忙于进取中原的事情，无暇送上礼物，贵国派使者前来，我们钦佩贵国友好的问候，恭敬地听到了贵国的命令了。"像这样来回答蒙古，南宋的大义就可以得到申明，蒙古的奸邪也得以揭发。言辞不屈服，但实际措施不能足以履践言辞，难道凶暴、想要侵略的敌人，能够用虚假的声势就可以吓服吗？志气不坚定，勇气不充沛，当然就会语言迟钝而不能说出口了。

虽然，宋于此时，诚欲践此言，抑岂无可恃之具哉？童贯之夹攻契丹也，与刘延庆①辈茸阘之将，率坐食之军，小入则小败，大入则大溃，残辽且竞起而笑之。祸已成，势已倾，所仰望以支危亡者，又种师道②之衰老无能者也。及理宗之世，而势屡变矣，岳、韩、刘、吴③之威，挫于秦桧④，而成闵⑤、邵弘渊⑥、王权⑦、张子盖⑧习于选懦，故韩侂胄⑨蹶起而旋仆。乃自侂胄之乐进武人而重奖之也，于是而虔矫之才亦为之磨厉。孟宗政⑩、赵方⑪、孟珙⑫、余玠⑬、彭大雅⑭之流起，而兵犹足为兵，将犹足为将，战犹有以战，守犹有以守，胜犹非其徼幸，败犹足以自持。左支右拒于淮⑮、襄⑯、楚⑰、蜀⑱之间，不但以半割残金，而且以抗衡蒙古。垂至于将亡之际,而西川⑲之争,旋陷旋复,襄樊⑳之守,愈困愈坚。吕文焕㉑、刘整㉒反面倒戈,而驰突无前,率先阿术㉓、伯颜㉔以进。如使君非至闇,相匪甚奸,则尽东南之力,以扑灭分崩之女真而收汴、洛㉕,固其可奏之功。以视昔之闻声而慄、望影而奔者,强弱之相差亦远矣。诚奉直词以答蒙古,奚患言之不践,徒资敌笑乎?

注释:

①刘延庆:两宋之际武将,详见前文注释。

②种师道(1051—1126):洛阳(今属河南)人。原名建中,又名师极,字彝叔。善察形势,沉毅有谋。初以荫补官,历熙州推官、原州通判、提举秦凤常平。因被诬,罢废近十年。起为忠州刺史、泾原都钤辖、知怀德军。宋徽宗时,擢龙神卫四厢都指挥使、知渭州、侍卫亲军马军副都指挥使。曾两度大败夏军。从童贯攻辽,因建议被拒,兵败雄州。建议联辽抗金,遭拒被劾致仕。金军大举攻宋后,起为京畿、河北制置使。钦宗即位后,率军救援京师,授同知枢密院事、京畿两河宣抚使。因反对割地议和、建议乘金军回师时截击,被钦宗罢为中太一宫使。不久金军复大举攻宋,起为河北、河东宣抚使,寻召还,病卒。

③岳、韩、刘、吴:分别指岳飞、韩世忠、刘光世、吴玠,详见前文注释。

④秦桧:南宋前期奸臣,详见前文注释。

⑤成闵(1094—1174):邢州(治今河北邢台)人,字居仁。宋高宗时,随韩世忠作战有功,累官至殿前游奕军统制、庆远军节度使。金海陵王完颜亮南侵,他未尝与金兵交战,金军北撤后,冒功请赏,超拜太尉。为御史所劾,罢太尉、节度使。后又都统镇江诸军。

⑥邵弘渊:南宋前期武将,详见前文注释。

⑦王权:宋高宗在位期间,几次打败金军,升为清远军节度使。金海陵王完颜亮南侵,受命措置淮西,但却不战而走,引兵先遁,被除名勒停,编管琼州。孝宗时,复武义大夫,命权广西路都钤辖,专一措置民乱。被《宋史》称为"刻剥庸懦"。

⑧张子盖:成纪(今甘肃天水)人,字德高。张俊侄。初从韩世忠讨苗傅叛乱,补承信郎,累功迁武功郎。后几次打败金军,除兴宁军承宣使、镇江府都统。孝宗即位,授检校少保、淮东招抚使,未上卒。

⑨韩侂胄:南宋中期文臣,详见前文注释。

⑩孟宗政(? —1223):绛州(今山西新绛县)人,从父抗金,随军徙居随州枣阳(今属湖北)。自幼豪伟,有胆略。宋宁宗时,屡败金军,威震境外,金人呼为孟爷爷,不

敢窥襄汉、枣阳者数年。赏罚分明,好贤乐善。病卒之日,边城为之罢市恸哭。

⑪赵方(?—1221):潭州衡山(今属湖南)人,字彦直。宋孝宗时进士。曾帅边十年,以战为守,多次击败金兵,历官龙图阁侍制、长沙县男、焕章阁直学士、显谟阁直学士、太中大夫、刑部尚书、徽猷阁学士、京湖制置大使等。留意人才,名将扈再兴、孟宗政皆其所拔擢。病危时仍致书宰相,论疆场大计,叮嘱部下协心报国。

⑫孟珙(1195—1246):绛州(治今山西新绛)人,徙居随州枣阳(今属湖北)。字璞玉,号无庵居士。宋宁宗时,金兵攻枣阳,随父孟宗政力战有功。理宗时,会蒙古军围金蔡州,首破南门,招蒙古军入城,灭金。后在抗击蒙古战争中屡立战功,收复襄阳、信阳、樊城等地。曾在汉口、秭归等地大兴屯田,招抚中原遗民。拜宁武军节度使、四川宣抚使兼知夔州,进封汉东郡侯兼京湖安抚制置使。坐镇荆襄,以收复中原为己任。极论守御襄樊重要,部署湘湖川蜀抗蒙军事。后病重,以检校少师、宁武军节度使致仕。

⑬余玠(?—1253):衢州开化(今属浙江)人,一作蕲州(今湖北蕲春东北)人,字义夫,号樵隐。少为白鹿洞诸生。宋理宗时入赵葵幕府,抗击蒙古,屡立战功。历官黄州节度制置司参议官、通判襄阳、淮东制置副使、兵部侍郎、四川安抚制置使兼知重庆等。在四川革除弊政,建馆招贤,整顿军纪,屯田耕稼;又修筑钓鱼、青居、云顶等十余山城,积粮设防,加强战备。因守蜀有功,晋为兵部尚书,仍驻四川。后反战派谢方叔任左相,诬告他擅专大权,理宗召他还朝,他知有变故,服毒自杀。

⑭彭大雅:饶州鄱阳(今江西波阳)人,字子文。宋宁宗时进士,官朝请郎。曾以书状官随使蒙古,著《黑鞑事略》,为研究早期蒙古史重要史籍。后为四川安抚制置副使,为防蒙古军,创筑重庆城。因贪黩残忍,蜀人怨愤,诏除名,赣州居住。后追录筑城之功,复承议郎,官其子。

⑮淮:指淮阳,今江苏邳县西南。

⑯襄:指襄阳,今湖北襄樊市襄阳区。

⑰楚:指今湖北、湖南一带地区。

⑱蜀:指四川地区。

⑲西川:指西川路,北宋真宗至道三年(997)所设十五路之一,治益州(今四川成都),辖境包括今四川、陕西、甘肃的部分地区,后分为益州路和利州路。

⑳襄樊:宋襄阳府(今湖北襄樊市襄阳区)和樊城(今湖北襄樊市樊城区)的统称,此二城分处汉水两岸对峙,是当时边防重镇。

㉑吕文焕:寿州安丰(今安徽寿县西南)人。初隶赵葵,为骁将。宋度宗咸淳三年(1267),知襄阳府兼京西安抚副使,抵御蒙古(元)军围攻,坚守襄阳五年余。九

年春,以援绝城孤降元。为元军策划攻鄂州,自请为先锋。拜参知政事、行省荆湖,攻破及招降南宋沿江州郡,为元军东进向导。从伯颜进逼南宋都城临安。宋帝降,入城抚谕军民。后任行中书左丞,以江淮行省右丞告老辞官。

㉒刘整(1213—1275):邓州穰城(今河南邓县)人,字武仲。善骑射。金末避乱投宋,隶孟珙,为骁将。累迁潼川安抚使、知泸州军州事。宋理宗时,因被诬,以泸州降蒙古,累迁南京路宣抚使。向元世祖忽必烈建议先攻襄阳,受命与阿术督军进围。又以宋军长于水战,为元造船舰,练水军。破襄樊后,招降吕文焕。改行淮西枢密院事。后将兵出淮南,欲渡江不果,闻伯颜入鄂,气恨而死。

㉓阿术(1227—1281):蒙古兀良部人。蒙哥汗时,从父征西南夷,平大理,克诸部,降交趾。又从拜出、帖哥等征伐有功,以宿卫将军升为征南都元帅。之后,与伯颜等一同伐宋,略地两淮,围襄阳,破樊城。任行省平章政事,屡败宋军,火烧宋将张世杰等战舰七百余艘,杀宋将李庭芝、姜才等。元朝统一全国后,奉命北伐西征,死于征战途中。

㉔伯颜(1236—1295):蒙古八邻部人。初从宗王旭烈兀西征,后奉命出使大汗廷,被元世祖忽必烈赏识,留为侍臣。拜中书左丞相,同知枢密院事。率军大举攻宋,灭宋而还。此后,奉命率军北上,平定内部叛乱,长期戍守北部边疆。后任知枢密院事,分院和林。因受谗言,被召居大同。忽必烈病危,被召入侍,与玉昔帖木儿等同受顾命。忽必烈死,与玉昔帖木儿推举元成宗即皇位。

㉕洛:指洛阳,今属河南。

译文:

即使如此,南宋在当时真要履践这套言辞,又哪里是没有可以依赖的力量呢?童贯夹击契丹的时候,和刘延庆之类卑微猥贱的将领一起,率领只会坐着吃饭的军队,小规模进攻就遭到小的失败,大规模进攻就遭到大的失败,残余的辽军都要争着讥笑他们。祸患已经造成,国势已经败亡,敬仰而期望能够支撑危急局势的,又是种师道这样年老衰弱、没有能力的人。到理宗时,时势已经多次变化,岳飞、韩世忠、刘光世、吴玠的军事威力,已经被秦桧压制下去了,成闵、邵弘渊、王权、张子盖已经习惯于懦弱胆怯,因此韩侂胄虽突然兴起但却很快跌倒下去。但自从韩侂胄喜欢引进武将而重重奖赏他们,威武强悍的人才也因此磨炼出来。孟宗政、赵方、孟珙、余玠、彭大雅这些人兴起后,军队还足以成为军队,将领还足以成为将领,用来作战也还能作战,用来固守也还能固守,战胜也不是凭侥幸,就是战败也还能继续自我维持下去。在淮阳、襄阳、湖北、湖南和四川地区来回支撑抵挡,不仅能将残余的金朝势力拦腰截断,而且也能与蒙古对抗。直到快要灭亡的时候,在与蒙古争夺四川的过程中,还能在陷落之后很快收复失地,而襄阳、樊城的守备,也是越困难而越坚固。吕文焕、刘整反过来投降敌人打自己人,但也未能向前进攻,在阿术、伯颜之前先行突进。假使南宋君主不是太愚昧,宰相不是太奸邪,那么以南宋的全部国力,去消灭分裂瓦解的女真,收复汴京、洛阳,自然是可以成功的。这和过去一听到金军声音就吓得发抖、一看到金军人影就吓得逃跑的情形相比,力量的强盛和衰弱已经相差很远了。果真能用正直的言辞回答蒙古,还用担心言辞不能履践,白白地给敌人提供笑料吗?

君国者,理宗也;秉成者,史嵩之也;继之者,贾似道①也。通蒙古亦亡,拒蒙古亦亡,无往而不亡,则虽欲善为辞以应之,而固无可应。不得已而姑许之,明悬一童贯、王黼②之昭鉴,为异日败亡之符券,而有所不能避,固其必然矣。通而计之,酌时势而度之,固有可不亡之道。而要非徒拒蒙古会师之约,可以空言为宋救也。空言者,气矜而不以实者也。

注释:

①贾似道(1213—1275):台州天台(今属浙江)人。字师宪,号秋壑。少时游博无行。后因其姐为理宗宠妃,为理宗所重。历官宝章阁直学士、沿江制置副使、江州知州兼江西路安抚使、京湖制置使兼江陵知府、宝文阁学士、京湖安抚制置大使、同知枢密院事等,封临海郡开国公。蒙古军攻鄂州,他奉命出征,旋于军中拜右丞相。因慑于敌兵威力,暗中遣使纳币求和,蒙古军北还,他诈称大捷,江汉肃清,以少傅、右丞相召入朝,兼太子太师。度宗时,蒙古(元)军包围襄阳。他隐匿军情不报,凡谈论边事者,即予贬斥。元兵攻破襄阳、鄂州后,他不得已出师,但很快败退。被革职,贬婺州,为婺州人所逐。后安置循州,押至漳州木棉庵,被押解官郑虎臣杀死。

②王黼:北宋末奸臣,详见前文注释。

译文：

做国君的是理宗，主和的是史嵩之，接续他们之后的是贾似道。与蒙古联合也要灭亡，拒绝与蒙古联合也要灭亡，无论怎样都不会不灭亡。因此即使想用合适的言辞回答蒙古，也根本没有什么能够作为答复的。没有办法，只好暂且答应了他们的相约。眼前明明白白地摆着一个童贯、王黼使北宋灭亡的明显借鉴，作为日后灭亡的象征，但却无法躲避，这正是历史的必然啊！从总体情况来考虑，斟酌当时的形势来推测，南宋本来是有可以不灭亡的策略的。但绝不是仅仅靠拒绝蒙古联合夹击女真的相约，用几句不起作用的言论就能为南宋解救危亡的。不起作用的言论，只是气势傲慢，但却没有任何实际意义。

■知识链接　　　　　　　　**"狸猫换太子"**

宋真宗刘皇后

北宋真宗宠爱刘皇后，但刘后并未生育子女，倒是她的侍女李氏为真宗生下一子，这就是后来继承皇位的仁宗。在真宗的默许下，刘后将其夺为己有，让杨淑妃细心抚育。不知真相的仁宗，从小称刘后为"大娘娘"，杨妃为"小娘娘"。李氏因地位卑微，不敢争辩，其他人也都畏惧刘后，不敢说明真相。仁宗十三岁即位，遵照真宗遗诏，由刘后垂帘听政。为保住权力，这位宋朝第一位垂帘听政的皇后，竟然命仁宗生母李氏去为真宗守陵，以防止他们母子相认。但刘后也将李氏失散多年、正衣食无着的弟弟接到朝廷,给予官职。十年后,李氏死去,临死前被封为宸妃,刘后本想以一般宫人礼节举办丧事,宰相吕夷简以刘氏全族利害相谏,刘后幡然醒悟,于是用一品礼节,将李氏厚葬。一年后,刘后死,仁宗亲政,才知道自己并非刘后所生,又听说生母死于非命,便命士兵包围刘家,自己则亲自去开棺验视。待看到生母身着皇太后冠服,在水银浸泡下容貌如生,仁宗才作罢。此即后来戏曲小说中"狸猫换太子"故事的原型,不过其中并没有用来交换的"狸猫"。南宋宁宗死后,专权擅政的史弥远胁迫杨皇后篡改宁宗遗诏,以自己从外地找来的理宗,代替宁宗早已选定的皇子继承了皇位,可谓名副其实的"狸猫换太子"。

卷十五　度宗^①

论宋理宗传位度宗之非

　　本篇为《宋论》卷十五《度宗》第一条。宋度宗是理宗亲弟弟的儿子，母亲黄氏本是陪嫁侍女，怀孕时担心自己地位低下而影响孩子未来，曾服药堕胎，但没有成功，这使度宗先天不足，出生后发育迟缓，很晚才会走路，七岁才会说话，智力也明显低于同龄儿童。理宗二子早夭，遂在淳祐六年(1246)十月将七岁的度宗接入宫中养育，宝祐元年(1253)正月立为皇子，十月又封为忠王。面对一些大臣的反对，理宗解释说，是神人托梦告诉他，这个弱智儿童可以做"十年太平天子"。几年后，理宗向左相吴潜表示要立忠王为太子，吴潜立即反对，但与吴潜有矛盾的右相贾似道却趁机上书，力赞理宗的意见，同时又指使人诬告吴潜。于是理宗罢免吴潜，在景定元年(1260)六月，立忠王为太子。理宗自接侄子入宫起，对其教育就非常严格，所选老师也都名闻一时，但其资质实在太差，根本无法培养，理宗经常被气得大怒不止，但又不愿意改换成旁支亲属。景定五年十月，理宗死，太子顺利即位，是为度宗。起初，度宗还装模作样的摆出要有所作为的架势，但很快就沉迷于酒色之中，被贾似道牢牢控制了十年，于南宋灭亡前两年安然死去。本篇，就是王夫之对宋理宗传位度宗问题的评论。

宋迨理宗之末造，其亡必矣。然使嗣立之主，愤耻自强，固结众志，即如刘继元②之乘城坚守，屡攻而不下，犹有待也。抑不能然，跳身而出，收溃散之卒，勉以忠义，如苻登③之誓死以搏姚苌④，身虽死，国虽亡，犹足为中原存生人之气。而偷一日之安富，怀拥立之私恩，委国以授之权奸，至于降席稽颡，恬不知怍，而后赵氏之宗祊⑤瓦解灰飞，莫之能挽。呜呼！迹其为君，盖周赧⑥、晋惠⑦之流，得死牖间，犹为幸矣。

注释：

①度宗：即南宋第六位皇帝赵禥（1240—1274），初名孟启，理宗弟子，被理宗收为养子，先后封为建安王、永嘉王、忠王。理宗病死，他继位。孱弱无能，但荒淫甚于理宗，整天宴坐后宫，与妃嫔饮酒作乐，政事全部交由贾似道处置。贾似道专横跋扈，稍不如意，就以辞官相要挟，度宗唯恐他不辞而别，总是卑躬屈膝地跪拜，流着眼泪挽留。并特授贾似道平章军国重事，许他三日一朝，后又放宽到十日一朝，而且每次退朝，度宗总要离座目送他走出大殿，才敢坐下。君臣如此，南宋朝政越加昏暗。

②刘继元：五代十国时期北汉英武帝，968—979年在位。孝和帝刘钧养子，本姓何。母为世祖刘崇女，先嫁薛钊，生继恩，后改嫁何氏，生继元。继恩被杀，为宰相兼枢密使郭无为迎立。为人残忍，杀刘崇诸子，又杀其母与孝和帝妻郭氏等。任用宦官，政治黑暗。后宋太宗亲征太原，穷蹙乃降，北汉灭亡。

③苻登（343—394）：十六国时期前秦君主。字文高，氐族。苻坚族孙，苻敞之子。386—394年在位。继位后与后秦姚苌连年大战，在迎战姚苌子姚兴时战败被杀。子苻崇即位，追封他为太宗高皇帝。不久，苻崇亦为姚苌追杀，前秦亡。

④姚苌（330—394）：十六国时期后秦君主。南安赤亭（今甘肃陇西西）人，字景茂，羌族。本为前秦苻坚部将，累建战功，迁龙骧将军。前秦在淝水之战中大败，他趁机率羌人独立，自称大单于、万年秦王。后缢杀苻坚，称帝于长安，国号大秦。此后又破苻登军。但政权始终不稳。晚年，常于宫中梦见苻坚前来索命，夜里在宫殿乱跑时被卫士误伤，很快病死。

⑤宗祊：宗庙。

⑥周赧：即周赧王，详见前文注释。

⑦晋惠：即西晋惠帝，详见前文注释。

译文：

宋朝发展到理宗末年的时候，其灭亡已经是必然的了。但假如继承皇位的度宗，以耻辱为愤恨，努力向上，稳固地团结住众人的志向，就像北汉末代皇帝刘继元那样凭借城池、坚决守卫，使元军多次进攻失败，还是可能有所转机的。即使不能这样，也可以逃出都城，收拢离散的军队，用效忠国家的道义加以劝勉，像符登与姚苌搏斗那样立下誓愿、致死抗敌，那么，就算自己战死、国家灭亡，还完全可以为中原人民保持住活人的气概。但度宗却只顾眼前短暂的安乐富贵，心里怀着被人拥立为皇帝的私人恩怨，把国家交给掌握大权的奸臣来管理，以致于向奸臣下跪磕头，还恬然不以为耻，最后赵宋政权崩溃灭亡，无人能挽救得了。唉！考察他做皇帝的所作所为，大概他也就是周赧王、晋惠帝之类的人物，他最后能够死在自己家里，还是他的幸运呢。

晋惠之立也，议者犹咎武帝①之托非其人。以分则适，以年则长，嗣国之常经在焉，苟非通识，莫能易也。而度宗异是。理宗无子，谋立之于吴潜②，潜曰："臣无弥远③之才，忠王无陛下之福。"夫岂言之无择而卤莽若斯哉？度宗之不任为君而足以亡宋者，臣民具知之矣。出自庶支，名位未正，非有不可废者存也。选于太祖④之裔孙，岂无愈者，而必此是与？则理宗晚多内宠，宦寺内荧，奸臣外拥，度宗以柔选无骨，貌似仁孝，宵小以此惑上，幸其得立，而居门生天子之功也。故吴潜以为不可者，正似道⑤之所深可。一立乎位，而屈膝无惭，江万里⑥莫能掖止，果以遂小人之愿欲，其所以得立者可知已。河山虚掷，庙社邱墟，岂似道之所置诸怀抱者乎？则甚矣，理宗之愚以召亡也！

注释：

①武帝：即西晋武帝，详见前文注释。

②吴潜(1196—1262)：宣州宁国(今属安徽)人。字毅夫，一作毅甫，号履斋居士。宋宁宗时进士。历官承事郎、签书镇东军节度判官、提举浙东常平、吏部员外郎、太府少卿、吏部尚书、临安知府、参知政事、右丞相兼枢密使等，曾两度为相。元兵攻鄂州，破湖南、广西等地，他上书极论丁大全等人误国，被劾贬谪，死于贬所。

能诗词,激昂凄切,多感怀之作。

③弥远:即史弥远,详见前文注释。

④太祖:即宋太祖赵匡胤,详见前文注释。

⑤似道:即贾似道,详见前文注释。

⑥江万里(1198—1275):南康军都昌(今属江西)人,字子远,号古心。由乡举入太学,有文名。知吉州时创白鹭洲书院,权知隆兴府时又创宗濂书院。坐谤闲废十余年,后为贾似道引用,累迁同签书枢密院。宋度宗时,同知枢密院事,未几,迁参知政事。性刚直,因指责贾似道以辞相要挟度宗,遭忌罢政。后为左相兼枢密使,很快又罢。元军渡江,为游骑所执,脱归饶州。元军破饶州,投水死。

译文:

晋惠帝继承皇位,评论者还要归罪于晋武帝没有把国家托付给合适的人。惠帝从名分上说是嫡出,从年龄上说是长子,符合继承皇位的正常制度,倘若不是有通达见识的人,没有谁会改变这种办法。但宋度宗与此不同。理宗没有儿子,与吴潜商量立度宗为继承人,吴潜说:"臣没有史弥远那样的才能,忠王也没有皇帝您这样的福分。"言论哪能没有选择到像这样的鲁莽刚直呢?度宗不能担任国君,但却完全可以使宋朝灭亡,这一情况,大臣们都知道。他出身于旁支,名号、地位都不正当,并没有不能舍弃的理由存在。从宋太祖的后代子孙中挑选继承人,难道就没有更好的,非要一定把国家交给这个人吗?理宗晚年喜好女色,宦官在宫里迷惑他,奸臣在宫外拥护度宗,度宗因柔弱胆怯、没有骨气,外表看似仁义孝顺,小人们便用这种情况迷惑理宗,盼望度宗能够立为皇帝,自己好得到天子老师的功劳。因此吴潜认为不能做皇帝的,正是贾似道所非常赞同的。等到度宗即位后,竟然向贾似道下拜,一点也不惭愧,江万里在一旁也没能拉住,果然实现了小人的心愿欲望,他能被拥立为皇帝的原因也就可以知道了。疆土白白地扔掉,国家变成废墟,贾似道心里哪管这些呢?是理宗太愚蠢,而使宋朝遭到灭亡的啊!

夫选贤以建元良,谋之大臣,以致慎也。而决之于独断者,大臣不敢尸焉。故与闻定策以相翼戴,虽优以恩礼,而必不可怀之以为私恩。非是,则权柄下移,而祸必中于家国。故昭子不赏竖牛,而叔孙氏以安①。

汉文之于周勃②，汉宣之于霍光③，虽曰寡恩，亦宰制纲维之大义，不可徇矣。天子者，极乎尊而无上者也。有提之携之以致之上者，则德可市，功可居，而更临其上。故小人乐以其身任废立之大权，而贪立菲才，以唯己之志欲。乱之所由生，莫可救药，必然之券也。

注释：

①昭子不赏竖牛，而叔孙氏以安：昭子即叔孙婼，春秋末鲁国叔孙豹之子。叔孙豹在鲁襄公时为卿，掌军政，与他人三分公室，各有其一。竖牛为叔孙豹庶子，颇受宠爱，年长，叔孙豹使他参与政事。但竖牛为争权夺利，以阴谋手段杀害了叔孙豹的两个嫡子，并将叔孙豹软禁、虐待而死，之后，拥立叔孙婼。叔孙婼以乱宗之罪杀死竖牛，才结束了由竖牛引起的家族内乱。

②汉文之于周勃：西汉高后八年（前180），吕后死，吕禄担任汉朝上将军，吕产任汉相，分掌南北军，把持朝中大权，谋夺刘氏天下。于是周勃与陈平联合，诛杀诸吕，与诸大臣共立汉文帝。文帝即位后，赏赐有功之臣，以周勃任右丞相，赐黄金五千斤，食邑万户。有人以功高震主相劝，周勃遂自请辞职，文帝应允。不久丞相陈平去世，文帝复招周勃任丞相。十个月后，文帝因政治需要，命他辞相归国。一年多后被告谋反，文帝将他投入狱中，受到狱吏的欺凌和侮辱。后经薄太后居中调解，得以赦免，恢复爵邑。

③汉宣之于霍光：霍光在汉武帝时甚见亲信，后受顾命辅佐年幼的昭帝。昭帝死，迎立昌邑王刘贺，以其无道，旋废之而迎立宣帝。宣帝立，霍光还政，宣帝不受，诸事皆先白霍光，然后再上奏宣帝。霍光朝见时，宣帝也对他毕恭毕敬。后霍光病笃，宣帝亲自临问，为之涕泣。死后，宣帝及太后亲自吊唁，赐予丰厚，葬礼极隆重。霍光前后秉政二十余年，匡国家，安社稷，功勋卓著。但治家无法，教子无方，死后三年，子弟欲谋反，事泄，早已对霍光功高震主有芒刺在背之感的宣帝，立即将霍氏族诛，连坐诛灭者数千家。

译文：

选择贤才立为太子，并与大臣商量，以便能够谨慎行事。但最后决定仍由皇帝独自决断，大臣不敢主管。因此大臣参与拥立皇帝，辅佐拥戴，即使被优待以帝王对臣僚的礼遇，也绝不能在心里怀有私人的恩惠。不这样的话，权力就会落到臣子手里，祸患就一定会在国家出现。因此叔孙昭子没有奖赏拥立自己的竖牛，从而使叔孙氏家族得以安全下来。汉文帝对周勃，汉宣帝对霍光，虽说是有些缺少恩情，但也是统辖法度的正道，不能改变。天子是尊贵到极点的人，在他之上没有比他更高的了。如果有人因提拔他、扶植他而发展到他上面，那么德行就可以买到，功劳就可以占据，转而要在他上面统治他了。因此，小人愿意自己承担废弃和拥立皇帝的重大权力，而且是贪图拥立才能低下之人，以便实现一己的志向和欲望。动乱由此出现，没有办法可以挽救，这是必然的啊。

且夫拔起而登天位，遗大投艰①于眇躬，亦甚难矣。况在强寇压境之日，其难尤倍。锦衣玉食处堂之嬉，亦奚足为惠而怀之？即令膺祚以及子孙，抑亦宗庙之灵，先君之义，天下臣民之所推戴，岂赞我以立者之可鬻贩以为厚德哉？自宁宗委废立于弥远，而理宗感之以为恩；弥远以享厚利，奸人垂涎而思效之，无足怪者。吴潜曰"臣无弥远之才"，非无其才也，无其市天位以擅大权之奸谋也。夫弥远避祸之情，深于邀福。虽怀私以废济王②，犹知密访理宗之器识以冀得人。故理宗虽暗，早岁之设施，犹有可观者。其隙既开，其流愈下，似道乃利建此行尸坐肉之童昏，匍伏以听己；于是而一丝九鼎之残疆，唯其所弃掷，而莫敢谁何。要其祸之所自生，则宁宗始之，理宗成之，非旦夕之故也。夫以韩魏公③之公忠，而两朝定策，引退不遑，岂可望之史、贾④之流者乎？孝宗嗣而娄寅亮⑤、张焘⑥之赏不行。小人怀惠，而天下随倾，亦烈矣！故王珪⑦之言曰："陛下有富贵传子孙，皆先帝之恩。"君子甚恶其言。以有天下享崇高之奉，而感之以为恩，此乡里小生得一举而感举主者，尊之为师，戴之如父，寒乞之情也。然而不亡者，未之有也。

注释：

①遗大投艰：赋予重大艰难之任。语出《尚书·大诰》。

②济王：即赵竑（？—1225），南宋宗室，初名贵和。宋宁宗立为皇子，改名竑，封祁国公，进济国公。时丞相史弥远专国政，他深恶之。史弥远得知后即谋废立。宁宗死，史弥远矫诏拥立理宗，以他为济王，出居湖州。后湖州人潘壬等拥他为帝未遂，被史弥远派人逼死。

中华经典史评 宋论

③韩魏公：即韩琦，详见前文注释。

④史、贾：即史弥远、贾似道，详见前文注释。

⑤娄寅亮：永嘉（今浙江温州）人，字陟明。宋徽宗时进士。为上虞丞。高宗时，上书请选立继嗣，富直柔从而荐之，擢监察御史。次年，高宗将五岁的侄子也就是后来的孝宗选育于宫中。但秦桧恶其为富直柔所荐，讽言者论罢。

⑥张焘（1091—1165）：饶州德兴（今属江西）人，字子公。宋徽宗时进士。历任湖州通判、司勋员外郎、起居舍人、中书舍人、兵部侍郎、权吏部尚书、知成都府兼成都路安抚使等职。反对与金议和，力主抗金。在蜀四年，惩贪官，薄赋租，安抚雅州少数民族，赈济灾民，修建学校，颇有政绩。此后归故里，闲居十三年。后任吏部尚书、知建康府、同知枢密院事。孝宗即位，召问执政之要策，答以内治乃可外攘。拜参知政事，以老病辞归。

⑦王珪（1019—1085）：成都华阳（今属四川）人，字禹玉。宋仁宗时进士，通判扬州，召直集贤院，修起居注。进知制诰、翰林学士、知开封府。神宗即位后，迁学士承旨，拜参知政事、同中书门下平章事、集贤殿大学士、尚书左仆射兼门下侍郎等。善文翰，文章宏侈瑰丽，自成一家。典内外制十八年，朝廷典册，多出其手。但庸碌无能，自执政到宰相，凡十六年，无所建明。他上殿前，说是"取圣旨"，皇帝决定后，说是"领圣旨"，下殿则说是"已得圣旨"，因此被人称为"三旨相公"，在当时传为政治笑柄。

译文：

　　而且，度宗是以侄儿被选来继承皇位的，被赋予重大艰难之任于一身，也是难为他了。更何况又是在强大敌人逼近边境的时候，他的难处就更是加倍的了。奢侈豪华的生活和居住在朝堂之上的嬉乐，又有什么值得作为恩惠而心里一直想念着呢？即使能得到皇位和传给子孙，那也是祖先的神灵保佑，已故皇帝的道义，普天下臣子百姓的拥护，哪里是那些帮助他继位的人通过交易而给予他的大恩大德呢？自从宁宗把废弃和拥立太子的事情交给史弥远，理宗就把自己即位认为是史弥远的恩德而加以感念；史弥远得到了丰厚的利益，其他奸邪之人眼馋而想要效仿他，这不值得奇怪。吴潜说，"臣没有史弥远的才能"。其实不是说没有史弥远的才能，而是说没有他那样拿皇位作交易而独揽朝政重大权力的奸恶阴谋。史弥远躲避祸害的心理，远远多于寻求福利。他虽怀着私心废掉了济王，但也还知道秘密地访察理宗的度量见识，以便希望找到合适的人选。因而理宗虽然愚昧，但即位初期的所作所为，还是有值得称道之处的。但这个废立的缺口既已打开，此后也就越来越差劲，以致贾似道竟然要通过拥立这个庸碌无能、无所作为的无知小孩来获利，使之乖乖地听顺自己的摆布。这样一来，情况已经万分危急的残余疆土，也就听任贾似道随便抛弃，没有谁能把他怎么样。总而言之，南宋灭亡这个祸患的产生，是从宁宗时期开始的，理宗时期形成的，不是一朝一夕的短时间内造成的。韩琦大公无私、忠心耿耿，但在仁宗、英宗两朝都助确立太子、扶立继承人后，赶紧辞去官职，这种情况，怎么可以寄希望于史弥远、贾似道之类的人呢？孝宗即位，没有赏赐娄尹亮、张焘。小人一心想着好处，国家也就随着倾覆，这个教训实在太深刻了！因此王珪所说的话："皇帝您能有权有势，而且还可以传给子孙，都是已故皇帝的恩德。"君子们是非常讨厌他这话的。因为自己统治天下，享受到最高的尊奉，就作为恩德而加以感念，这是乡下读书人被荐举之后而感谢荐举之人，尊奉为恩师、爱戴如父母的寒伧心态。像这样而不灭亡的，从来没有过啊！

■知识链接　　　　　　　　**处女选太子**

宋高宗二十一岁即皇帝位，二十三岁丧失生育能力，独子也于同年夭折，遂在二十六岁时，将宋太祖的两个后人赐名赵瑗、赵璩，接到宫中养育。但他自以为正值盛年，对生育子嗣抱有极大幻想，因而并不考虑从中选立太子之事。然而日月无情，随着年龄的增长，高宗不得不承认自己断子绝孙的事实，开始认真考虑立储之事。为择优汰劣，他对赵瑗、赵璩进行了多次考察。一次，他命二人各写一百本《兰亭序》进呈。这显然是要考验二人的意志力。结果，在同一个老师的同一个提醒下，赵瑗写了七百本，赵璩则一本也没进呈。过了一段时间，高宗又使出他缜密考虑后的一着妙计：将二人各赐宫女十名。这自然又是一次意志力的考验。一个月后，高宗召回这些宫女，审问结果，赐给赵瑗的宫女都说赵瑗对她们彬彬有礼，没有受到任何冒犯行为，而赐给赵璩的宫女却无一不受到赵璩的宠幸。这使高宗对赵瑗极为满意,于是在五十四岁时将其立为皇子,两年后正式立为太子,接着又马不停蹄地禅位于他,这就是宋孝宗。后来孝宗也选立自己满意之人做太子并传位。但宋理宗明知自己选立的度宗弱智痴傻,考察后也不满意,只因是自己的亲侄儿,就硬是让度宗继承了皇位,结果十二年间就使赵宋政权最终覆灭,真是昏聩愚蠢而又自私透顶!

恭宗　端宗　祥兴帝①

论文天祥

　　本篇为《宋论》卷十五《恭宗、端宗、祥兴帝》第一条。文天祥在少年时代，就崇拜家乡的名人欧阳修、杨邦乂和胡铨，后两人都是抗金的忠节之士。他二十一岁得中进士，在御试策中反复以自强不息的道理，进行规谏。此后因指责弊政，遭到排挤、打击乃至罢官。宋恭帝德祐元年（1275）初，垂帘听政的谢太后要求各地起兵勤王，正为祖母守孝的文天祥，立即变卖全部家产，招募义士，赶赴国都临安。次年正月，元军兵临城下，南宋官员纷纷逃遁，文天祥临危受命，出任右丞相兼枢密使，但谢太后决定投降，文天祥反对无效，还被派往元营举行投降和谈。在元营中，文天祥没有按照谢太后的意思无条件投降，而是要求元军先后撤三百里，再举行和谈，并怒斥了元军的残酷暴行，对降元官员痛加贬斥。元军统帅发现唯有文天祥是个伟丈夫，遂借机将他扣留。押解途中，文天祥设法逃脱，辗转至福建、广东一带抗元，曾一度声势大振，收复多处失地，但因孤军作战，终被元军击溃，母亲和长子在转战中死去，妻子和两个女儿被俘，两个妹夫牺牲，他自己也在元军的奇袭中被俘，随后服毒自杀，但未死。此后被押送元朝首都大都（今北京），四年后慷慨就义。本篇，就是王夫之对文天祥赴元营谈判事件的评论。

文信国②之言曰："父母病，知不可起，无不下药之理。"悲哉！身履其时，为其事，同其无成，而后知其言之切也。今夫父母之病，当其未笃，则无妄之药，不敢轻试；无所补而或有所伤，宁勿药也。故《春秋传》③曰："于许世子止，见孝子之至。"言孝子之情，不敢不慎也。迨及革矣，望其愈而终不可愈，冀其生而不可得生。于斯时也，苟有以疗之者，不以药之珍而患贫也，不以炮制④之难而惮劳也，不以迂而罔济而忽之也，不以缓而弗及而辍之也，不以前之屡试无功而中沮也，不以后之追悔太过而怀疑也。其求之也，瞿瞿乎其若贪也；其营之也，惘惘乎其若愚也。夫岂不知有命自天之不可强哉？欲已之，而心不我许，抑竭力殚心以为其所能为而已矣。然而或为之谋者，副鸡刲豕，以媚山巢妖狐之神而乞命，则孝子弗为。其弗为也，非有所吝也，不敢以辱吾亲，不忍以辱吾亲也。

注释：

①恭宗、端宗、祥兴帝：恭宗名赵㬎(1271—1323)，南宋末代皇帝。度宗子，四岁即位，谢太后临朝听政。两年后降元，降封瀛国公。被送西藏学习佛法，为著名高僧，后被冤杀。端宗即赵昰(1269—1278)，度宗子。初封益王。1276年恭宗降元后，被陆秀夫、文天祥、张世杰等在福州拥为帝，由杨太后听政，避元兵入海，飓风坏舟，几溺死，惊惧而病，逃至七州洋(今属海南岛东海面)，欲往占城(今越南中南部)未果，死于砚州(今属广州雷湾东砥州岛)。祥兴帝即赵昺(1272—1279)，度宗子。端宗赵昰死后，为陆秀夫、张世杰等拥立于砜洲(今广东吴川南海中)，改元祥兴，杨太后听政，由陆秀夫治内政，张世杰抵御元军，不久迁厓山(今广东新会南)张世杰军中。次年，元军进攻，宋全军覆没，陆秀夫负帝投海死。

②文信国：即文天祥(1236—1283)，吉州庐陵(今江西吉安)人。初名云孙，字天祥，改字宋瑞，又字履善，号文山。宋理宗时进士。历任军器监兼权直学士院、湖南提刑、知赣州等。恭帝时，起兵勤王。任右丞相兼枢密使，奉命至元营议和，因坚决抗争被扣留。后冒险脱逃，拥立益王赵昰为帝，复任右丞相兼枢密使。帝昺时，被封为少保、信国公。后兵败，被元军俘获，以不屈遇害。

③《春秋传》：指《春秋谷梁传》，也称《谷梁春秋》。《春秋》三传之一，被奉为儒家经典。旧题战国时鲁人谷梁赤撰。相传他受《春秋》于子夏，后累世口授相传，到西汉时才写成书。以问答的形式，专门解释《春秋》经文，侧重解释《春秋》义理，记事不及《左传》详实，持论较《公羊传》平正。本篇中引文"于许世子止，见孝子之

至",见本书《宣公二年》。鲁昭公十九年,许悼公患疟疾,太子止进药,但事先没有为父尝药,导致其父误服药而亡。按照《春秋》的记事原则,止身为国嗣,国非无医,而他自己竟轻意进药,故罪同于弑,遂直接记载说:"许世子止弑其君。"王夫之引用此语,是强调子尽孝道,必须尽心尽力、极其慎重之意。

④炮制:用烘炒法把中药炼制成精品或脱出毒性。

译文:

文天祥说:"父母得病,做儿女的,明知已经不可挽救,但也没有不给他们继续用药的道理。"唉,悲哀啊!我亲身经历过和他一样的时代,做过和他一样的事情,也和他一样没有成功,之后才理解他这话的深切。现实生活中,父母得病了,当病还不重时,没有希望的药,不敢轻易使用,因为担心没有帮助,但却可能有所损害,所以不如不用。因此《春秋谷梁传》上说:"在许世子止的事情上,可以看到孝子尽心尽力、极其慎重之意。"这是说孝子的心情,不敢不慎重。等到病重时,希望他能好转但最终也没能好转,希望他能生存但却不能生存。到这时,倘若有能治病的药物,不会因为它太珍贵而担心没钱买不起,不会因为制药太困难而害怕劳动,不会因为不切实际、没有帮助而忽略它,不会因为药效太慢、来不及治疗而停止,不会因为以前多次使用、没有功效而中途停止,不会因为担心事后悔恨伤心而踌躇疑惑。那种求药的心情,就好像贪得无厌一样神情不安;那种操心的状况,就好像愚蠢的人一样精神恍惚。难道是不明白生命自有天数、不能勉强的道理吗?也想过放弃,但自己心里不能答应,于是又尽心尽力,做到自己所能做到的罢了。但是如果有人为他出主意说,杀鸡宰猪,去向山怪狐妖之类的神灵献媚,祈求它们宽宥生命,那么,孝子也是不会这么做的。他不做,不是吝啬财物,而是不敢因此而侮辱了自己的亲人,是不忍心因此而侮辱了自己的亲人。

夫忠臣于君国之危亡,致命以与天争兴废,亦如是焉而已。当德祐①时,蒙古兵压临安②,亡在旦夕,求所以存宋者终无术矣。诚不忍国亡而无能为救,则婴城死守,君臣毕命以殉社稷,可也;奉君出走,收余烬以借一,不胜,则委骨于原隰,可也。死不我值,求先君之遗裔,联草泽之英雄,有一日之生,尽一日之瘁,则信国他日者亦屡用之矣。乃仓卒之下,听女主③乞活之谋,衔称臣纳贡之命,徼封豕长蛇④之恩,以为属国于江介。爱君而非所以爱,存国而固不可存,信国之忠,洵忠而过矣。

注释:

①德祐:宋恭帝年号,共二年(1275—1276)。

②临安:南宋都城,今浙江杭州。

③女主:指垂帘听政的谢太后(1210—1283),她是南宋理宗皇后,台州临海(今属浙江)人,名道清。理宗时曾谏议迁都。度宗时尊为皇太后。恭宗即位,以太皇太后垂帘听政。元军攻临安,她遣使求降。后被元封为寿春郡夫人。

④封豕长蛇:大猪与长蛇,比喻贪暴的元凶首恶。

译文:

　　忠心耿耿的大臣,在国家临近灭亡时,舍弃生命,与上天抗争,想要重新振兴已经衰废的事业,也只有像上面所说的孝子那样去做。在宋恭宗德祐年间,蒙古军队已经逼近临安,宋朝很快就要灭亡了,寻求能够保存宋朝的办法也最终没有找到。果真不忍心看着国家灭亡,自己又没有能力去挽救,那么,凭借城墙,拼死防守,最后国君和大臣都为保卫国家而牺牲,这是一个选择;保护国君出逃,收拢残余军队,与敌人作最后决战,如果失败了,就隐居于原野之中,这也是一个选择。不值得去死,就去寻找已故国君的后代,联合民间有才能的人,生存一天,就为国家尽一天力,这个办法,文天祥后来也多次采用。但他竟在匆忙之时,听从了谢太后乞求活命的谋划,接受了向蒙古投降献贡的使命,去求取蒙古的施恩,以便能够在江边以蒙古附属国的形式继续存在下去。他爱护国君却不知道怎样去爱护,想保存国家却根本不可能保存住,文天祥的忠诚,确实是忠心耿耿,但不免有些过头了。

　　曾元①请及旦以易箦②,而曾子③斥之曰:"细人之爱人也以姑息。"姑息云者,姑贷须臾之安,以求活鲋于沾濡,妇寺之忠孝也。以堂堂十五叶④中国之天子,匍伏丐尺土于他族,生不如死,存不如亡,久矣。信国自处以君子⑤,而以细人之道爱其君乎?且夫为降附称臣之说,其愚甚矣。

即令蒙古之许之与？萧岿⑥臣于宇文⑦，以保一州，而旋以灭亡；钱俶⑧臣于宋，以免征伐，而终于纳土。朝菌⑨之晦朔⑩，奚有于国祚之短长？况乎徐铉⑪之辩言，徒供姗笑；徽、钦之归命⑫，祗取俘囚。已入虎吻，而犹祝其勿吞，词愈哀，志愈辱，其亡愈可伤矣。信国之为此也，摇惑于妇人之柔靡，震动于通国之狂迷，欲以曲遂其成仁取义之心，而择之不精，执之不固，故曰忠而过也。

注释：

①曾元：春秋时鲁国南武城(今山东费县)人，曾参子。参寝疾，元侍，童子称参所卧席太奢华，参命元易之，元以病急，不可以易，请至旦再易。参以为于礼不可，遂扶而易之，未安而参卒。

②易箦(kuì)：调换寝席。春秋鲁国人曾参临终，以寝席过于华美，不合当时礼制，命子曾元扶起易箦。既易，反席未安而死。后因以易箦比喻将死。箦，竹席。

③曾子：春秋末鲁国南武城(今山东费县)人。名参(前505—前436)，字子舆。孔子学生。以孝行著称。曾提出"吾日三省吾身"的修养方法。认为"忠恕"是孔子"一以贯之"的思想。又主张"慎终(慎重办理父母的丧事)追远(虔诚追念祖先)"、"民德归厚"、"犯而不校(计较)"等。相传《大学》、《孝经》亦为其所著。后世封建统治者尊其为"宗圣"。

④十五叶：宋朝从960年宋太祖赵匡胤建国起，到1276年南宋恭宗投降元军，共传十六帝，此后的端宗、祥兴帝只是流亡小朝廷，并于1279年最终覆灭。叶，世，时期。

⑤君子：指有才德的人。

⑥萧岿(542—585)：即南北朝时期后梁明帝。字仁远。机辩有文学，兼好佛典。即位后，仍居江陵。期间，屡为南朝陈将吴明彻所败，失江南诸郡地。后北周武帝灭北齐，他朝于北周，受礼遇。入隋，甚受礼遇，隋文帝罢江陵总管后，他专制其国。

⑦宇文：指北周武帝宇文邕(543—578)，鲜卑族，字祢罗突。即位初，堂兄宇文护专擅朝政，他杀之亲政。多次下诏释放奴婢，禁止佛道二教，强迫僧道还俗，寺院资产入官。后灭北齐，拥有黄河流域和长江上游，隋在此基础上统一全国。

⑧钱俶(929—988)：五代时吴越国君。原名弘俶，字文德。曾任内衙诸军指挥使、检校司空、同参相府事。后将领政变，被拥为吴越王，次年即位。在位三十余年，恭事后汉、后周和北宋。宋太宗时，奉旨入汴京，被扣留，不得已自献封疆于宋，

中华经典史评
宋论

先后被封为淮海国王、汉南国王、南阳国王、许王、邓王。后被宋太宗毒杀。

⑨朝菌：菌类植物，朝生暮死。借喻极短的生命。语出《庄子·逍遥游》："朝菌不知晦朔。"

⑩晦朔：每月的最后一天和第一天。

⑪徐铉(916—991)：五代宋初文学家、书法家。扬州广陵(今江苏扬州)人，字鼎臣。初仕南唐，历官御史大夫、率更令、右散骑常侍。后归宋，官至散骑常侍。与弟锴齐名，世称"二徐"。精通文字学，曾与句中正等校订《说文解字》，新补十九字于正文中，又以经典相承及时俗通用而为《说文》所不载者四百零二字附于正文后，世称"大徐本"。

⑫徽、钦之归命：指北宋末年宋徽宗、钦宗向入侵的金军投降。

译文：

　　曾元请求到天亮时再更换寝席，曾子斥责他说："见识短浅的人，只会以姑息来爱护别人。"姑息的意思，就是姑且再多享受一会儿舒适，就像身陷绝境的鲋鱼在浸湿中寻求生存一样。这是女人和阉人忠心尽孝的想法。以气势盛大的十五代中原国君，竟然向其他民族下拜，乞求一块极狭小的土地，真是活着不如死去，存在不如灭亡，早就应该是这样了。文天祥以君子的形象来要求自己，却以见识短浅之人的方式来爱护他的国君吗？况且去谈论的是投降归附、自称臣子的事情，他真是太愚昧了。即使蒙古答应他，又能怎么样呢？后梁明帝萧岿向北周武帝宇文邕称臣，以便保住一个州，但却很快就灭亡了；吴越国君钱俶向宋称臣，以便免除战争，但最终也还是交出了国土。朝菌的末日与首日，对国家寿命的长短有什么影响呢？何况徐铉的辩论，只供人们嘲笑；宋徽宗、钦宗的投降，只得到了被俘的囚禁生活。已经被吞进到虎嘴里了，还想祈祷它不要吞吃，言辞越可怜，志气就越受到侮辱，其灭亡也就越发值得悲哀。文天祥所做的这些举动，都是被女人的柔懦所动摇和迷惑，被全国的癫狂和迷惑所摇撼，想要拐弯抹角地实现自己成就仁德、就义而死的忠心，但方法选择得不好，坚持得又不牢固，因此，我说他是忠心耿耿但未免过头了。

或曰：句践①之请命于吴②也，自请为臣，妻请为妾，而卒以沼吴。信国之志，其在斯乎！而奚为不可？

注释:

①句践:春秋末期越国国君。公元前497年,即越王位,次年打败吴国。两年后被吴王夫差战败,投降,并随夫差至吴国,臣事吴王,后被赦返国。日日卧薪尝胆,时刻不忘战败之耻。重用范蠡、文种等贤人,经过十年生聚教训,使国力渐渐恢复。此后两次大败吴国,迫使吴王夫差自杀,吴亡。越国声威大震,会齐、晋、鲁等诸侯于徐州(今山东滕县南),周天子命他为伯,号称霸王,是春秋时期最后一个霸主。

②吴:指春秋末期的吴国。

译文:

或许有人会问:句践也曾到吴国乞求保全生命,请求自己做吴国臣子,妻子做吴国奴仆,但最后灭亡了吴国。文天祥的志向,也是在此,为什么他不能这么做呢?

曰:巽以行权者,惟其理也;屈而能伸者,惟其势也。吴之与越,以爵土言,皆诸侯也;以五服①言,皆蛮夷②也;以先世言,一为泰伯③之裔,一为大禹④之胄也。春秋之世,友邦相伐,力不敌而请降者多矣。受其降者,不得而臣之,已而复与于会盟,仍友邦也。上有守府之天子⑤,其以强大相役属,同是冠带之伦,而义可以相服者也。故句践即不沼吴,而终不为吴之臣妾。宋之于蒙古,岂其比哉?宋之亡,亡于屈而已。澶渊一屈⑥矣,东京再屈⑦矣,秦桧请和而三屈⑧矣。至于此,而屈至于无可屈。以哀鸣望瓦全,弗救于亡,而徒为万世羞。时异而势异,势异而理亦异。句践之所为,非宋所得假以掩其耻也。故杨后⑨之命可以不受,而后信国之忠,纯白而无疵。择义以行仁,去其姑息者而得矣。

注释:

①五服:古代王畿外围,每五百里为一区划,按距离远近分为五等地带,叫做五服。其名称分别为侯服、甸服、绥服、要服、荒服。服,服事天子。

②蛮夷:古代泛指华夏中原民族以外的少数民族。

③泰伯:即吴太伯,周太王之子。太王欲传位季历及季历子昌(即周文王),太伯遂与弟仲雍出逃至荆蛮,文身断发,示不可用,以避季历。自号勾吴。

The vertical text on left side reads:
中华经典史评 宋论

④大禹:即禹,夏朝的建立者,详见前文注释。

⑤天子:古代以君权为神授,谓君主秉承天意治理人民,故称天子。这里指周王。西周建立后,在全国实行分封诸侯制度,由周王派遣诸侯王到各诸侯国进行统治,周王则是天下共主。

⑥澶渊一屈:指北宋真宗时期与辽朝签订"澶渊之盟"之事。

⑦东京再屈:指北宋灭亡于女真金朝之事。东京即北宋都城汴京,此代指北宋。

⑧秦桧请和而三屈:指宋高宗、秦桧与金朝签订"绍兴和议"之事。

⑨杨后:据本篇上文,此处应为"谢太后",王夫之误。

译文:

我的回答是:退让以便权宜行事的,要看他所持的道理;忍耐一时以便施展抱负的,要看他所处的时势。吴国和越国,从爵位和封地说,都是诸侯王;从服事天子的五个等级说,都是蛮夷;从祖先说,一个是泰伯的后代,一个是大禹的后代。春秋时期,友好的盟国之间互相攻击,力量不能匹敌而请求投降的有很多。接受投降的一方,不可以把对方作为臣子看待,过后再次参与集会结盟时,仍然还是友好的盟国。在他们上面有守成的周天子,他们之间凭借强大的力量役使对方,使对方归属自己,双方都是文明的国家,可以通过道义而互相信服。因此句践即使不灭吴,最终也不会成为吴国的臣子和奴仆。宋朝与蒙古的情况,怎么能相比呢? 宋朝的灭亡,是亡于屈服。澶渊之盟是第一次屈服,北宋灭亡是第二次屈服,秦桧请求与女真讲和是第三次屈服。到此时,宋朝的屈服已经到了无法再屈服的地步了。想通过可怜的哀号来期望得到苟且偷生,但最终也没能挽救灭亡,只是白白地成为永远的羞辱。时代变了,形势也跟着变了,形势变了,道理也就跟着变了。句践的所作所为,不是宋朝可以假借而能掩盖住耻辱的。因此,谢太后的命令是可以不接受的,然后文天祥的忠心,才是纯洁无瑕的。选择道义,施行仁德,必须舍弃其中的姑息因素才可以。

■知识链接　　　　　　　　《正气歌》

这是文天祥在狱中创作的一首传诵千古的诗歌。全诗由"天地有正气"一语开篇，歌颂了自古以来浩然正气、慷慨就义的无数先哲，回顾了自己以身许国的坎坷经历和身处囹圄的现实生活，气壮山河地表示："是气所磅礴，凛烈万古存！当其贯日月，生死安足论！"抒发了一个爱国斗士的悲壮情怀。文天祥被俘后，元军令他招降南宋流亡朝廷，他赋诗《过零丁洋》作答，以明不屈之志。被押到大都后，他坚决不行跪拜礼，并与元朝君臣反复辩论。元世祖对他十分器重，一心要招降他，不断派人前来劝降，其中既有被俘的南宋小皇帝，也有他的亲弟弟、已经降元的文璧。元世祖特意点明，文璧是"孝顺我的"，但文天祥却说："弟兄一囚一乘马，同父同母不同天。"表示了决绝的态度。此后四年，文天祥在阴森的暗狱中度日，他的夫人和两个女儿也在大都过俘囚生活，但他在信中仅嘱咐家人"归之天命"而已。他在狱中创作的许多诗歌，被传遍整个京城，视同珍宝。最后，元世祖亲自劝降失败，痛心地将他处死。临终前，文天祥赋绝命词一首："孔曰成仁，孟云取义。惟其义尽，所以仁至。读圣贤书，所学何事？而今而后，庶几无愧！"而他的另一不朽诗句"人生自古谁无死，留取丹心照汗青"，更成为中华民族爱国主义的千古绝唱！

蒙古骑兵押送战俘图